智慧供应链

王 睿 主 编
宋 东 副主编

电子工业出版社
Publishing House of Electronics Industry
北京·BEIJING

内 容 简 介

本教材引导读者从智慧供应链的基本概念出发，全面了解与智慧供应链相关的知识，掌握智慧供应链运营管理及业务运作模式。本教材在理论上突出可读性和完整性，力求兼具一定的广度和深度；在实践上强调对实现智慧供应链技术工具的操作性，力求体现现代技术的多样性和代表性。全书共 10 章，第 1 章是智慧供应链概述部分；第 2～6 章是智慧供应链的关键环节（需求预测、订单与排产、寻源与采购、智能制造、智慧物流）；第 7～10 章是智慧供应链的创新实践部分（逆链和溯源、脱碳、韧性、金融）。本教材提供电子课件、配套习题答案，读者可在华信教育资源网（www.hxedu.com.cn）注册并登录后免费下载，以方便学习和应用。

本教材可作为高等院校供应链管理或物流管理相关专业的教学用书，也可作为供应链管理相关研究或从业人员的参考用书。

未经许可，不得以任何方式复制或抄袭本书之部分或全部内容。
版权所有，侵权必究。

图书在版编目（CIP）数据

智慧供应链 / 王睿主编. —北京：电子工业出版社，2023.8
ISBN 978-7-121-46171-2

Ⅰ.①智… Ⅱ.①王… Ⅲ.①智能技术－应用－供应链管理 Ⅳ.①F252.1-39

中国国家版本馆 CIP 数据核字（2023）第 155848 号

责任编辑：王二华
印　　刷：三河市良远印务有限公司
装　　订：三河市良远印务有限公司
出版发行：电子工业出版社
　　　　　北京市海淀区万寿路 173 信箱　　邮编：100036
开　　本：787×1092　1/16　印张：11.5　字数：287 千字
版　　次：2023 年 8 月第 1 版
印　　次：2023 年 8 月第 1 次印刷
定　　价：45.00 元

凡所购买电子工业出版社图书有缺损问题，请向购买书店调换。若书店售缺，请与本社发行部联系，联系及邮购电话：（010）88254888，88258888。
质量投诉请发邮件至 zlts@phei.com.cn，盗版侵权举报请发邮件至 dbqq@phei.com.cn。
本书咨询联系方式：wangrh@phei.com.cn。

随着云计算、大数据、智能化、物联网、移动互联网、区块链技术的发展和推广应用，智慧供应链打造智慧大脑，前瞻性的指导优化传统供应链的运营管理及业务运作模式。智慧供应链大大减少了"长鞭效应"带来的信息失真而导致的资源浪费情况，同时基于大数据的供需分析和动态平衡优化管理，不仅对企业的经营管理有降本增效的作用，还提高了整个社会资源的利用效率，从而打造精益供应链业务链条。

本教材的特色之处是引导读者学习智慧供应链各环节的改造策略与创新实践，使读者循序渐进地掌握智慧供应链全貌。书中的相应方法和技术都给出了应用场景和实际案例，以通俗易懂的方式让供应链转型有迹可循，并且引入前沿技术成果，让企业转型具备前瞻性。最终让企业借助流程改造和新技术，建立信息高度集成与共享的数字化供应网络。

全书共 10 章，第 1 章是智慧供应链概述；第 2 章至第 6 章是智慧供应链的关键环节，包括需求预测、订单与排产、寻源与采购、智能制造、智慧物流方面的内容；第 7 章至第 10 章是智慧供应链的创新实践部分，包括逆链和溯源、脱碳、韧性、金融方面的内容。

本教材的每个章节都配有开篇案例、焦点讨论、行业实践等模块，思考与练习模块题型多样，包括名词解释、简答题、讨论题、图解分析题、案例分析题及课程思政题。本教材可作为高等院校供应链管理或物流管理相关专业的教学用书，也可作为供应链管理相关研究或从业人员的参考用书。

在编写本教材的过程中，山东省疾病预防控制中心宋东主任负责各章节的行业实践部分。本教材的出版不仅得到了山东财经大学管理科学与工程学院领导的大力支持，同时也是山东省虚拟仿真实验教学项目、山东省专业学位研究生教学案例库项目、中国专业学位案例中心主题案例项目的阶段性成果。最后，感谢电子工业出版社王二华编辑的细心指导和耐心帮助。

由于时间仓促和水平有限，若书中有不妥之处，敬请读者批评指正。

编 者

目录

第1章 智慧供应链概述 1
　开篇案例：工业4.0时代的全球供应链革命 1
　1.1 智慧供应链的内涵 2
　1.2 智慧供应链的关键技术 4
　1.3 智慧供应链的应用领域 8
　思考与练习 12

第2章 智慧供应链的需求预测 16
　开篇案例：日化巨头联合利华的供应链需求预测体系 16
　2.1 需求预测 17
　2.2 智慧供应链的用户需求驱动模式C2M 21
　2.3 行业实践 26
　思考与练习 29

第3章 智慧供应链的订单与排产 33
　开篇案例：库克的苹果帝国 33
　3.1 全场景客户价值 34
　3.2 智慧供应链的订单管理 36
　3.3 智慧供应链的计划排产 40
　3.4 APS系统 40
　3.5 行业实践 42
　思考与练习 45

第4章 智慧供应链的寻源与采购 49
　开篇案例：联想携手平安构建"无界"智能生态圈 49
　4.1 数字化采购 50
　4.2 全流程电子招投标 55
　4.3 行业实践 58
　思考与练习 60

第5章 智慧供应链的智能制造 65
　开篇案例：雷诺集团转型项目的规模化 65
　5.1 智能制造供应链 66
　5.2 智慧供应链的智能制造技术 70
　5.3 行业实践 72
　思考与练习 77

第6章 智慧供应链的智慧物流 82
　开篇案例：5G全场景智慧物流装备创新孵化基地 82
　6.1 智慧物流 83
　6.2 智慧仓储 85
　6.3 智慧包装 86
　6.4 智慧物流网络选址 88
　6.5 智慧城配路径规划 89

6.6 智慧化作业 91
6.7 行业实践 100
思考与练习 102

第 7 章 智慧供应链的逆链和溯源 109

开篇案例：跨境商品供应链溯源 109
7.1 循环供应链 110
7.2 智慧供应链的逆向物流 112
7.3 供应链溯源 115
7.4 行业实践 121
思考与练习 125

第 8 章 智慧供应链的脱碳 130

开篇案例：供应链的碳足迹 130
8.1 "双碳"目标 131
8.2 "双碳"目标下智慧供应链的技术 134
8.3 行业实践 138
思考与练习 141

第 9 章 智慧供应链的韧性 145

开篇案例：疫情反复难测，提升供应链韧性
有章可循 145
9.1 柔性供应链和韧性供应链 146
9.2 智慧供应链的韧性程度诊断 148
9.3 行业实践 151
思考与练习 154

第 10 章 智慧供应链金融 158

开篇案例：粤港澳大湾区供应链金融
平台 158
10.1 供应链金融 159
10.2 基于区块链技术的智慧供应链
　　 金融 164
10.3 行业实践 172
思考与练习 175

第1章

智慧供应链概述

开篇案例：工业 4.0 时代的全球供应链革命

供应链是指围绕核心企业，从配套零件开始，制成中间产品和最终产品，最后由销售网络把产品送到消费者手中的，把供应商、制造商、分销商到最终用户连成一个整体的功能网络结构。供应链管理的经营理念是从消费者的角度，通过企业间的协作，谋求供应链整体最佳化，最终让所有活动过程成为无缝连接的一体化过程。

伴随历史上的三次"工业革命"，供应链曾出现过三次大变革。在 18 世纪以蒸汽机的发明和应用为标志的第一次工业革命中，生产机械化程度提高，工厂制度普及，供应链管理进入初级的物流管理阶段，供应链只是一条生产链；在 19 世纪中后期开始的第二次工业革命中，电力的大规模使用推动了规模化和流水线的发展，此时供应链成为一条涵盖整个产品运动过程的增值链；在 20 世纪四五十年代开始的第三次工业革命中，企业间的关系呈现明显的网络化趋势，供应链从线性的单链转向非线性的网链供应链，供应链管理进入数字化管理阶段；进入 21 世纪后，供应链管理成为企业的重要战略资源之一，是企业保持强势竞争不可或缺的手段；优化供应链管理将帮助企业掌控所在领域的制高点。

工业 4.0 是利用信息化技术促进产业变革的时代，这一概念最早出现在德国，它在 2013 年的汉诺威工业博览会上被正式推出，其核心目的是提高德国工业的竞争力，使德国在新一轮工业革命中占领先机。随后，工业 4.0 被德国政府列入《德国 2020 高技术战略》中提出的十大未来项目之一，该项目由德国联邦教育及研究部、德国联邦经济和技术部联合资助，旨在提升制造业的智能化水平，建立具有适应性、资源效率及基因工程学的智慧工厂，在商业流程、价值流程中整合客户和商业伙伴。德国是第一个把工业 4.0 视为发展国策的国家。

联想集团供应链的发展是现代工业供应链发展的典型案例。2021 年，联想集团的电脑销量继续蝉联世界第一，这与其拥有一条被 Gartner 评为全球排名第九的优质供应链有很大关系，联想集团供应链的独特之处在于整合了多年来所收购的外国企业业务及旗下供应链，其中包括原 IBM（International Business Machines Corporation，国际商业机器公司）的个人电脑业务、原摩托罗拉的移动通信业务，结合成了典型的"全球化"中国供应链。在2022年Gartner发布的供应链前25名大师级公司中，联想集团榜上有名。

1.1 智慧供应链的内涵

1．供应链的概念

美国全国采购管理协会编写的《采购手册——专业采购和供应指南》中对供应链的定义：供应链是由多个组织整合而成的联合体，以最大限度满足消费端客户、最大程度降低各组织的成本为目的，共同管理由源点到最终消费的信息流、资金流和产品流。

英国克兰菲尔德大学教授马丁·克里斯托弗在《物流和供应链管理》一书中也给出了供应链的定义：供应链是诸多组织组成的网络，这些组织因参与不同阶段的生产活动，以上下游的方式链接，向最终消费者交付以产品或服务为形态的价值。供应链管理上游供应商和下游客户的关系，以求交付不错的客户价值，且持续降低供应链整体的成本。

这两个定义的核心思想是一致的，即：

① 供应链是由诸多企业整合而成的联合体。

② 组成供应链的目的是降低全链伙伴企业的成本，以期为最终用户提供最具价值的产品和服务。

③ 为达到目的，供应链中的各企业需要精诚合作，高效协同。

一家制造业企业的经营运作非常复杂，无论企业规模多大，都可以将企业的经营运作归为"企业经营三部曲"，即"采购""加工""销售"。就制造业企业而言，一家企业的采购就是它的上游企业的销售；而它自己的销售，则是它的下游企业的采购。供应链产生链状的采供关系，如图1-1所示。

图1-1 交易关系构建供应链

2．智慧供应链的概念

随着云计算、大数据、智能化、物联网、移动互联网、区块链技术的发展和推广应用，基于大数据进行分析和决策的智慧化信息管理模式快速发展，智慧供应链打造智慧大脑，前瞻性地指导优化传统供应链的运营管理及业务运作模式。智慧供应链大大减少了"长鞭效应"带来的信息失真导致的资源浪费情况，同时基于大数据的供需分析和动态平衡优化管理，不仅对企业的经营管理有降本增效的作用，还提高了整个社会资源的利用效率，从而打造出精益供应链业务链条。

智慧供应链是结合物联网技术和现代供应链管理的理论、方法、技术，在企业中和企业间构建的实现供应链智能化、网络化、自动化的技术与管理综合集成系统，如图1-2所示。

智慧供应链将传统供应链转变为数字供应链，通过重新塑造各种流程，将智慧技术注入其中。它把人、流程和事物连接起来，将构成供应链的所有实物资产接入数字模型，实现扩展可见性(Visibility)、沟通(Communication)、规划(Planning)、分析(Analysis)、模拟(Simulations)和执行(Execution)，以优化不确定的决策。

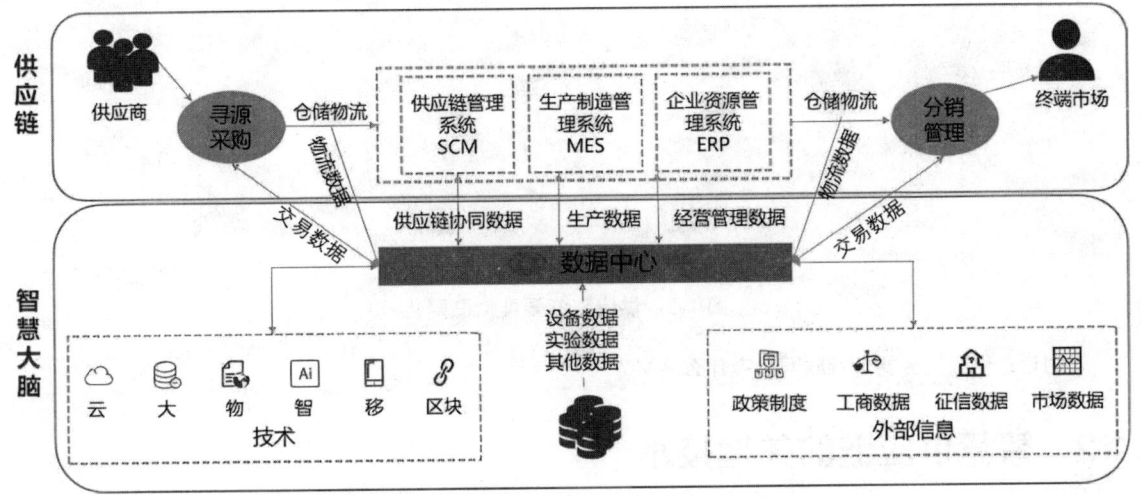

图 1-2　智慧供应链

智慧供应链通过持续捕捉各种制造、运输、分销及与产品和服务相关的其他资产生成的相关数据，将它们组合成物理供应链的数字模型，再将人工智能和机器学习应用到数字模型中，创造出能做出智慧决策的洞察力。此数字模型得出的洞察力有助于企业预测潜在问题或机会，灵活地对变化的客户优先做出快速反应，或通过识别瓶颈并快速模拟实时替代方案来提高敏捷性，使企业以最佳方式应对潜在问题。

智慧供应链的核心企业建设具有协同效应的统一供应链服务门户，支持上下游用户的生产、采购、仓储、运输、销售等管理系统对接，从而实现相关方单元化的信息数据正向可追踪、逆向可溯源、横向可对比，发挥智慧大脑在需求预测、优化生产、精准销售、品质控制、决策支持等方面的作用和价值。

> **焦点讨论**
>
> 数智化技术发展是企业管理工具与企业管理思想日趋成熟的基石，传统 ERP（Enterprise Resource Planning，企业资源计划）软件在被赋予大量企业信息化能力后，步入了升级轨道——供应链中台应运而生。作为新一代 IT 基础设施，供应链中台能够打破传统 ERP 时代下的企业数据孤岛困境，大幅提升数据复用与共享能力，同时加强系统伸缩性，提升迭代灵活性。
>
> 在现代供应链管理中，商流、信息流、资金流在电子工具和网络通信技术的支持下，均可轻松实现基于互联网的交互信息管理；而物流是物质资料的空间位移，无法直接通过互联网进行传输。因此，全链条智慧物流服务必然需要智能硬件设施作为基础支撑，其核心价值有两方面。
>
> 一方面，通过无人车、无人机、智能机器人等各类智能硬件，实现运输、仓储、配送等全环节自动化作业，降本增效。另一方面，通过物流供应链各要素物联网化，实现全程可视与信息集成共享，进而实现全链互联网化与数字化，如图 1-3 所示。

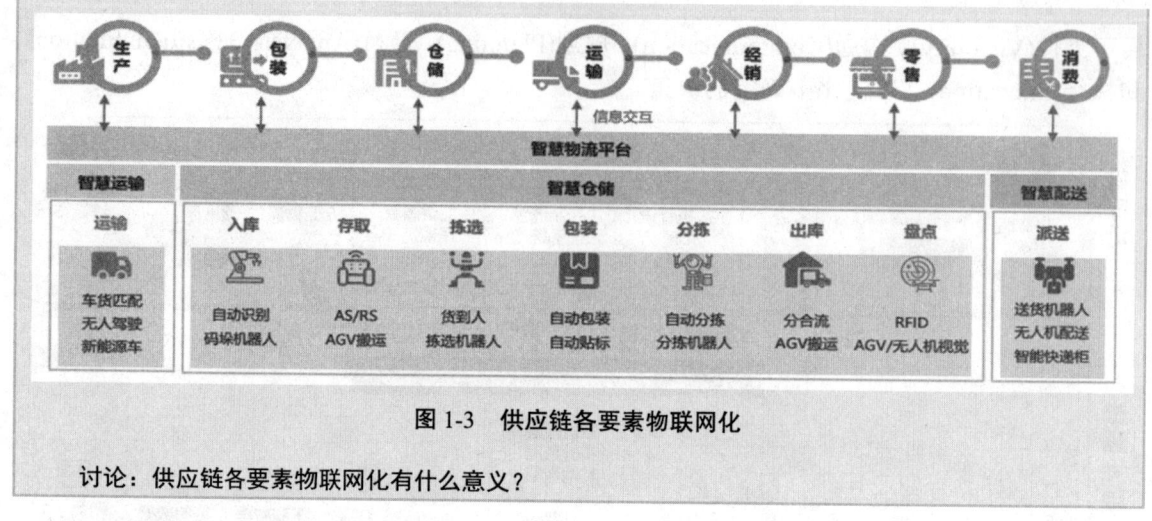

图1-3　供应链各要素物联网化

讨论：供应链各要素物联网化有什么意义？

1.2　智慧供应链的关键技术

1. 智慧供应链的端：智能设备

"端"是指智能物联网产品及设备根据智慧供应链数据流的计算过程，将智能设备分为数据采集类终端、数据传输类终端、数据处理类终端三大类。

- 数据采集类终端，负责采集、整合环境数据。
- 数据传输类终端，负责设备间各传输协议的转换，以传输所采集的数据。
- 数据处理类终端，负责完成复杂环境中各种算力要求的计算。

以下是常用的几种智能设备：

（1）智能传感设备

智能传感设备属于数据采集类终端，负责对复杂环境的温度、湿度、气体、光感、重力倾斜、压力等数据进行采集和整合处理。

（2）机器视觉设备

机器视觉是一种综合技术，包括数字图像处理技术、机械工程技术、控制技术、电光源照明技术、光学成像技术、传感器技术、模拟和数字视频技术、计算机硬件技术、人机界面技术等，将这些技术在机器视觉中并行使用，并协调它们的应用，以形成成功的工业机器视觉应用系统。一个典型的机器视觉应用系统包括图像捕捉、光源系统、图像数字化模块、数字图像处理模块、智能判断决策模块和机械控制执行模块，如图1-4所示。

（3）嵌入式计算设备

嵌入式计算设备是一种加固的增强型工业计算机，是专门为工业现场设计的机构紧凑的计算机。嵌入式工控机可以灵活应用在对温度及使用空间等比较苛刻的制造环境中。

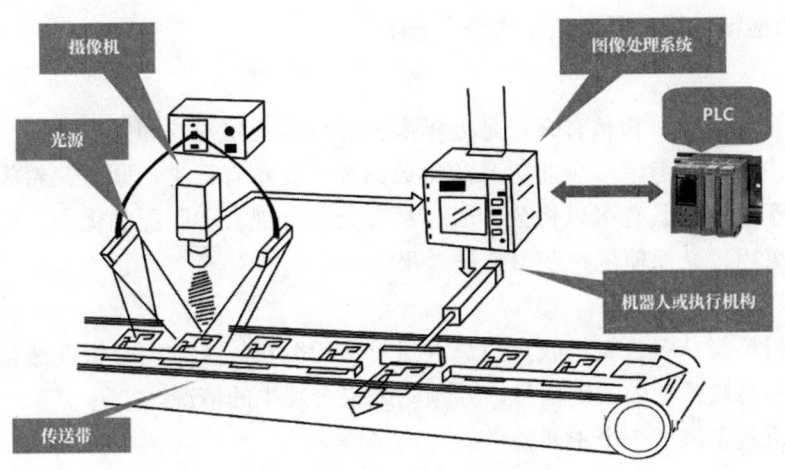

图 1-4 机器视觉应用系统

2. 智慧供应链的边：边缘计算和物联网

随着智能终端设备和高速移动通信的广泛普及，更多的数据智能应用场景将会在企业、工厂、小区、楼宇、城市道路交通等现实供应链中产生。在这些场景中，数据需要被更快地采集、处理、分析、反馈，贴近现场的边缘计算是为了满足日益增长的海量数据和实时计算的要求而产生的，特别是工业企业通过部署工业物联网平台及边缘计算解决方案，可以实现工业底层产线、车间级资产的全面感知与洞察、生产数据的全量采集与智能化分析。

边缘计算是一种使能技术，它可以在网络边缘对物联网服务的上行数据和云服务的下行数据进行计算。其基本原理是：计算应该发生在接近数据源的地方。其核心理念是：计算应该更靠近数据的源头，可以更加贴近用户。

边缘计算中的"边缘"是指从数据源到云计算中心路径之间的任意计算、存储和网络资源。比如，智能手机是个人与云端之间的"边缘"，智能家居中的网关是家庭设备与云端之间的"边缘"，边缘计算网络模型如图 1-5 所示。

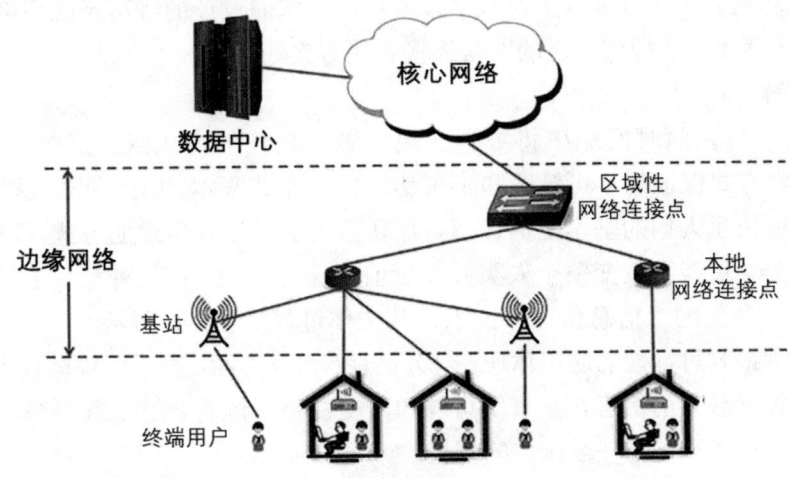

图 1-5 边缘计算网络模型

3. 智慧供应链的云：混合云和大数据分析

（1）混合云

混合云融合了公有云和私有云，是近年来云计算的主要模式和发展方向。私有云主要面向企业用户，出于安全考虑，企业更愿意将数据存放在私有云中，同时又希望获得公有云的计算资源。由于混合云具有可以将公有云、私有云进行混合和匹配的优点，所以混合云被越来越多的企业采用，从而使用户获得最佳效果。

（2）大数据分析

大数据分析是指从多种渠道收集信息并进行应用分析。大数据分析能够帮助企业识别那些已经发生但不易被察觉的关键信息，并预测未来会发生的情况。

大数据分析具备以下 3 个主要特点：

① 大量。可用于分析的信息量巨大。在供应链领域，可用于分析的信息包括销售网点体系条形码扫描设备、射频识别阅读仪、用于车辆和移动电话的全球定位系统，以及用于管理交通、库房和其他运作的软件系统等产生的所有数据。

② 多样性。数据不仅仅来自单一信息源，除了记录在数据库中的结构化数据，还包括隐藏在文本、影像资料及其他形式文件中的非结构化数据。

③ 时效。超越以每日、每周或每月为单位对模型或数据进行分析的定时分析模式，提供实时或近乎实时的数据分析，可以避免库存不足或因恶劣天气导致的延迟送货等情况。

4. 智慧供应链的网：5G 和区块链

（1）5G

目前，5G（5th Generation Mobile Communication Technology，第五代移动通信技术）已得到广泛应用。G 指的是 Generation，意为"代"，5G 表示第五代。1G~5G 的定义不同，主要是因网络架构、设备性能、调制与编解码等通信机制方面有较大不同，从而在速率、业务类型、网络时延等方面产生较大的用户体验差别。5G 网络是第一个为解决物联网通信，满足从高密度传感器到自动驾驶车辆等多种工业数字技术连接需求而设计的蜂窝无线网络，独特的功能组合使 5G 成为适用场景极其广泛的网络连接解决方案。

（2）区块链

区块链是一种按照时间顺序将数据区块以顺序相连的方式组合成的一种链式数据结构，并以密码学方式保证的不可篡改和不可伪造的分布式账本。如果说蒸汽机提高了人们的生产力，电力解决了人们的基本生活需求，互联网改变了信息传递的方式，那么区块链作为构造信任的机器，可能会改变整个人类社会价值传递的方式。从某种意义上说，区块链技术是互联网时代一种新的"信息传递"技术，其工作过程如图 1-6 所示。

区块链技术最具可行性的应用体现在"公证性"事物方面，有了区块链技术作为基础，大家通过区块链技术获得的信息都是真实可靠的，交易将不再需要第三方担保，因此区块链具有"去第三方"或"无需信任系统"的特性。

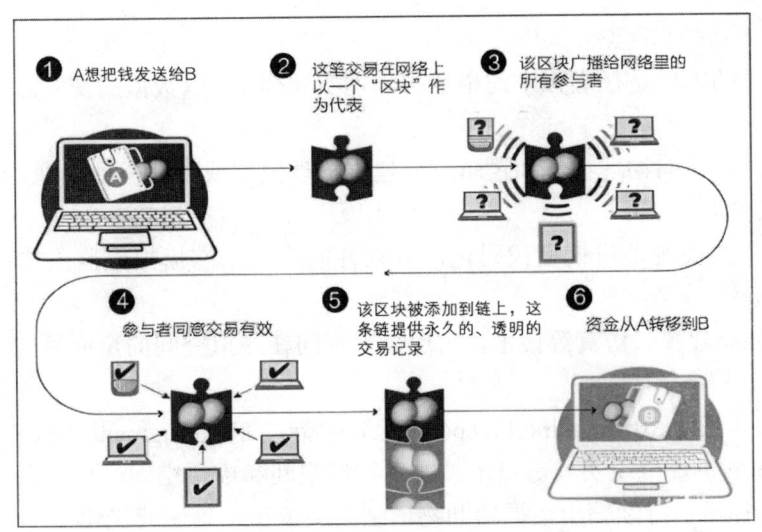

图 1-6 区块链技术的工作过程

5. 智慧供应链的智：人工智能和数字孪生

智，是智能制造中的大脑，在产品设计、产品生产、产品物流、产品销售、客户服务的智能制造价值链上，在企业的流程及决策方面，发挥着越来越重要的作用，它是实现效率提升、质量提升、客户满意度提升的创新驱动力。"智"包括以人工智能、大数据、物联网技术等为代表的关键赋能技术，其核心是以深度机器学习为代表的人工智能算法，广泛应用于计算机视觉和语音处理、自然语言处理、知识图谱构造等人工智能领域。

（1）人工智能

人工智能是开发用于模拟、延伸和扩展人的智能的理论、方法、技术及应用系统的新技术。人工智能是科学的一个分支，它通过了解智能的实质，模拟人类的意识、思维的信息过程，生产出一种新的能以人类智能相似的方式做出反应的智能机器。人工智能的主要目标是使机器能够胜任一些通常需要人类智能才能完成的复杂工作，人工智能领域的研究包括机器人、语言识别、图像识别、自然语言处理和专家系统等。人工智能从诞生以来，其理论和技术日益成熟，应用领域也不断扩大，未来人工智能带来的科技产品将会是人类智慧的"容器"。人工智能是一门极富挑战性的科学，包括的种类十分广泛，比如计算机科学、心理学和哲学等。

供应链数字化转型的下一步是供应链数字化重塑，也就是全面实现供应链的智慧化，而人工智能技术是重塑供应链和实现其智慧化的关键驱动手段之一。目前，世界上人工智能技术领先的企业如美国的特斯拉、亚马逊，中国的华为、阿里巴巴、京东等无一不是通过将人工智能全面渗透到供应链中来加速业务的转型和提高市场竞争力的。

目前，机器学习在供应链计划、智能物流等方面的应用已初见成效，并且成为企业差异化竞争优势的关键能力。

（2）数字孪生

数字孪生是以物理实体真实场景数据为依托，以真实和仿真模型运行数据实时交互优化为机制，自运行的虚拟空间映射模型。

数字孪生的特征如下：

① 数字孪生的本质是在虚拟空间中重构物理实体模型，以数据的交互流动实现物理场景的资源优化。

② 数字孪生是面向物理实体和逻辑对象建立机理模型或数据驱动模型，形成物理空间在虚拟空间的虚实交互。

③ 数字孪生的关键是将模型代码化，以软件的形式动态模拟或监测物理空间的真实状态、行为和规则。

④ 通过感知、建模、仿真等技术，实现物理空间在虚拟空间的全面呈现、精准表达和动态监测。

数字孪生融合 AI（Artificial Intelligence，人工智能）、AR（Augmented Reality，增强现实）、VR（Virtual Reality，虚拟现实）等技术，实现物理空间和虚拟空间的虚实互动，互相之间通过数据流动循环补给，持续输出数据辅助物理空间决策和场景运营优化。

1.3 智慧供应链的应用领域

智慧供应链主要基于核心企业的商业诉求（制造、品牌、线上、线下零售等）提供解决方案与服务，其应用领域具体可分为 4 类，如图 1-7 所示。

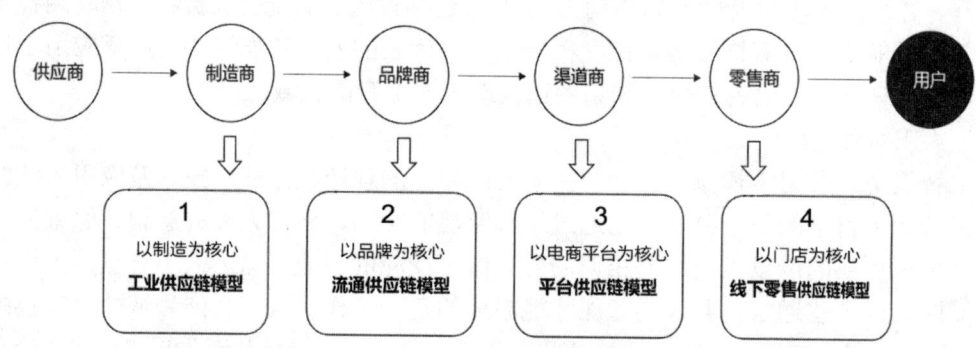

图 1-7　智慧供应链的应用领域

- 以制造为核心的供应链管理服务：主要服务于制造型企业的制造供应链，包括原材料采购、生产等。
- 以品牌为核心的供应链管理服务：主要服务于品牌商流通供应链，包括分销、零售等。
- 以电商平台为核心的供应链管理服务：主要服务于电商平台等客户的平台采购、To C 交付需求。
- 以门店为核心的供应链管理服务：主要服务于实体零售企业（商超卖场、便利店等）的采销供应链。

1. 以制造为核心的供应链

以制造为驱动的大型制造商，在制造环节具备较高的壁垒和复杂度，比如高科技制造业、汽车制造商等，其供应链覆盖从原材料采购、生产制造、分销零售、用户交付到售后服务的全环节，整体呈现产业链全球分布、制造环节精益化要求高、销售及售后网络全球化等特点。

以制造为核心的智能供应链，强调通过产业上下游合作，高效协同，形成数字生态，支持C2M（Customer to Manufacturer，从消费者到生产者）定制等以用户需求为中心的新商业发展诉求，如图1-8所示。

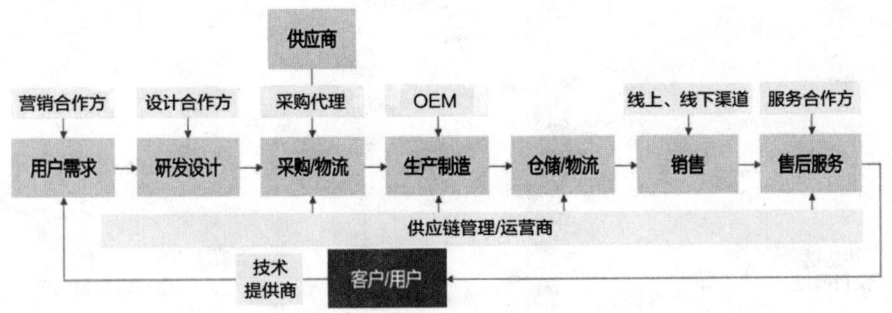

图1-8　以制造为核心的供应链流程

制造供应链管理，需要服务商围绕核心企业的产业分布进行全球范围的端到端供应链网络布局，满足客户在各环节的物流交付、客户及用户服务需求，如图1-9所示。

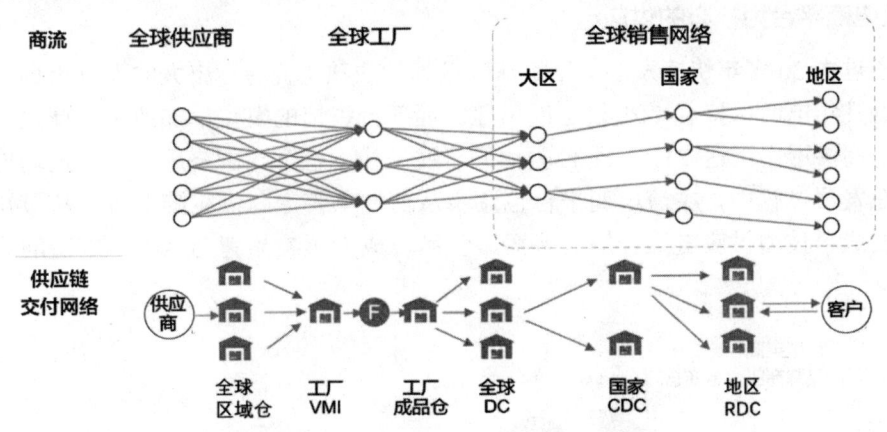

图1-9　以制造为核心的供应链网络模型

2．以品牌为核心的供应链

以品牌为核心的供应链，在制造端的壁垒及复杂度相对较低，更加关注流通环节对用户需求的快速响应，典型行业如家电行业、快消品行业等。随着消费群体结构转型、数字化带来新的商业竞争格局，品牌商趋于新渠道拓展、全渠道布局、全球化销售；数字化转型直接触达最终用户，以用户需求驱动产品设计与快速迭代，围绕用户构建线上线下一体化消费场景，整合服务内容，提升用户体验，并持续交互以品牌为核心的供应链管理服务商，需要具备支持不同渠道、不同类型客户（企业客户、个人用户等）、不同销售场景下订单的及时、高效交付能力，以提升客户满意度及销售转化率。

品牌供应链对供应链管理服务商的核心要求，如图1-10所示。

① 具备电商供应链服务、全渠道（To B & To C）订单履约能力，并协同品牌销售计划进行供应链服务网络布局。

② 可基于终端客户/用户服务场景，提供"产品+服务"一体化交付服务。

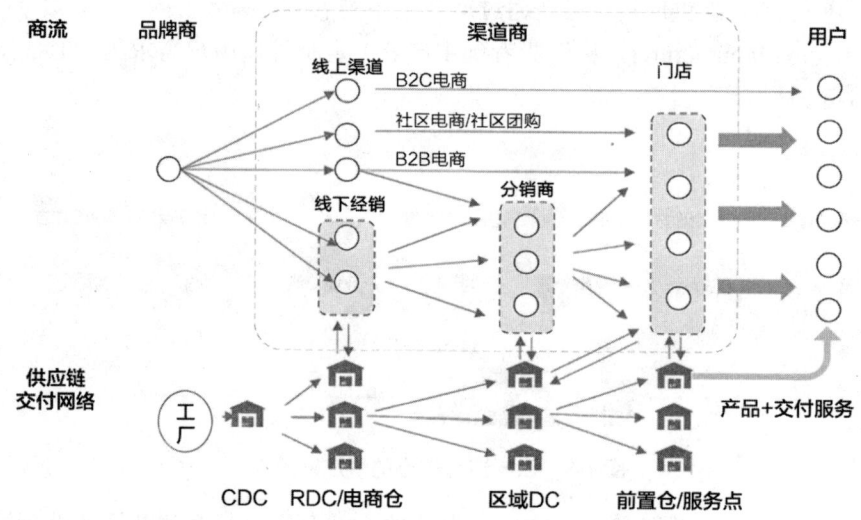

图1-10　以品牌为核心的供应链网络模型

3．以电商平台为核心的供应链

电商在过去20多年快速发展，伴随基础设施的成熟与完善，更大的下沉市场消费潜力逐步释放，近几年电商保持着20%以上的增速。而新冠疫情的发生，加速了全球数字经济的发展，国内电商渗透率已达25%，平台驱动的"线上线下融合、围绕用户"的近场电商迎来高速发展，在发展过程中，主流电商平台也逐步从前端零售走向供应链上游，从最初的线上交易平台发展成科技型供应链综合解决方案服务商，成为影响品牌乃至生产制造的重要力量，如图1-11所示。

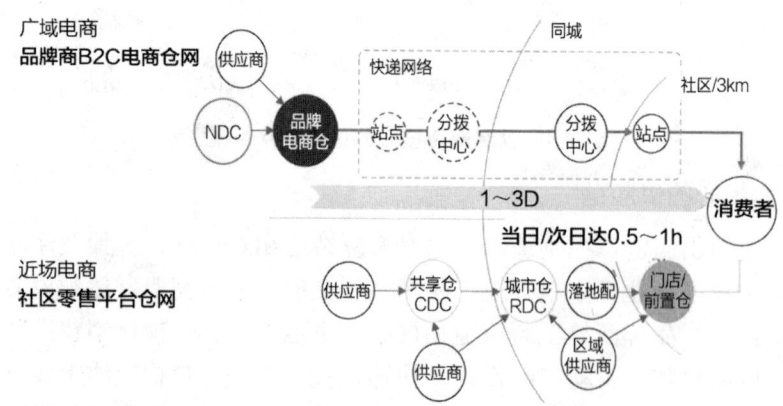

图1-11　以电商平台为核心的供应链网络模型

电商平台的发展在供应链影响方面呈现以下特点：
① 去中间层，直连品牌、制造商与用户，并构建供应链支撑体系。
② 不断优化服务时效，提升客户交付体验，并通过整合线下资源（网店、服务等）提供终端一体化解决方案。

③ 头部企业抢滩以社区团购为代表的近场电商，面临新的供应链体系建设挑战。

④ 从供应链网络上，平台供应链需要以全国范围、深入 C 端用户的供应链深度交付网络为支撑。

广域电商与近场电商的商业模式差异决定了不同的供应链网络结构及运营服务诉求。广域电商主要通过区域履约仓库+标准化快递网络，进行客户订单履约配送，在末端协同物流与服务人员进行一体化交付，同时重视通过自动化仓库设备集成，支持高并发单量处理需求。近场电商则通过多级高频补货网络+前置仓/店网络，前置库存，并通过社区团购的团长进行用户交互与服务，其订单结构小、补货频次高（每日），对于供应链管理服务商的信息系统和精细化管理能力有更高要求。

4．以门店为核心的供应链

以门店为主要销售渠道的实体零售，如线下夫妻店、大型连锁商超卖场、小型便利店等，经过几种形态迭代，在数字化时代下开始逐步全面线上化转型，依托即时配送等基础设施，发展到家业务，并分化出新的市场格局。

① 规模型连锁零售企业构建自有到家平台，或联合电商平台型企业，依托平台流量，发展线上业务，并深入产地供应链。

② 夫妻店等小型零售业态则成为平台型企业发展近场电商的用户触角，成为末端"产品+服务"交付者。

从整体来看，实体零售趋于围绕覆盖半径内用户需求，进行选品与及时补货，同时门店作为线下消费与线上订单履约点，覆盖 1～5km 消费半径内的线上、线下用户需求，相应地要求具有更高效的补货网络和更强的 2C 订单履约能力，如图 1-12 所示。

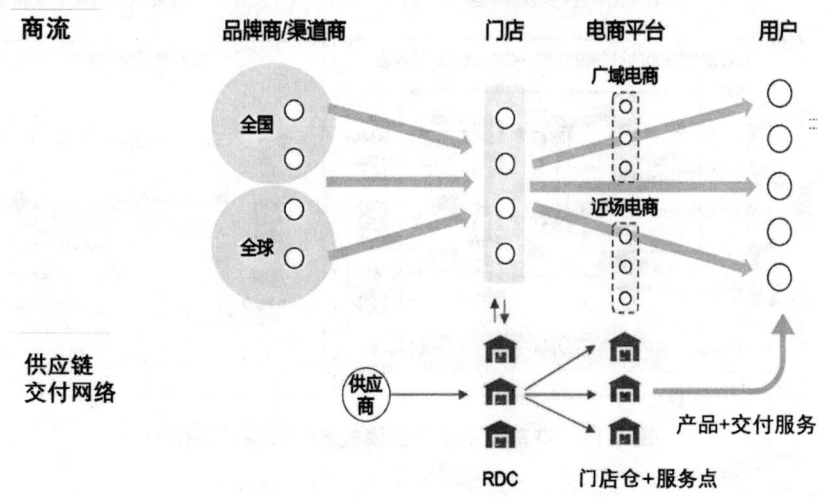

图 1-12　以门店为核心的供应链网络模型

4 类核心企业均以用户体验为中心，组织生产与流通活动，并快速、高效地将产品与服务提供给最终用户。制造商从生产（产能）驱动转向用户（需求）驱动；品牌商考虑如何直接触达用户，以需定产；电商平台从连接买卖双方走向供应链源头（产地），直联产地与消费者，

"重组"传统供应链,并围绕用户提供多样化交付服务;实体零售进行线上化融合,大型零售商完善自有多渠道布局,升级供应链体系,小型零售商成为平台末端交付体系的触点。这些趋势特点对供应链管理外包,提出端到端管理能力升级转型的挑战。

思考与练习

1. 名词解释

（1）工业 4.0

（2）智慧供应链

（3）供应链数字化重塑

2. 简答题

（1）列举智慧供应链的关键技术。

（2）简要概述智慧供应链的应用领域。

3. 讨论题

（1）论述智慧供应链的实现路径。

（2）画图说明以制造、品牌、电商平台、门店为核心的供应链。

4. 图解分析题

根据图 1-13 分析京东物流的平台模式迭代过程。

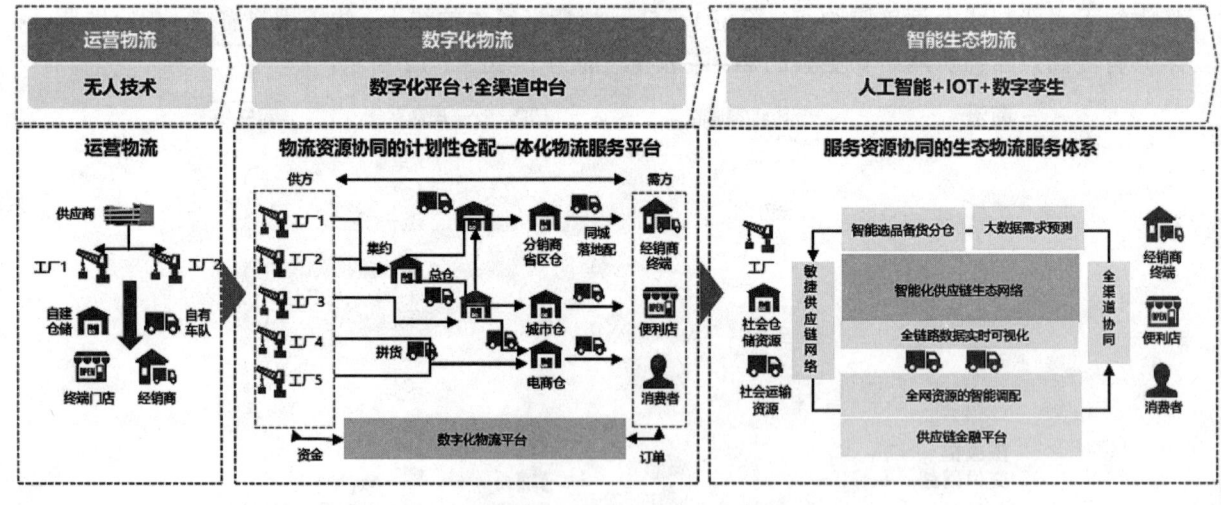

图 1-13 京东物流的平台模式迭代过程示意图

5. 案例分析题

基于云服务的智慧供应链

与基于传统 IT 架构的解决方案相比,基于云架构的解决方案具有更强的响应能力,主要体现在敏捷、柔性、可持续、开放互联等方面,美国物料搬运工业协会全球数字化供应链 2020 年度行业报告显示,截至 2020 年,已经有 59% 的零售企业发展云端技术服务,并且预计在未来 5 年内会有 90%的企业转到云端。可见，商业复杂度和客户需求的持续上升驱动着零售企业数字技术不断进行云化升级和迁移。

上海科箭软件科技有限公司作为一家供应链云服务提供商，致力于帮助企业构建更敏捷、更高效、更智慧的数字化供应链网络，实现供应链全流程端到端可视化。

在全球传统零售业务向新零售业务变革的潮流中，同样伴随着整个供应链管理的变革，这为供应链后端的仓储和运输管理提出了更高的挑战和要求。

家乐福在中国仓库布局范围很广，有中央配送中心（Central Distribution Center，CDC）、区域配送中心、前端配送中心、卫星仓等，涉及的物流服务商众多。各仓储系统是各物流服务商建设和使用的，各系统是一个个孤岛，无法从全局来统筹和管理全国仓储业务，仓储运输作业流程标准化应用推广困难大，直接影响整体的工作时效，难以对业务管理需求做出快速改变。

上海科箭软件科技有限公司认为，云产品战略、微服务等技术方向符合家乐福目前的市场趋势，满足其信息化建设需求。鉴于家乐福项目的背景和需求，上海科箭软件科技有限公司设计了一整套完善的供应链一体化平台方案，如图 1-14 所示。

图 1-14　供应链一体化平台方案

Power SCM Cloud（科箭供应链管理云平台）是一个整合了订单管理、预约管理、仓储管理、运输管理、供应链控制塔等诸多模块的云供应链管理系统。科箭供应链管理云平台实现了端到端供应链可视化，提供开放接口供智能物流设备、物联网、App 及微信连接，可帮助客户建成基于决策的供应链大数据分析平台，其系统架构如图 1-15 所示。

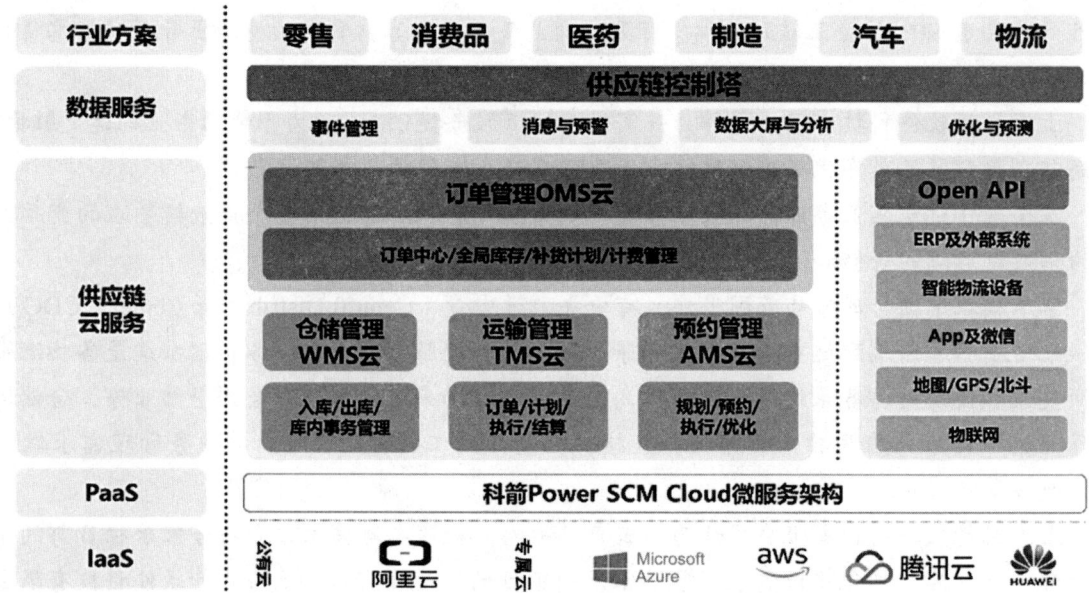

图 1-15 科箭供应链管理云平台系统架构

分析：
（1）科箭完善的供应链一体化平台的主要功能有哪些？
（2）科箭供应链管理云平台在智慧供应链中的作用。

6．课程思政题

《"十四五"数字经济发展规划》（节选）

数字经济是继农业经济、工业经济之后的主要经济形态，是以数据资源为关键要素，以现代信息网络为主要载体，以信息通信技术融合应用、全要素数字化转型为重要推动力，促进公平与效率更加统一的新经济形态。数字经济发展速度之快、辐射范围之广、影响程度之深前所未有，正推动生产方式、生活方式和治理方式深刻变革，成为重组全球要素资源、重塑全球经济结构、改变全球竞争格局的关键力量。"十四五"时期，我国数字经济转向深化应用、规范发展、普惠共享的新阶段。

到 2025 年，数字经济迈向全面扩展期，数字经济核心产业增加值占 GDP 比重达到 10%，数字化创新引领发展能力大幅提升，智能化水平明显增强，数字技术与实体经济融合取得显著成效，数字经济治理体系更加完善，我国数字经济竞争力和影响力稳步提升。

——数据要素市场体系初步建立。数据资源体系基本建成，利用数据资源推动研发、生产、流通、服务、消费全价值链协同。数据要素市场化建设成效显现，数据确权、定价、交易有序开展，探索建立与数据要素价值和贡献相适应的收入分配机制，激发市场主体创新活力。

——产业数字化转型迈上新台阶。农业数字化转型快速推进，制造业数字化、网络化、智能化更加深入，生产性服务业融合发展加速普及，生活性服务业多元化拓展显著加快，产业数字化转型的支撑服务体系基本完备，在数字化转型过程中推进绿色发展。

——数字产业化水平显著提升。数字技术自主创新能力显著提升，数字化产品和服务供给质量大幅提高，产业核心竞争力明显增强，在部分领域形成全球领先优势。新产业新业态新模式持续涌现、广泛普及，对实体经济提质增效的带动作用显著增强。

——数字化公共服务更加普惠均等。数字基础设施广泛融入生产生活，对政务服务、公共服务、民生保障、社会治理的支撑作用进一步凸显。数字营商环境更加优化，电子政务服务水平进一步提升，网络化、数字化、智慧化的利企便民服务体系不断完善，数字鸿沟加速弥合。

——数字经济治理体系更加完善。协调统一的数字经济治理框架和规则体系基本建立，跨部门、跨地区的协同监管机制基本健全。政府数字化监管能力显著增强，行业和市场监管水平大幅提升。政府主导、多元参与、法治保障的数字经济治理格局基本形成，治理水平明显提升。与数字经济发展相适应的法律法规制度体系更加完善，数字经济安全体系进一步增强。

展望2035年，数字经济将迈向繁荣成熟期，力争形成统一公平、竞争有序、成熟完备的数字经济现代市场体系，数字经济发展基础、产业体系发展水平位居世界前列。

7. 二十大报告关键词

新时代十年的伟大变革

【报告原文】

新时代十年的伟大变革，在党史、新中国史、改革开放史、社会主义发展史、中华民族发展史上具有里程碑意义。

【解读】

党的十八大以来，我们党采取一系列战略性举措，推进一系列变革性实践，实现一系列突破性进展，取得一系列标志性成果，攻克了许多长期没有解决的难题，办成了许多事关长远的大事要事，党和国家事业取得历史性成就、发生历史性变革，让我们深感自豪、倍感振奋。

新时代十年的伟大变革，是全方位、划时代的。

新时代十年的伟大变革，彰显了中国特色社会主义的强大生机活力，为实现中华民族伟大复兴提供了更为完善的制度保证、更为坚实的物质基础、更为主动的精神力量。

（选自《人民日报》）

第 2 章
智慧供应链的需求预测

开篇案例：日化巨头联合利华的供应链需求预测体系

联合利华公司（以下简称联合利华）作为世界 500 强企业，在全球拥有 400 多个品牌，是日化行业的知名头部企业。此外，联合利华在 2018 年便开始打造 4S（Swift&Agile 迅速敏捷，Smart 智能的，Sustainable 可持续的，Striving 努力）供应链，加速推进智慧供应链的创新。

当顾客从超市货架上取走一瓶清扬洗发水时意味着什么？对联合利华（中国）来说，意味着 1500 家供应商、25.3 万平方米的生产基地、9 个区域分仓、300 个超商和经销商都因此受到牵动，它们是构成这家企业供应链体系的基本节点，那么联合利华复杂而庞大的供应链是如何高效运转的呢？

对家电、汽车等耐用消费品消费趋势的预测及其周期性预测比较容易，而对日化行业的预测有些麻烦，因为日化行业的消费者的购买频次高，消费结构更复杂，同时充满许多不确定性，所以联合利华需要准确地预测出未来的销售情况。

联合利华建立了大数据管理平台，实时采集、治理、存储、查询、展示数据，并搭载数据智能引擎，高效积累数据资产，赋能业务应用场景，助力企业构建扎实的数据根基，实现数字化经营。此外，联合利华按照 16 个品牌的产品形态划分了四大业务类别，每个品类都有一个团队预测产品的销售情况。

每天，分散在全国各地的联合利华的销售人员在巡店后会将数据输入大数据管理平台，源源不断地把销售情况汇总到公司数据库中心的主机里，再加上直接对接零售商的 POS 机系统和经销商的库存系统等，不管联合利华的管理人员在上海的中国总部办公室还是在伦敦的全球总部办公室，都可以了解联合利华（中国）1 万多家零售门店任何一天的销售情况，如图 2-1 所示。

对此，联合利华在中国设有 9 个销售大区，合肥生产基地制造出的成品从总仓被发往上海、广州、北京、沈阳、成都等 9 个城市的区域分仓，并建立 B2B（Business to Business，企业对企业）经销商渠道管理系统，借助互联网的延伸及便利性，使商务过程不再受时间、地点和人员的限制，在企业与经销商之间实现端到端的供应链管理，有效缩短供销链，确保企业能够随时随地开展销售，无限应对拓展和增长需求。同时联合利华为经销商提供了互联网销售工具，让每个经销商都具备业务拓展能力，协助经销商提升销售额。

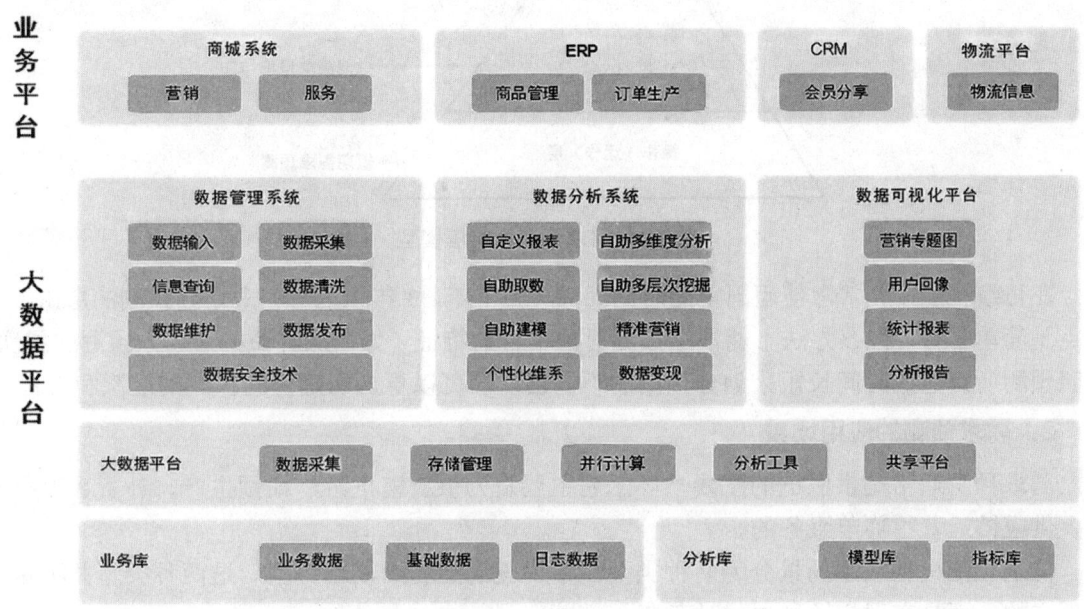

图 2-1　联合利华的大数据管理平台

作为四大日化巨头之一的联合利华，对供应链数字化转型早已开始筹谋，仅短短几年就成为"数字化制造"和"全球化 4.0"的示范者。对于许多日化企业而言，同样需要紧跟时代的发展，进行深度数据挖掘与需求分析、全球协同采购与供应商管理及渠道管理，构建供应链管理 B2B 平台，积极进行供应链数字化与创新转型，最大限度地为供应链上下游企业提供一站式的深度价值服务，实现数据互通、全链融合、综合提高企业运营效率，并增加收益。

2.1　需求预测

1. 需求预测的概念

需求预测是指针对一项产品或服务的预期需求所做的评估。

在供应链管理和运作的过程中，预测对象包括需求、库存、风险、销售、竞争对手的战略与战术等。与销售预测主导的推式组织方式不同，基于需求预测的活动是来自消费者的拉动。根据预测所跨越时间的长短，需求预测一般可以分为长期需求预测、中期需求预测、短期需求预测，如图 2-2 所示。

- 长期需求预测属于战略层面，是厂房建设、融资、经营、制定竞争战略等长期规划和决策的基础。
- 中期需求预测主要是战术性预测，是对企业战略的具体分解和实施过程，其预测时间粒度比战略预测小。
- 短期需求预测是预测粒度最小的一个层次，主要是操作性预测。

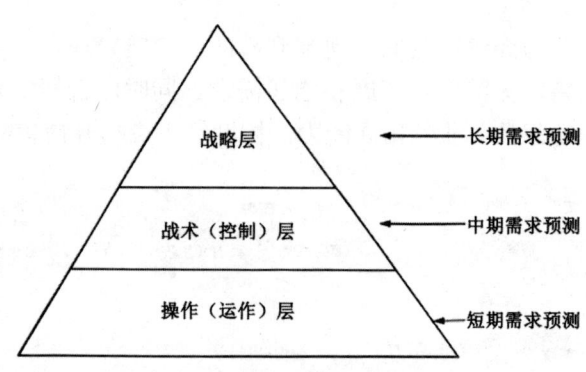

图 2-2 需求预测金字塔模型

在传统预测中,常常使用固定的时间间隔(如 1 年、3 年以上等)来划分预测的层次,其优点是简单易行,但该方法不能根据预测对象本身的特征(如产品寿命)来划分预测的层次。按照预测所跨越的时间长短来划分预测的不同层次,可以更加明确协同预测的层次和目标。

2．需求预测的应用场景

需求预测通常是供应链的重要一环,它主要是为供应链下游,如预生产、补货、库存管理、供应链运营等环节服务的。

需求预测根据应用场景分为两种类型:事件驱动型和周期趋势型。这两种类型并不是完全孤立的,而是在现实场景中同时存在。

(1)事件驱动型

常见的事件驱动型场景是电商平台、快消商品等 2C 产品的需求预测,也包括网页 UV(Unique Visitor,独立访客,即用户访问量)预测、网页 PV(Page View,页面浏览量,即点击量)预测等。电商平台的销量主要通过各种促销活动进行驱动,比如"6·18""聚划算""11.11""超级品类日"等,在没有活动时电商平台的销量相对较低且稳定。而快消商品的销量在平时比较稳定,在部分节假日和促销活动时会有大幅增长,然后回落之前的水平,如图 2-3 所示。

(2)周期趋势型

常见的周期趋势型场景主要针对一些稳定的制造业的 2B 商品,活动少或不靠活动带来销量的 2C 商品,比如汽车零部件、医药产品、办公消耗品等。除了节假日、特殊活动或政策等外界因素的影响,从整体来看,这些商品的需求呈现一定的周期性和规律性,如图 2-4 所示。

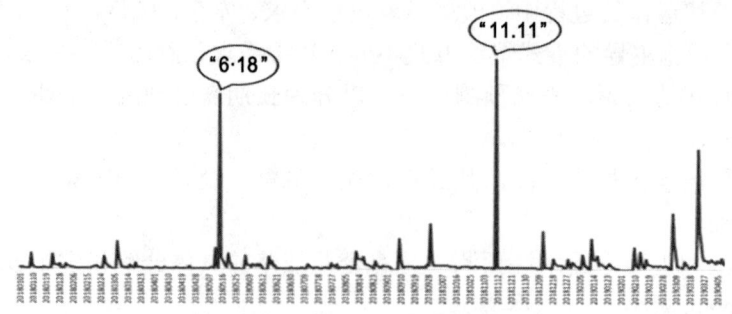

图 2-3 事件驱动型需求预测

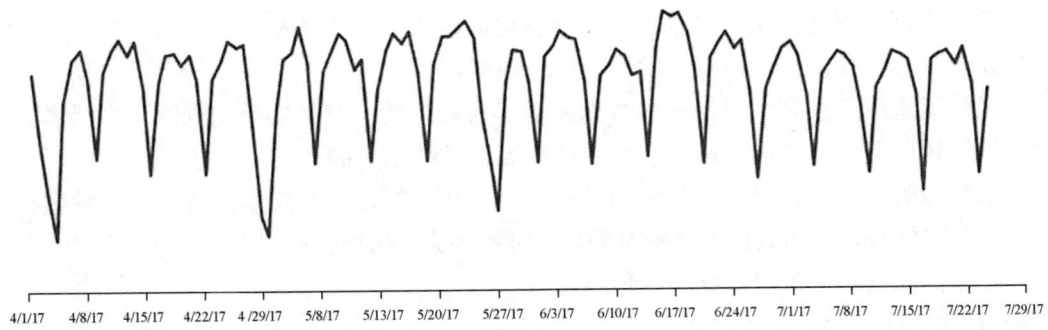

图 2-4　周期趋势型需求预测

3．需求预测的步骤

① 明确预测对象和目的。预测对象包括预测结果的用途、时间跨度等。据此可确定预测所用信息、需求做的投入。

② 选择适合的预测方法和预测模型。这一步要充分思索预测目的、时间跨度、需求特征等要素对预测方法的影响。

③ 搜集、剖析相关的资料数据。

④ 预测。通过一定的科学方法和逻辑推理，对事物未来发展的趋势做出预计和推测，发现事物发展的规律。

⑤ 预测结果评价，剖析预测精度和误差。

4．需求预测的基本方法

（1）定性预测

定性预测是指企业根据一些定性数据预测需求。这需要预测者熟悉业务知识，具有丰富的行业经验和综合分析的能力，根据已掌握的历史资料和直观材料，运用个人的经验和分析判断能力，对事物未来的性质和发展程度做出判断。虽然定性预测在一定程度上运用数学方法做出定量的预测评估，但是易受预测者主观因素的影响。

定性预测适合历史数据有限的企业、新店开业、新品发布（特别是市场上没有其他同类产品可参考的情况）等场景的需求预测。适用于定性预测的算法也非常少，更像是行业专家或咨询公司擅长的领域。

（2）时间序列预测

相比于定性预测，时间序列预测是一种量化的需求预测方法，它用更为精准的数字作为需求预测的基础，给出具有一定置信区间的量化预测值，属于定量预测的一种。它的基本原理是：一方面，承认事物发展的延续性，运用过去时间序列的数据进行统计分析，预测事物发展的趋势；另一方面，充分考虑各类特征因子对数据表现的影响，综合给出预测结果。

时间序列预测适用于有大量过去的销售数据的零售企业，有季节性、周期性销售趋势的商品。

（3）因果模型

因果模型考虑了可能改变预测结果的多种可控因素和非可控因素，是利用事物发展变化的因果关系进行预测的方法。它以事物发展变化的因果关系为依据，抓住事物发展的主要矛盾与次要矛盾的相互关系，建立数学模型进行预测。

因果模型适用于具有大量指标的数据驱动零售商，特定产品的类别预测，多渠道、多元化客群的零售业务，与市场营销、广告活动和促销活动相关的预测。

需求预测既是一门科学，也是一门艺术。好的预测方法，一定是综合考虑定性数据和定量数据、内部数据与外部数据、可控因素与不可控因素，做出一些必要的"猜测"和"假设"，再结合先进的算法和工具对数据进行预测。

5. 基于机器学习的需求预测

（1）机器学习

机器学习是人工智能的一个子集，涉及概率论、统计学、线性代数、高等数学、计算复杂性理论等多门学科。机器学习允许算法、软件、系统学习和调整，而无须专门编程。

（2）预测支持决策

在复杂的业务场景下，基于"if...then..."及传统的统计学方法来实现的代码逻辑，总是无法覆盖所有的条件组合。机器学习与人类大脑有着类似的工作方式，利用"反向传播"从数据中不断训练、反馈、学习，以获取"知识"。就预测而言，随着不断地训练和自我学习，预测模型会不断得到优化，预测准确性也随着学习而变化，而越来越高的预测准确性为商业决策提供了可信赖的基础。

一个完整的预测支持决策的回路如图 2-5 所示，它有 8 个组成部分。数据在整个历史数据输入、模型训练、数据预测、判断、决策、行动、结果收集、数据反馈的完整回路中流转。

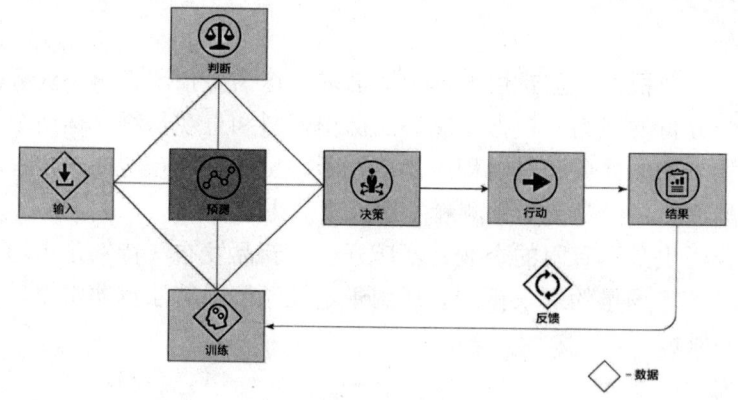

图 2-5　预测支持决策的回路

- 数据清洗是有效输入的核心。数据质量的优劣决定着预测项目的成败，而有了优质的数据，提取恰当的特征也是预测成功的重中之重。
- 足够丰富的带特征数据是预测模型得以训练的基础。
- 预测是决策的核心输入。依赖训练得到的模型和未来有限的确定因素，可为决策提供数据预测支持。
- 决策执行的结果又将反馈到训练模型，以优化预测。

机器学习研究计算机怎样模拟或实现人类的学习行为，以获取新的知识或技能，重新组织已有的知识结构使之不断改善自身性能。基于算法的机器学习模型非常适合分析趋势、发现异常，并在海量数据集中得出预测见解。这些强大的功能使其成为解决供应链行业主要挑战的理想的解决方案。

2.2 智慧供应链的用户需求驱动模式 C2M

> **焦点讨论**
>
> 京东提出反向定制工作五步法，即需求报告、仿真试投、厂商研产、京东首发、精准营销，如图 2-6 所示。这是一套针对新品开发和上市的系统化解决方案，以海量用户数据为基础，通过行业、市场、商品、价格、人群、营销的六维数据视角交叉分析，彻底解决厂家与消费者之间"供需"信息不对称的问题。

图 2-6 京东反向定制工作五步法

> "电竞带鱼屏"就是京东 C2M 反向定制模式的一个范本。带鱼屏是指长宽比例大约为 21∶9 的液晶显示器，是目前游戏发烧友们争相购买的商品。
>
> 在带鱼屏推出前，京东通过大数据统计的用户搜索和点击习惯发现，用户对"电竞""曲面""高分辨率"的关注度和需求很高，但通过评论发现很多消费者因为高端显示屏的价格过高，所以购买积极性不高。
>
> 京东与上游资源方沟通，可否专门为用户开发"电竞带鱼屏"，得到的回复多是一套液晶面板的开模成本需要 1500 万元，如果产品的销量不高，就难以分摊模具成本，也很难降价。
>
> 京东以包销定制的模式，促使更多品牌方加入带鱼屏的生产，在规模化采购基础上采取合理的切割方式，协同上游面板厂商将液晶面板的成本降低了 40%；同时通过与上下游流程的高效协同，将新品的上市周期缩短到 6 个月。
>
> 通过整个供应链条的效率优化，京东参与定制的带鱼屏不但为消费者优惠了约 50% 的价格，而且把面板厂、代工厂、品牌方各方的毛利率提高了 20%。
>
> 讨论：反向定制给企业带来了什么样的挑战？

1. C2M 的概念

C2M 是平台与厂商合作组织产销的一种模式。这种模式的特点是通过互联网对消费者的信息进行搜集、整合，从中分析消费者的需求状况，然后将这些信息发送给制造者，生成订单。

C2M 模式的突出特点是按需求生产，用户先下单，工厂再生产，没有库销比，消除库存顽疾，同时通过电商平台规模化订单平衡成本，实现利润最大化，如图 2-7 所示。

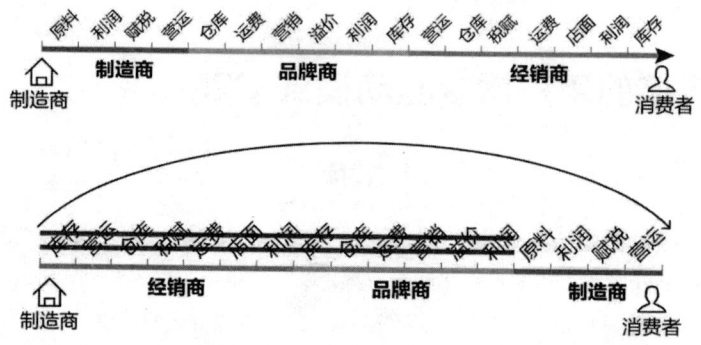

图 2-7　C2M 模式的突出特点

C2M 模式是基于互联网、大数据、人工智能，以及生产线的自动化、定制化、节能化、柔性化，运用庞大的计算机系统随时进行数据交换，按照客户的产品订单要求设定供应商和生产工序，最终生产出个性化产品的工业化定制模式。

2．工厂模式

根据最终商品的品牌归属及平台对商品设计、生产的参与程度，工厂模式可以分为 ODM（Original Design Manufacturer，原始设计制造商）、OEM（Original Equipment Manufacturer，原始设备制造商）、C2M 和 M2C（Manufacturers to Consumer，生产厂家对消费者）4 种模式，如图 2-8 所示。

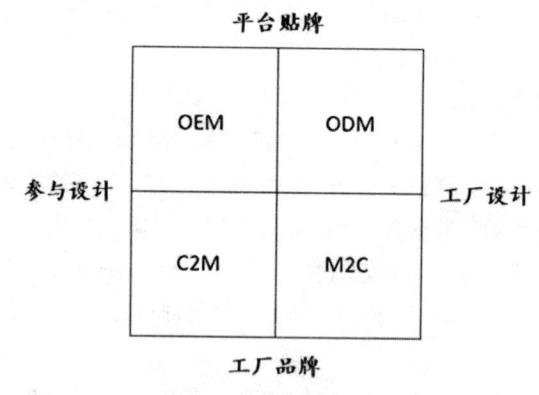

图 2-8　工厂模式

OEM 与 ODM 其实都属于代工模式，即品牌方向工厂发送订单，但最终商品的品牌一定属于品牌方或某个电商平台。其中，OEM 与 ODM 的差异又存在于品牌方对商品设计的参与程度，设计能力较强的品牌方会选择 OEM，即自行设计后将设计图等给工厂，工厂按照品牌方的设计进行生产，这种模式一般适用于设计能力较强或属于高科技品类的大品牌。

而对于部分业务模式较轻（无设计部门）、生产经营弱品牌品类的商家来说，可以选择 ODM，即由工厂设计生产，品牌只需在厂家现有的款式中挑选即可，许多淘品牌都存在部分或全部商品选择 ODM 的情况。

相比之下，C2M 与 M2C 更偏向工厂店/工厂模式，因为其最终呈现的品牌归属工厂本身。

3．C2M 的模式类型

（1）独立品牌型和联合定制型

独立品牌型的典型代表是必要商城。必要商城主要对接为国际顶级奢侈品集团代工的国内服装、箱包制造商，这些奢侈品代工厂具有生产制造顶级奢侈品服饰的能力，却因为没有品牌，只能为国际大牌代工，用自己独立的品牌在必要商城上销售与国际大牌同质量的商品，如图 2-9 所示。

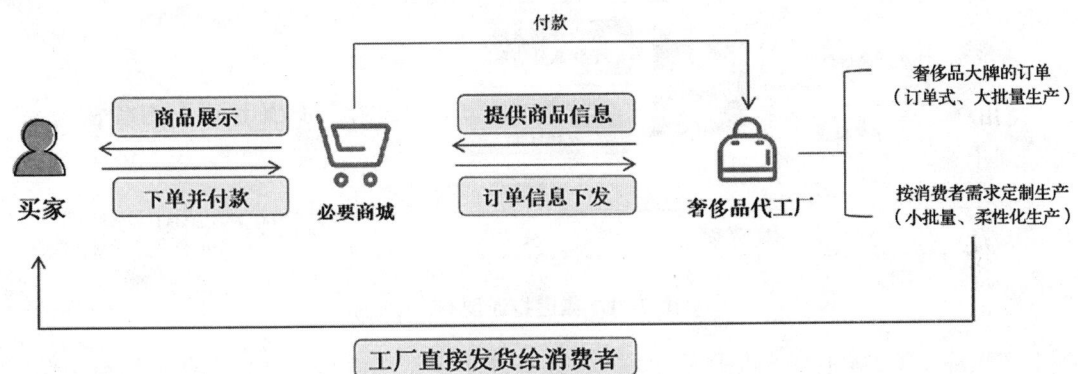

图 2-9　独立品牌型 C2M

联合定制型的代表则是京东。京东收集用户对冰箱等大家电产品的使用建议，并将建议反馈给美的、格力等品牌制造商，京东与这些品牌制造商合作定制，这种模式既能有效反馈市场需求，也能实现京东与品牌制造商的强强联合，实现双赢，如图 2-10 所示。

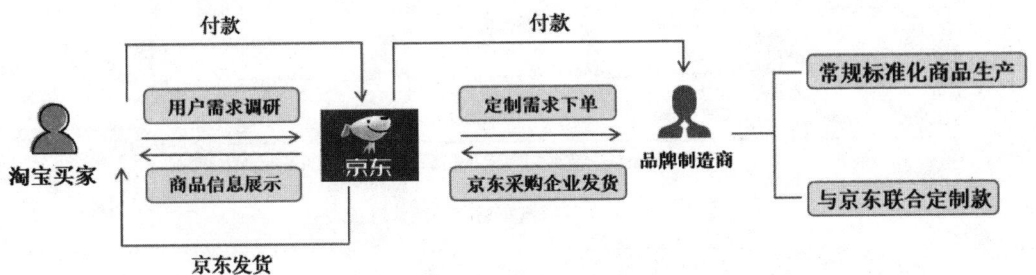

图 2-10　联合定制型 C2M

而通过 C2M 的数字化赋能改造，必要商城能够帮助厂商打开销售渠道，塑造品牌，扶持国内厂商做强做大。京东则借助 C2M 带来的数字化技术，帮助国内传统的家电制造企业快速响应市场需求，按照客户需求定制，并通过品牌合作来提高传统生产商的影响力。

（2）渠道打通型和生产赋能型

渠道打通型 C2M 比较突出的代表是拼多多。拼多多主打直采直供，通过互联网平台将农产品生产地与 C 端消费者直接连接，在整个交易流程中，减少流通链条，从而让消费者买到价格实惠的新鲜果蔬，让种植户卖出更好的价格，如图 2-11 所示。

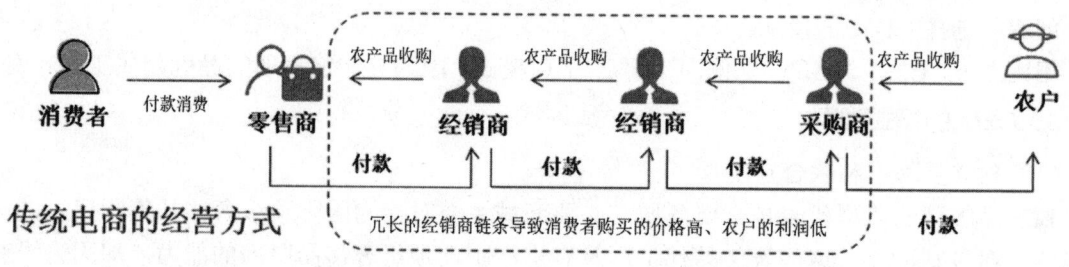

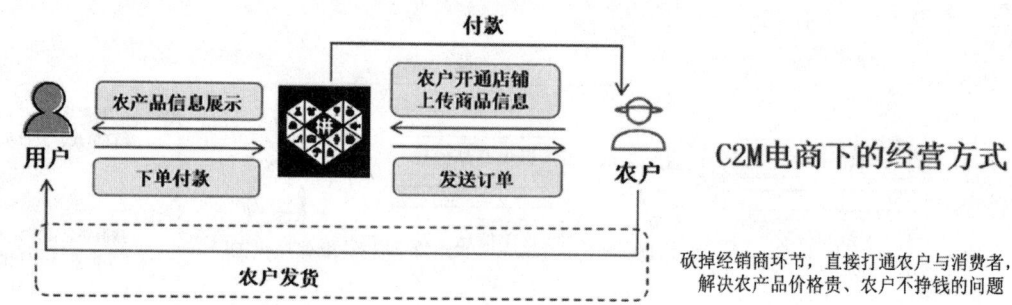

图 2-11　渠道打通型 C2M

生产赋能型 C2M 的代表是百姓车联。百姓车联不但帮助汽车零部件企业打通整个销售链条，塑造品牌，而且通过数字化改造，赋能零部件工厂，通过自身掌握的大数据改变零部件企业的生产方式——从被动的订单式变为主动的需求预测式。

生产方式的改变极大地提高了生产效率，减少了库存和资金积压，提高了生产商的竞争力，如图 2-12 所示。

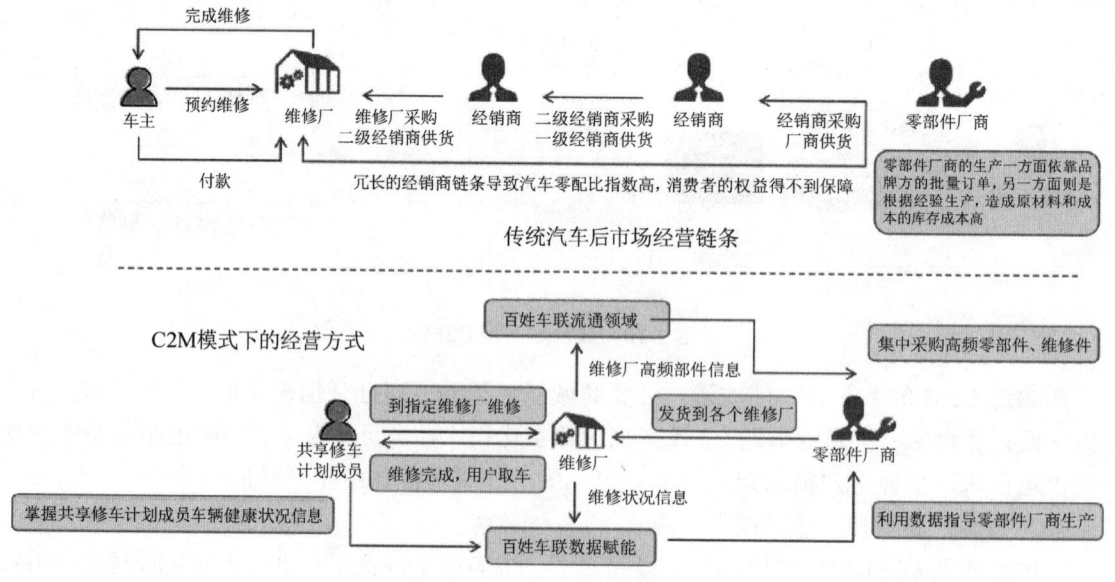

图 2-12　生产赋能型 C2M

渠道打通型 C2M 的代表拼多多帮助消费者买到更实惠的农产品，让种植户挣到更多的钱，使贫困地区的农民脱贫致富，而生产赋能型 C2M 的代表百姓车联则通过数字化赋能帮助生产企业进行市场预测，利用技术手段使其具备"JIT"的生产能力，助力中国汽车企业产业升级。

（3）平台对接型和代工生产型

平台对接型 C2M 的代表是阿里巴巴的犀牛智造。犀牛智造是阿里巴巴"五新战略"中"新制造"的落地项目，犀牛智造借助大数据、云计算、物联网的技术优势，赋能供应链，为淘宝上的中小卖家提供小单起订、快速反应的柔性制造模式，淘宝上的商家能够根据用户需求的变动敏捷调整用户订单量和品类，极大地提高了对需求的响应速度，如图 2-13 所示。

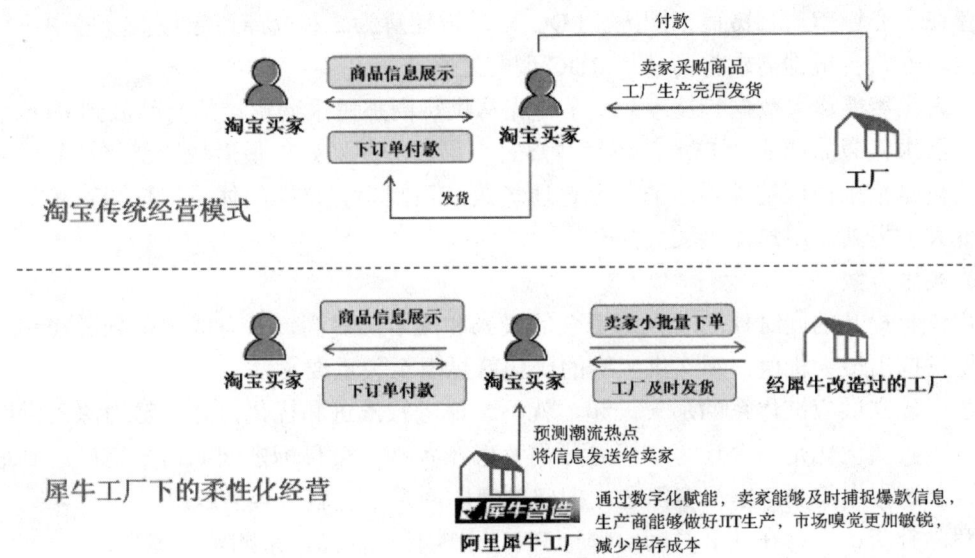

图 2-13　平台对接型 C2M

代工生产型 C2M 的代表是网易严选。网易严选根据消费者的需求进行产品设计，其生产交付给工厂，生产完成后，商品贴上网易严选的品牌。与阿里巴巴的犀牛智造帮助工厂做消费者需求预测、数字化赋能工厂生产不同，网易严选占领的是微笑曲线中利润最大的两端——设计和品牌，如图 2-14 所示。

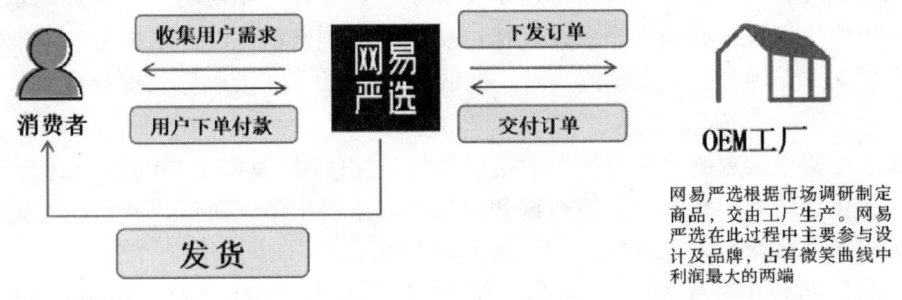

图 2-14　代工生产型 C2M

不论是平台对接型还是代工生产型，C2M 都极大地提高了厂商的生产效率和柔韧度，能够更快地响应市场需求，在未来它甚至可以为用户做到实时的定制化生产。

2.3 行业实践

1. 京东：智慧供应链的需求预测

（1）实施背景

京东一直致力于通过互联网电商建立需求侧与供给侧的精准、高效匹配。目前，京东在全国范围内的仓库数量已超过 1200 个，按功能可划分为 RDC（Regional Distribution Center，区域配送中心）、FDC（Front Distribution Center，前端配送中心）、大件中心仓、大件卫星仓、图书仓和城市仓等。RDC 可以被理解为一级仓库，向供货商采购的商品会优先送往这里，它一般设置在中心城市，且覆盖范围大。FDC 可以被理解为二级仓库，它覆盖一些中小城市及边远地区，通常会根据需求将商品从 RDC 调配过来。

结合人工智能、大数据等技术，京东首先从供货商那里采购定量的商品放到 RDC，然后根据实际需求将商品调配到 FDC，再运往离客户最近的配送站，最后快递员将商品送到客户手中。这只是京东供应链体系中的一个普通场景，正因为有这样的体系，使得京东对用户的响应速度大大提高，用户体验大大提升。

（2）实施方案

用户体验提升的同时伴随着大量资金的投入和成本的提高，只有成本得到了控制，整个体系才能发挥出最大价值，那么供应链的优化就显得至关重要了。

京东自建立供应链体系的那一天起，就不断地进行改进和优化，并且努力深入供应链的每个环节。其实优化是一个运筹学问题，需考虑在各种决策目标之间如何平衡以达到最大收益，在这个过程中需要考虑很多问题，把问题考虑清楚了，就很容易解决。

- 商品补货：考虑在什么时间给哪个 RDC 采购什么商品，采购量是多少？
- 商品调拨：考虑在什么时间给哪个 FDC 调配什么商品，调配量是多少？
- 仓储运营：在平台大促来临之际，仓库和配送站需要增配多少人、多少辆货车？

虽然这些问题看上去很容易回答，但是仔细想想又很难给出答案，原因是想要做到精确不是容易的事情，就拿商品补货来说，补得太多会增加库存成本，补得太少会增加缺货成本，只有合理的补货量才能做到成本最低。

借助机器学习、大数据等相关技术，京东在很多供应链优化问题上已经实现系统化，由系统自动给出优化建议，并与生产系统连接，实现全流程自动化。在这里有一项技术起着至关重要的底层支撑作用，它就是预测技术。据估算，1% 的预测准确度的提升可以节约数倍的运营成本。

预测系统在整个供应链体系中处于最底层且起支撑作用，支持上层的多个决策优化系统，而这些决策优化系统利用精准的预测数据和运筹学技术得出最优决策，并将结果提供给更上层的业务执行系统或业务方直接使用，如图 2-15 所示。

目前，预测系统主要支持三大业务：销量预测、单量预测、GMV（Gross Merchandise Volume，商品交易总额）预测。其中，销量预测主要支持商品补货、商品调拨；单量预测主要支持仓库、站点的运营管理；GMV 预测主要支持销售部门制订计划。

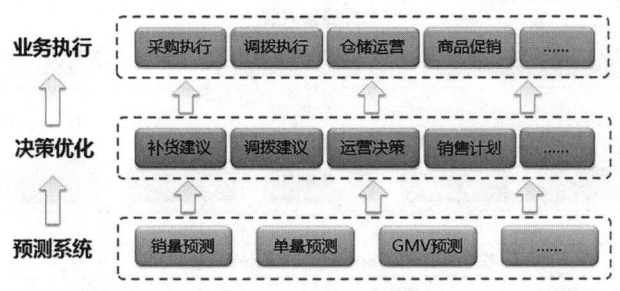

图 2-15 预测系统

销量预测按照不同维度可以分为 RDC 采购预测、FDC 调拨预测、城市仓调拨预测、大建仓补货预测、全球购销量预测和图书促销预测等；单量预测可以分为库房单量预测、配送中心单量预测、配送站单量预测等。预测系统的整体架构从上至下依次是：数据源输入层、基础数据加工层、核心业务层、预测结果输出层、下游系统。首先从外部数据源获取企业所需的业务数据，然后对基础数据进行加工清洗，再通过机器学习、深度学习等人工智能技术对数据进行处理和分析，最后计算出预测结果，并通过多种途径将预测结果推送给下游系统使用，如图 2-16 所示。

- 数据源输入层：京东数据仓库中存储着企业需要的大部分业务数据，比如订单信息、商品信息、库存信息等。而促销计划数据大部分是采销人员通过 Web 系统录入的信息。
- 基础数据加工层：对基础数据进行加工清洗，去掉不需要的字段，过滤不需要的维度并清洗有问题的数据。
- 核心业务层：这一层是系统的核心部分，从横向来看可分为 3 层：特征构建、预测算法、预测结果加工。从纵向来看它由多条业务线组成，彼此之间不发生任何交集。
- 特征构建：将之前清洗过的基础数据通过进一步处理转化成标准格式的特征数据，并提供给后续算法模型使用。
- 核心算法：利用机器学习、深度学习等人工智能技术对销量和单量进行预测，是预测系统中最为核心的部分。
- 预测结果加工：预测结果可能在格式和一些特殊性要求上不能满足下游系统，所以需要根据实际情况对其进行加工和处理，比如增加标准差、促销标识等额外信息。
- 预测结果输出层：将最终预测结果同步到京东数据仓库、MySQL、HBase，或制作成 JSF 接口供其他系统远程调用。
- 下游系统：包括下游任务流程、下游 Web 系统和其他系统。

（3）价值分析

京东的预测技术最早应用于图书品类管理，用以解决其业务规模化发展的需要，通过技术手段助力业务爆发式增长。随着人工智能技术的发展，预测技术从最初帮助图书品类采销人员预测销量、自动补货，到现在已经应用于京东商城全品类商品运营。以消费品类为例，超过 80% 的订单是由系统自动下单补货的。补货效率提高，库存现货率提高，货物周转周期缩短，发挥更精细的商品运营能力。未来随着大数据、人工智能技术在京东供应链管理中的使用越来越多，预测系统将发挥更大的作用，京东预测系统的研发工作也将充满挑战与乐趣。

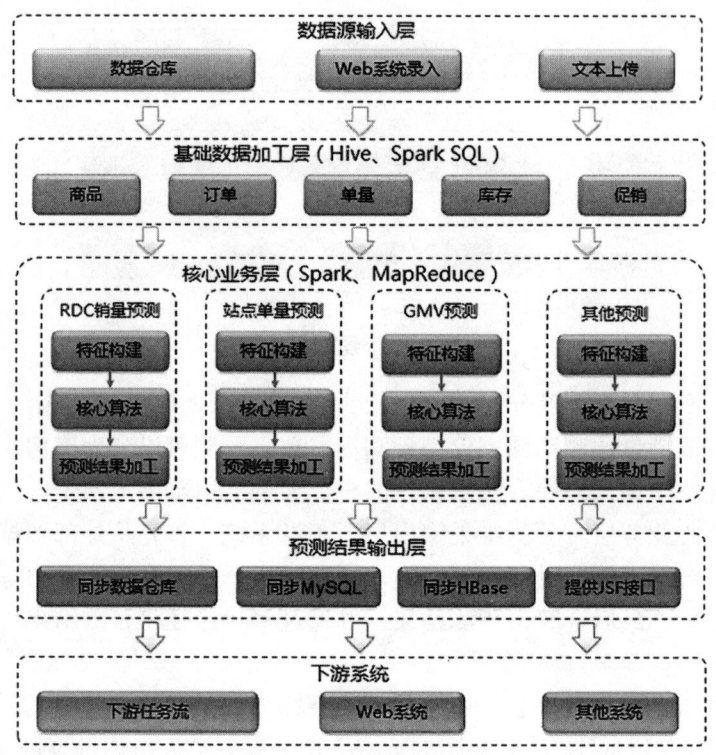

图 2-16 预测系统的架构

2. 宝钢：大数据机器智能预测平台

（1）实施背景

随着经济下行，钢铁行业产能过剩，市场波动剧烈。热轧板的市场情况恶劣，且热轧板不易保存，将过剩的钢板以低于成本价的价格放在电商平台上销售，产生巨额亏损；冷轧板的预测来自宝钢股份首席专家基于经验模型的预测，当市场出现波动时无法准确预测未来的订货量，从而无法保供。

宝钢国际作为宝钢的营销公司，在"互联网+"的新形势下开始探索使用大数据分析市场精准营销、控制成本的新道路，尝试利用大数据对市场需求进行精准预测，并建立从业务需求出发、技术驱动的面向全量数据和自学习的大数据分析应用平台。

（2）实施方案

联想集团在多年的 IT 建设中，积累了良好的数据基础，产品团队通过产品的历史订单、库存、市场趋势及产品的分类属性等数据对产品进行分析，识别和确定影响需求走势的关键因子（比如季节性、节假日因素、产品换代规律），在此基础上采用多种机器学习算法拟合，将多个模型输出的预测融合并作为需求预测自动输出。

在模型建设的过程中，产品团队发现机器学习技术对大样本数据的分析和模拟能力很强，但在预测过程中存在诸多不可量化的因素，机器学习的算力与业务专家的经验相结合才是正途。在产品运营过程中，产品团队和业务部门保持定期沟通，根据业务反馈了解了更多关于预测数据背后的因素和逻辑，并将它们应用于模型的迭代更新，形成了前期"人类"辅助"机器",后期"机器"辅助"人类"的良性闭环。

以上解决方案引入机器学习技术构建智能预测模型,结合传统模型和最新机器学习算法,可以为业务带来自动化、覆盖全面、更加快速和准确的需求预测,辅助业务做出更加合理的决策。目前,智能预测模型已处于稳定的运营状态,模型的整体预测准确率已经超越业务预测准确率。

(3)价值分析
- 预测准度提升:相对于过去采用首席专家凭经验预估市场需求量的方式,机器智能预测方案大幅度提升了预测准确率和客观程度。
- 精准客户画像:经过大数据分析,对钢铁客户的人群特性进行用户画像,从而达到精准营销的目的。
- 深度学习分析:通过宏观经济数据、客户营销数据等,数据科学家让计算机自学习并不断修正分析算法,从而产生更为准确的分析模型。

思考与练习

1. 名词解释

(1)需求预测

(2)C2M

(3)时间序列预测

2. 简答题

(1)简述智慧供应链的需求预测的步骤。

(2)智慧供应链的需求预测有哪些方法?

(3)分析基于机器学习的供应链需求预测。

3. 讨论题

(1)讨论智慧供应链的需求驱动 C2M 模式及应用。

(2)论述基于智慧供应链中大数据机器智能预测的意义。

4. 图解分析题

根据图 2-17 分析需求预测驱动下的智慧供应链计划和执行过程。

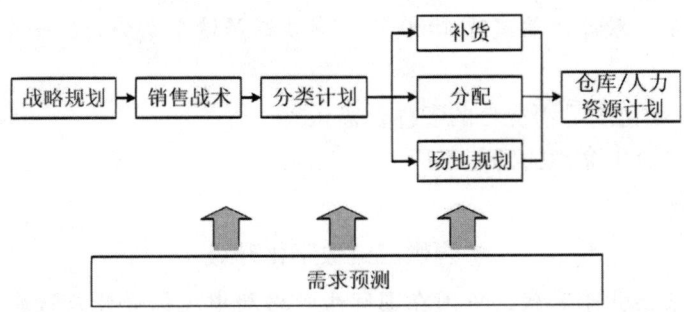

图 2-17 需求预测驱动下的智慧供应链计划和执行过程

5. 案例分析题

威马：创新 C2M，满足消费者多样化需求

作为"新基建"的重点领域，工业互联网是驱动中国制造向智能化、数字化转型升级，推动实体经济高质量发展的重要动能。威马汽车表示，智能汽车下一个五年发展已经开启，新势力造车将完成从"站起来"到"强起来"的战略转变。掌握智能化、网联化核心技术，建设智能制造与工业互联网融合发展的创新型平台，将提高企业的生产管控能力和制造管控效率，助力民族汽车企业实现"数字化转型发展"的既定目标。

威马汽车既是全球首家实现 C2M 定制模式的新能源企业，也是将 C2M 平台率先应用于智能制造的乘用车企业，它率先洞察到工业互联网的行业趋势，以用户痛点为创新起点，创新 C2M 人工智能解决方案，基于大数据、智能算法构建的威马智能智造中台拥有自主学习的进化能力，利用先进的智能算法模型，对海量用户数据及零部件库存数据进行科学算法分析，无缝集成用户需求的预测和制造端的供应链状态，实现秒级排产及 OTD（Order To Delivery，订单到交货）状态实时监控、预警及反馈，真正实现从消费端拉动制造流程与供应链。

对用户来说，C2M 个性化定制服务能满足多样化的消费需求；对企业来说，C2M 所具备的集团采购与供应链一体化管控能力是实现企业降本增效的有力支撑。随着威马汽车 C2M 个性化定制模式的推进，对采购与供应链的及时性和准确性的要求逐渐增强，这意味着不仅需要对供应链实现透明化、高效化管理，还要打通数据孤岛，实现数据流的互通，进而实现营销、研发、设计、制造、交付、售后等全业务链贯通。

C2M 个性化定制平台让威马工厂成为一座"有生命力的智能工厂"。当用户可以根据需求和喜好定制汽车的功能配置、内外饰配色时，就意味着汽车从工业功能品彻底变成智能生活玩伴。目前，威马汽车已为用户提供千余种 C2M 选配方案，满足用户个性化、多样化需求。

威马汽车不仅通过 C2M 平台为用户提供千余种个性化选配方案，满足其多样化的消费需求，对于消费者的驾乘需求，威马汽车也能满足。威马汽车首个全场景智能移动空间计划在 2022 年量产交付，作为全球首批搭载 3 颗自主变焦高精超视固态激光雷达等 32 项高级智能传感器，并配备 4 颗自动驾驶顶级芯片 Orin-X 的车型，威马 M7 将智驾能力进一步提升。超级表盘、科技皮肤等开创性智能设计，使智能驾驶实现从泊车场景到全场景的跨越。

在硬科技创新实力与硬核产品力的加持下，威马汽车得到越来越多消费者的信赖，2020 年威马汽车累计销量同比上涨 33.3%，达 22 495 辆。旗下首款纯电 SUV 威马 EX5 车型自 2018 年 9 月启动交付至今，累计销量突破 4000 辆，继续稳居造车新势力单一车型销量冠军。

分析：

（1）创新 C2M 如何满足消费者的多样化需求？

（2）如何理解"有生命力的智能工厂"？

6. 课程思政题

中国供应链数字化升级

全球已进入供应链竞争时代，中国在国际生产格局中地位提升。随着全球经济环境、贸易格局、创新产业的不断变化，当下已进入了供应链多元化、高质量发展的新时代，无论企

业、区域或者国家,供应链体系的构建和升级能够使竞争主体有效利用更多资源、单位产能不断提升,从而保持领先地位。我国工业革命进程已与世界发展轨迹交汇,在国际生产格局中的地位明显提升,未来面临信息化与智能化并进的挑战。

在数字经济与技术发展的驱动下,传统供应链正在向数字化供应网络变革跃迁。数智化技术发展是企业管理工具与企业管理思想日趋成熟的基石,需求侧数字化进程迅猛,传统供应链承压明显上升,供应链上的各节点企业必须依靠新兴技术加持及供应链平台赋能,逐步实现供应链信息化、数字化与可视化,从而进一步助推我国供给侧结构性改革,以实现供需两侧相匹配的完整数字经济。在梅特卡夫定律下,未来随着数字化供应网络的发展延伸,其价值将呈指数级增长,为企业、产业带来巨大收益。

供应链数字化的核心:同一价值链的横向延伸与不同价值链间的纵向互动。供应链上活动可以反映为供应链上信息流、物流和资金流"三流"的活动;在此基础上,供应链数字化的问题可以通过两个维度进行拆分:维度一是企业内部和企业外部;维度二是同一"流"上的延伸和不同"流"之间的互动。而各参与方开展供应链数字化的核心在于两方面——同一价值链的横向延伸和不同价值链间的纵向互动。

供应链数字化服务规模:信息流、物流、资金流供应链数字化服务共同构造2.8万亿元市场。2021年,不同类型参与者进行供应链数字化服务的收入约为2.8万亿元,同时,供应链数字化服务可以按照对信息流、物流和资金流的数字化改造划分为对应的三部分。从结构占比与增长性上,物流环节供应链数字化服务的占比最高,但信息流和资金流的供应链数字化服务具备较强的增长性。

供应链数字化服务参与方:4类主要参与方凭借原有优势延伸链接长度,突破发展瓶颈增加链接密度。供应链数字化服务主要参与者主要包括核心企业、技术服务商、物流服务商及金融/支付企业。4类主要参与者各具优势,凭借自身禀赋突破发展瓶颈,延长横向多维价值链条并增加纵向价值链密度。

技术发展趋势:未来的数字化供应链,是实体供应链的完整数字孪生。当下数智化技术在供应链各环节(包括供应链计划、采购、生产制造、运营物流等)的成熟应用尚有限,未来随着各类技术逐步落地,供应链将从"整体分离、阻隔、滞后、不连续、非实时的数据驱动"向"整体协同、畅通、即时,基于数字孪生的分析与预测"变革。

企业发展趋势:大、中、小微企业供应链数字化未来发展路径迥异。大型企业——从"大"向"强"、从数字化"践行者"向"使能者"进化;中型企业——数字化之前,信息化需先行,服务商对于中型企业数字化意识教育将起到关键作用;小微企业——基于产业互联网的小微企业服务亟待突破,同时公共数字化转型基础设施将进一步深化,持续支撑小微企业。

服务商发展趋势:积累行业know how(技术诀窍和专业知识)、提升对外服务能力之路道阻且长。国内目前仅有极少数服务企业处在领军者位置,优秀的供应链数字化服务商通常需要几十年的经验累积,对任一行业供应链的摸索、针对性产品的打磨及做到系统完全集成,都是一个漫长且艰难的过程。发展尚需时日,但已势不可当。

7. 二十大报告关键词

马克思主义中国化时代化新境界

【报告原文】

不断谱写马克思主义中国化时代化新篇章,是当代中国共产党人的庄严历史责任。继续推进实践基础上的理论创新,首先要把握好新时代中国特色社会主义思想的世界观和方法论,坚持好、运用好贯穿其中的立场观点方法。

【解读】

继续推进实践基础上的理论创新,首先要把握好习近平新时代中国特色社会主义思想的世界观和方法论,坚持好、运用好贯穿其中的立场观点方法。必须坚持人民至上,坚持自信自立,坚持守正创新,坚持问题导向,坚持系统观念,坚持胸怀天下,站稳人民立场、把握人民愿望、尊重人民创造、集中人民智慧,坚持对马克思主义的坚定信仰、对中国特色社会主义的坚定信念,坚定道路自信、理论自信、制度自信、文化自信,不断提出真正解决问题的新理念新思路新办法,为前瞻性思考、全局性谋划、整体性推进党和国家各项事业提供科学思想方法。

(选自《人民日报》)

第 3 章
智慧供应链的订单与排产

开篇案例：库克的苹果帝国

2011年，当全世界得知乔布斯身患胰腺癌时，分析师预测苹果公司的未来之路将会很坎坷，但乔布斯没有这样的担忧。他早在去世之前，就认为首席运营官蒂姆·库克是带领公司前进的最佳人选，因为库克比任何人都更能确保苹果公司产品增长，库克从不允许公司产品的供应小于需求，即使在需求旺盛的情况下也是如此。

Gartner是美国的一家研究公司，专研各大商业巨头的供应链管理。在2013年至2014年的"全球供应链管理公司TOP25"名单中，苹果公司一直名列前茅。自2015年以来，苹果公司和宝洁被Gartner列入新的"供应链大师"名单，这份名单说明库克多年来的供应链管理十分出色。

20世纪90年代是苹果公司发展史上的危难时期，1996年，苹果公司的销售收入减少了17亿美元，但其库存成品的价值却高达7亿美元。一方面，公司的新产品脱销，使得苹果电脑的分销商十分被动，大量客户转向了竞争对手；另一方面，公司的其他产品严重过剩，大量的成品存货不得不大幅度降价出售，公司处于一种无利润销售的情况之中。当时苹果电脑的股票价格已经跌至每股13美元，甚至一些行业分析家认为奄奄一息的苹果公司是即将被行业竞争淘汰的公司之一。

乔布斯曾直言，聘用库克是因为他想要一个知道如何管理供应链的人。事实证明他的选择非常正确，库克的到来为苹果公司带来了一系列深度改革。

第一，降低公司在产品方面的存货成本。这是整个改革最基础的环节之一，主要措施是简化产品计划，把原先15种以上的产品样式消减到4种基本样式，这样一来，大大减少了产品零部件的备用数量和半成品的数量。第二，通过对客户直销，准确预测市场需求，减少公司的成品库存。在市场营销方面，公司实施了互联网的销售战略，开始在公司的专卖店直接接收客户订单，并为他们进行产品配置。

库克在职业生涯的早期意识到，苹果公司的供应链笨重、复杂且反应迟钝，因此他将苹果公司的生产模式转向了准时制生产模式，这是他在IBM任职期间颇有经验的举措。库克不喜欢产品有库存，他认为科技行业的变化非常迅速，因此存货时间过长就是犯罪。他告诉福布斯，他发现库存"从根本上是邪恶的……库存就像乳制品，没人想买变质的牛奶。"此外，库克还证实，如果库存持续增加，产品的价值每周将下降 1%～2%。

早期结果表明库克的策略是正确的。苹果公司产品的库存周转时间从一个月减少到只有 6 天，最短的时候达到两天，甚至 15 小时。这确实是一个令人印象深刻的数字，远远领先于技术行业排名第二和第三的竞争对手——库存 10 天的戴尔和库存 21 天的三星。而且，当时苹果公司的库存管理质量比惠普好 5 倍，比摩托罗拉好 5.5 倍。

因为准时制生产模式，苹果公司实现了每 5 天周转一次库存，像发条一样在全球推出、制造、运送数百万部 iPhone，几乎没有库存过剩，这被认为是准时制生产模式的奇迹。

3.1　全场景客户价值

以客户为中心，创造客户价值的最大化是企业数字化转型的重要指标。通过业务全面服务化，构建开放合作的价值模式，快速响应、满足和引领市场需求，最大化价值效益，加速业务体系和业务模式的创新，推进企业传统业务的转型升级。全场景客户价值是围绕客户全场景需求，定义新的产品和服务价值点，同时依托企业端到端价值链的数据打通，实现针对客户需求的敏捷响应与产品的服务化运营。不同类型的企业需要重点关注不同的价值链优化，比如供应商到市场投放的价值链、企业管理到售后服务的价值链、研发到消费者的价值链等。

常见的全场景客户价值导向框架主要包括两条业务主线，如图 3-1 所示。

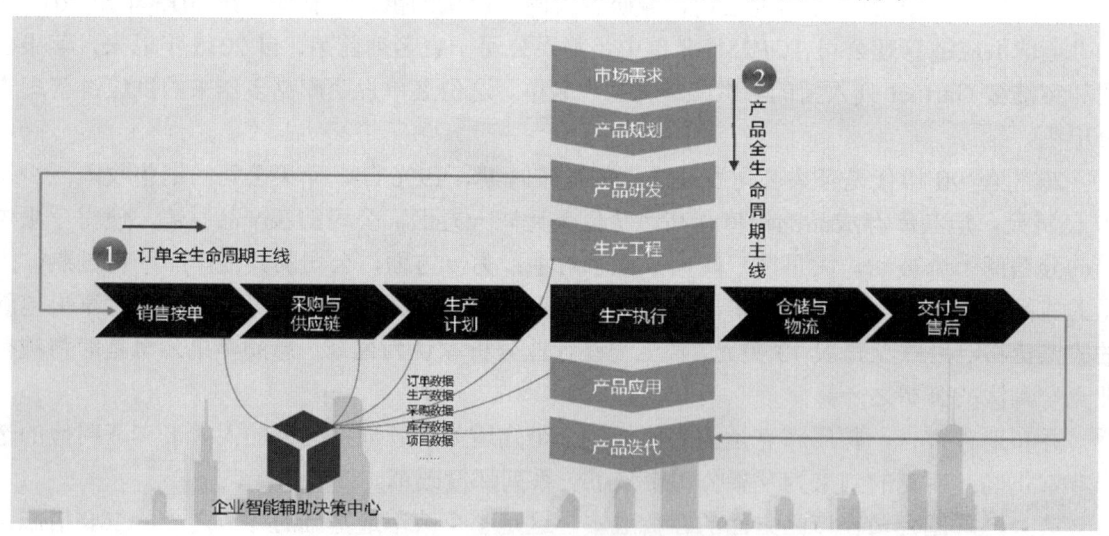

图 3-1　全场景客户价值导向框架

以订单为主线，面向终端消费者，在电商经济的影响下面临短交期压力，通过以订单全生命周期为主线的动态优化实现精准计划、柔性生产、快速配送。

以产品为主线，面向企业客户，产品定制化程度高，并且客户在产品质量和售后服务方面要求较高，通过产品全生命周期管理实现敏捷研发、产品质量保证和持续性的后市场服务。

两条主线的思路非常清晰，通过在两条主线的各个环节追求极致精益，提升柔性自动化能力,推行全场域互联透明,实施以价值为导向的智能化应用。

1. 产品全生命周期管理

产品全生命周期管理是指管理产品从需求、规划、设计、生产、经销、运行、使用、维修保养直到回收再用处置的全生命周期中的信息与过程。它既是一门技术,又是一种制造理念。

打造产品全生命周期管理平台,构建数字化研发能力,实现敏捷研发、优化产品组合、提高产品质量、降低研发成本等;同时利用数字化研发平台大幅降低行业内合作研发门槛,实现高集成度、高效率的跨产业链协同研发。

数字孪生可以成为一个创新的测试沙盒,让很多由于物理条件限制、依赖于真实的物理实体而无法完成的操作变成可能,如模拟仿真、批量复制、虚拟装配等,成为触手可及的工具,激发人们去尝试新的产品创意。企业将数字孪生与人工智能技术结合可以产生更好的产品创意,如利用生成式设计,根据客户要求和现实的约束条件,由人工智能设计出新的产品概念,并根据产品原型的测试数据和客户反馈及时调整产品的功能目标,完善产品概念。设计工程师可通过数字孪生进行设计迭代和优化,最终实现产品目标(如重量、成本、功能、上市时间、可维护性等)。通过数字孪生可以做到沉浸式设计审核,通过提供协作式虚拟和增强型现实体验,使得产品相关方能够详细审核概念/设计,缩短审查周期,降低审核成本,减少审核频率。此外,通过数字孪生还可以创造新的商业模式,比如按产品运营效果付费,提供软件类/授权类服务、咨询服务、物联网金融与保险服务等,对那些希望向平台模式发展的企业来说,数字孪生是帮助其实现梦想的有力推手,数字孪生优化产品生命周期管理如图 3-2 所示。

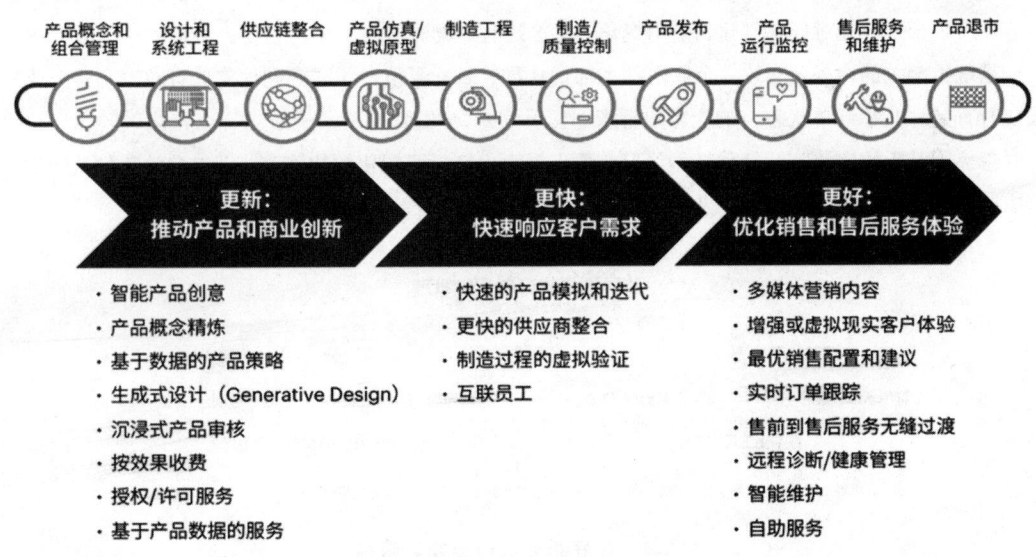

图 3-2 数字孪生优化产品生命周期管理

2. 订单全生命周期管理

订单全生命周期管理是指制造行业中的企业通常以销售订单为业务流程的起始,对销售订单在企业中的整个生命周期进行全程管控,对接单、设计、计划、采购、生产、入库、发货、开票、收款等各个业务环节中发生的业务过程进行全程追踪,及时发现异常并分析问题,提高订单的准时交货率和客户满意度。

订单全生命周期管理解决方案可帮助企业建立统一的订单效率分析体系、订单流程可视化系统、基于流程效率的预警机制、数据自助分析服务能力、基于AI的业务优化和预测、多样化数据协作报告机制。订单全生命周期管理解决方案的优势,如图3-3所示。

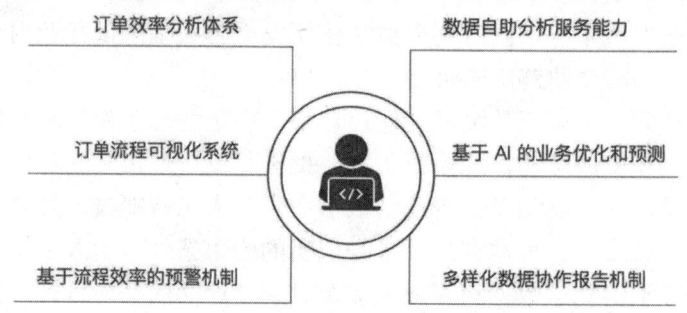

图3-3 订单全生命周期管理解决方案的优势

3.2 智慧供应链的订单管理

焦点讨论

对企业来说,信息的透明、可视、共享既是整个运作的基础,也是搭建业务智能分析和决策的先决条件。销售流程中的订单管理是重中之重。订单管理以客户销售订单为主线,以订单全生命周期的各个状态为内容,在统一平台上对订单创建、信用变化、生产过程、物流运输、客户签收、发票信息等进行跟踪并将它们呈现给相关的内外部客户。企业内部多部门协同、多资源整合才能顺利地完成订单交付;企业外部需要实时有效地共享订单状态、响应客户诉求、提升客户满意度。

联想集团基于数字化和智能化转型经验,逐步探索出订单可视化解决方案、订单自动化解决方案、订单自主纠错和主动服务解决方案,业界领先的订单履约管理如图3-4所示。

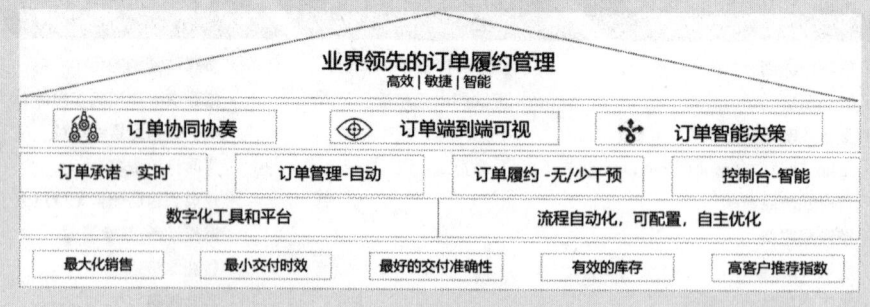

图3-4 业界领先的订单履约管理

讨论:业界领先的订单履约管理有哪些优势?

1. 智慧订单可视化

订单可以分为以下类型:
- 从客户属性来看,订单包含以全球大客户和区域大客户为主的大企业业务、以中小企业为主的 SMB（Small and Middle Business，中小型企业）业务、以最终消费者为对象的消费类业务。
- 从销售通路层面来看，有 B2B、B2C（Business to Consumer，企业对消费者）、B2B2C（Business to Business to Consumer，企业对企业对消费者）等跨越直销、分销、经销的不同方式。
- 从履约方式来看，有备货生产、按单生产、个性化定制、按包装定制等混合履约模式。
- 从制造和物流网络来看，有布局全球各个区域的制造和分销中心，细分还包含自有工厂、ODM、OEM 等不同的工厂模式。

内外部不同部门和人员需要了解客户订单状态，并基于业务需求进行实时分析和决策。现实中，不同的团队之间主要以邮件、报表等形式为主要沟通方式。点对点的线性沟通耗时、耗力、效率不高，同时数据的实时性得不到保障。立足于让订单情况清晰地呈现，订单可视化的解决方案主要应用于以下场景，如图 3-5 所示。

场景一：电商用户从网上下单。用户下单后需要查询订单的出货时间和到货时间，以及发货后的物流信息等。

场景二：企业的商业合作伙伴期望查询本公司订单的相关信息。比如订单总量、交付时效、订单金额等。

场景三：应急订单的处理。在实际业务中查询客户催促急单的目前订单状态和原因等。

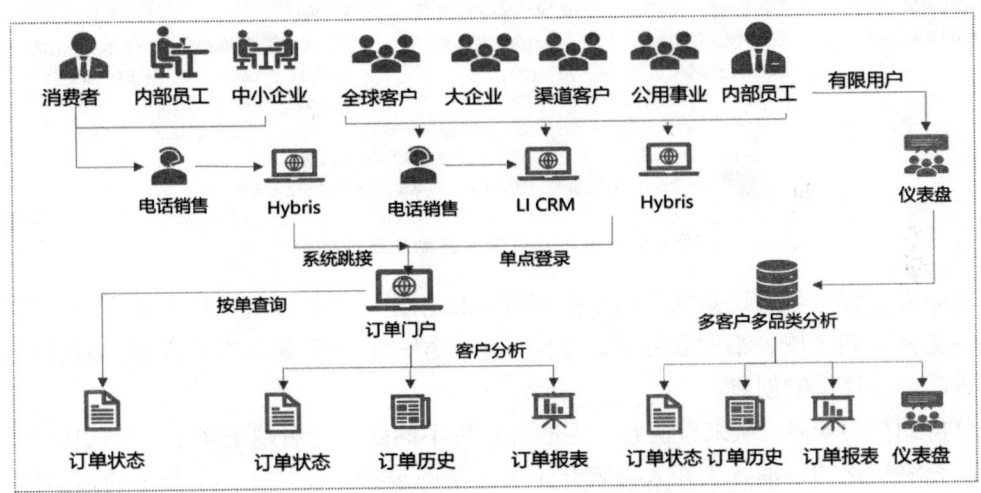

图 3-5 订单可视化的解决方案的主要应用场景

2. 智慧订单自动化

企业面临跨区域、跨文化的商业环境挑战，比如政策风险、信用体系成熟度、消费模式差异、文化差异、海关监管差异、税务规则差异等。商业环境的差别会导致差异化的要求和服务。为适应不同的市场需求，企业的订单变得极其复杂且巨大，因此，订单履约团队需要大量的工作来管理订单全生命周期的各个状态。

随着产品差异化逐渐增加，客户期望值的变化加剧。市场逐步成为买方市场，而客户的诉求也越来越具有挑战性。比如，客户在下单时要知道明确的到货时间，客户下单后希望订单可以马上交付，商家需要提供整套的产品和解决方案等，同时新兴互联网公司交付体验得到极大提升，也挑战了传统制造公司的交付能力。

为此，企业探索出物料预留、ATP（Available To Promise，可承诺量）、ATS（Available To Sale，可供出售）等对应的解决方案，并不断升级优化，从而很好地解决订单交货日期承诺的问题。订单自动化解决方案主要应用于订单自动创建和订单自助履约两个场景。

订单自动创建场景：业务伙伴通过企业的 CRM（Customer Relationship Management，客户关系管理）门户入口自助方式创建需求订单；普通大客户和个人消费者通过企业的电子商务平台自助方式创建订单；大交易量的全球大客户、大企业和业务伙伴通过双方 EDI（Electronic Data Interchange，电子数据交换）的方式自动创建销售订单。除此之外，还存在一部分需要通过邮件方式的业务，以及到客户的网站获取销售订单信息，然后将订单信息手工录入企业的 CRM/ECC 系统，创建销售订单。针对以上需求，企业分别采取了 OEA（Order Entry Automation，订单自动录入）和订单服务平台方案，实现订单的录入自动化，如图 3-6 所示。

图 3-6　OEA 订单录入自动化系统特色

订单服务平台方案通过系统集成来完成订单的创建。企业前端系统有各种各样的订单获取平台，支持不同区域、不同业务组、不同业务类型的订单创建和查询需求。通过同前端系统的集成，完成订单的创建。

订单自助履约场景：从来自世界各地的客户到不同属性的后端生产工厂，一旦订单形成，就会面临充满变化的可能，工作人员就开始了海量的维护工作。尤其是复杂的订单体系、差异化的业务组流程和业务模式，订单修改、取消等异常管理。

订单自助履约是订单自动化方案的关键，是 BPM（Business Process Management，业务流程管理）和 RPA（Robotic Process Automation，机器人流程自动化）协同方案。简化前端和后端供应链的集成，让管理信息流自动触发后端订单修改，保持订单修改的时效性和一致性，以及外在 ODM 的有效沟通。从销售到供应链再到制造工厂的订单修改管理，信息一键修改，订单自动同步。

BPM 按照业务需求设计核心流程的工作流，用户可根据自定义的权限进行扩展，提出自己的需求即可修改并查看订单状态，人机工作协同实现订单修改。基于不同区域销售团队的日常运作系统，订单自动化履约系统对应不同的操作，实现供应链 ERP 系统和自有工厂、ODM

的订单修改自动管理,无缝衔接。

通过订单自动化履约系统,问题订单解决周期显著缩短,订单实现无接触履约,还可以通过统计数据分析业务的 KPI(Key Performance Indicator,关键绩效指标)和工作瓶颈,支持 ERP 系统订单修改自动化。

3. 智慧订单自主纠错

企业业务数据极大,跨系统之间复杂度极高。订单生命周期中存在用户操作不当、需求变更、系统问题等各种原因导致的异常或出错,需要 IT 和业务团队跨部门合作,共同解决。异常情况会对订单的交付周期造成极大的影响,为此企业开发了订单自主纠错/主动服务解决方案。当系统层面的异常导致订单履约延迟时,订单自主纠错/主动服务解决方案可以先在订单流转过程中可视化错误原因,然后通过机器学习部分替代人工,做出错误修正,最后通过数据统计和分析指导后续的流程设计。

通过人工智能来监控、分析解决,智慧订单自主纠错支持以下功能,如图3-7所示。

① 建立基于订单流转过程相关系统为对象的,系统错误监控、分析、预警、自主解决的平台。

② 集成基础层的系统错误信息、日志信息等。

③ 设计 AI 和 ML(Machine Learning,机器学习)的自主学习机制,包含感知、学习、算法、优化、建议、知识库、规则库交互,识别错误信息,学习提炼规则获得知识、更新完善知识和规则库,从而形成闭环的以自主方式提高的学习能力。

④ 将错误信息由机器语言转换成容易识别的自然语言。

⑤ 实现实时监测、诊断、分类、触发执行。执行部分可基于问题的确定程度和风险制定不同的执行方案。

⑥ 可以为其他相关的邮件、自订阅、报表和流程优化建议等提供相关功能。

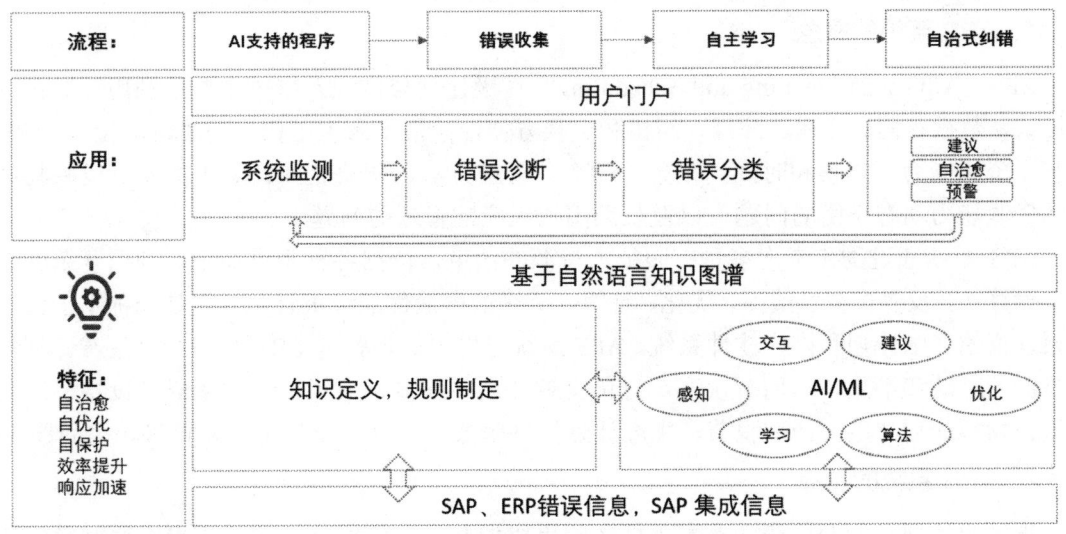

图 3-7 订单自主纠错的架构

3.3 智慧供应链的计划排产

焦点讨论

作为联想集团在全球最大的 PC 研发和制造基地、国家级智能制造示范基地，联宝（合肥）电子科技有限公司（以下简称联宝科技）是智能制造的典型范本。

全球每售出 8 台笔记本电脑就有 1 台来自联宝科技，联宝科技平均每天要处理 5000 多笔订单，其中 80%的订单是单笔小于 5 台的个性化定制产品，生产具有高度复杂性。

如此庞大、复杂的生产需求，对生产排程提出了很高的要求，而订单排产过程极其复杂，需要考虑人员、设备、物料、生产工序与方法、环境在内的数十种变量，同时 PC 由上千个零部件构成，需要对 300 多种原材料进行加工，复杂程度更高。联想集团的专业人员曾做过统计，其决策复杂度大约是 10 的 160 次方，超越了宇宙中原子数的量级——10 的 80 次方，传统人工方式难以适应并高效解决生产需求。

为此，联想集团制定了人工智能排产方案，在"联想大脑" AI 平台的指挥下，来自世界各地的上百种部件通过智能排产系统被迅速运送到生产线，按照设定的生产计划进行"排列组合"，使得排产耗时大幅减少，从原来每天 6 小时的人工排产缩短到 1.5 分钟的人工智能排产，生产效率也提高了 16%，平均不到 1 秒即可下线 1 台笔记本电脑。

智能排产只是智能制造众多环节中的一环。据联想集团董事长兼 CEO 杨元庆介绍，联想集团还在车间部署了 5G 专网和丰富的边缘设备，利用摄像头进行质量检测；对智能机床提供的数据进行分析，实现预测性维护；用先进算法学习客户订单、部件供应和产品计划等相关数据，进行有效的需求预测等，使产品交付效率提高了 20%，真正做到提质、增效。

讨论：智能排产的意义是什么？

3.4 APS 系统

1．APS 系统的概念

APS（Advanced Planning and Scheduling，高级计划与排程）系统主要是利用计算机运算速度快，数据存储、传递、演绎、纠错和交换方便，让很多人工工作实现"自动化"。APS 系统基于资源能力、物料和时间约束条件的企业管理方法，解决企业计划不能实时反映物料需求和资源能力动态平衡的问题，以及长期困扰供应链管理的问题。

APS 系统通过同步考虑多种有限能力资源的约束，依据各种预设规则，利用复杂的智能化数学算法，反复模拟、试探、优化、计算，最终给出最优的详细计划，它是一种基于供应链约束理论的详细计划和排产软件系统。APS 系统可以很好地弥补 ERP 在精细化生产计划与排程方面的空缺和不足，从而解决客户订单交期评估与答复、人工排产效率低、设备资源利用率低、物料计划与生产计划脱节、生产计划执行率低、库存积压与生产缺料等相关问题。

2．APS 系统的特点

先进的计划和调度旨在让多家工厂之间更协调并大范围优化供应链需求。通过设施之间的有效连接，确保生产能够满足不断变化的需求，有助于企业全球化生产。当设备出现故障时，多家工厂联动可以将部分订单转移到其他工厂的额外产能中，以满足生产计划需求，APS

系统的构成要素和特点如图 3-8 所示。

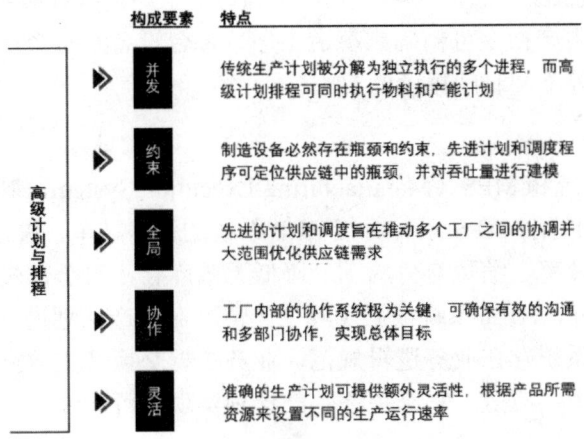

图 3-8　APS 系统的构成要素和特点

3．APS 系统的组成

APS 系统包括战略网络计划、需求计划、需求实现与可用能力预测、主计划、制造计划与排程、短期运输计划和物料需求清单，如图 3-9 所示。

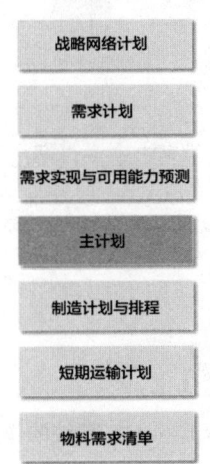

图 3-9　APS 系统的组成

① 主计划协调采购、产品及配送之间的关系，模拟决定配送计划、能力及中期人员计划，是 APS 系统的核心。

② 战略网络计划专注解决供应链管理的顶层问题（工厂选址、分销架构、战略销售计划等）、供应链的设计、供应商与客户间的物流架构。

③ 需求计划以中长期目标为起点，解决销售相关问题。

④ 需求实现与可用能力预测支持短期销售计划，结合库存缩短交货提前期以节约成本。

⑤ 制造计划与排程灵活运用批量计划、机器排程及车间控制以找到生产过程中的瓶颈。

⑥ 短期运输计划提供附加分销计划模块以得到具体的商品及实物流，并取代主计划内的

同一计划。

⑦ 物料需求清单提供工序级的物料计划，明确每道工序需要什么物料、需要多少、什么时候需要，对应的详细生产指令可精确到每道工序、每台设备及每个班组或人员，满足日、班次、时刻（时、分）等不同时间精度的要求。

4．APS 系统的作用

APS 系统在 ERP 系统和 MES（Manufacturing Execution System，制造执行系统）间构筑了重要"桥梁"，起补充作用。APS 系统对接 ERP 系统的销售订单，进行生产计划制定，APS 系统的目标是提高生产效率、缩短交付周期、降低无效库存，对全部生产线和制造流程进行计划、排程及优化。此外，APS 系统根据实际生产情况对生产计划进行动态调整，以提高决策效率，它与企业信息系统存在业务逻辑规范、业务数据交换及主数据定义的复杂关系，所以其业务范围可覆盖整个供应链，它既关注生产计划实现的可能性，又会找出生产过程中的瓶颈，如图 3-10 所示。

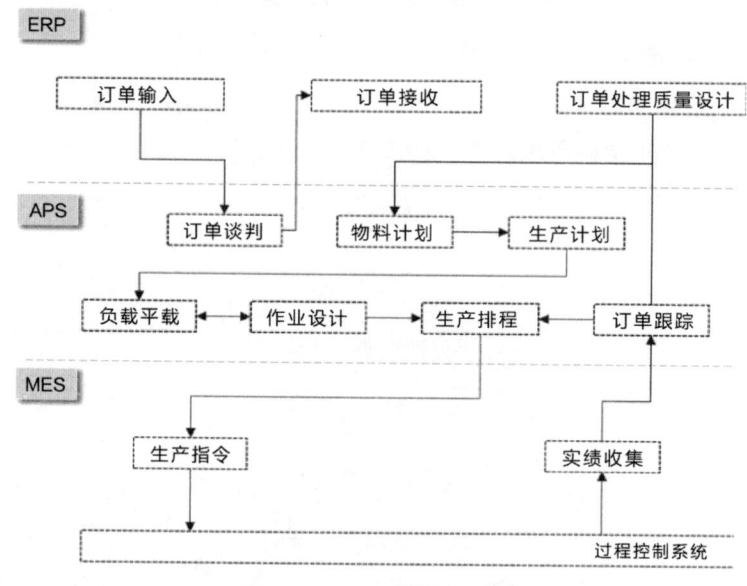

图 3-10　APS 系统的作用

3.5　行业实践

1．上汽大通：以 C 端消费者为出发点的生态协作模式

（1）实施背景

上汽大通汽车有限公司（以下简称上汽大通）作为中国汽车品牌"出海"的标杆，10 年来以用户需求为核心驱动力，依靠领先的技术、多元化的产品、C2B（Customer to Business，从消费者到企业）智能定制化的创新模式，改变了发达国家市场和高端行业用户对中国汽车品牌的固有印象，让"中国制造"有了高标准、高品质的品牌形象，这就是对建设"汽车强国"的最好释义。

(2)实施方案

上汽大通全生命周期区块链数字化设计质量管理体系,以自主开发数字化工具为载体,实现研发、智选、物流、制造、质量管理和售后服务六大区块的数字化、智能化,每个区块相对独立又相互促进,不断迭代更新,不断将客户需求注入产品,使产品具备可持续发展的竞争力,同时数字化技术赋予每个区块可追溯性和高效性,从而实现跨时空、低成本、高效率的产品全生命周期质量管理。为应对客户个性化定制、绿色制造、车辆多功能用途、并线生产的物流配送等挑战,上汽大通率先尝试区块链技术并突破性地解决了这个难题,提升了质量管理,如图 3-11 所示。首先,区块链通过标准化的规范和协议,以智能合约形式建立质量管理契约,开发自动运行的智能系统,实现了信息不可随意更改性和可追溯性,完善了数据信任机制;其次,区块链为质量管理带来了新的思路,进一步将传统的中心化系统发展为多中心或完全分布式的系统,使各板块能够在同一系统中共享信息。

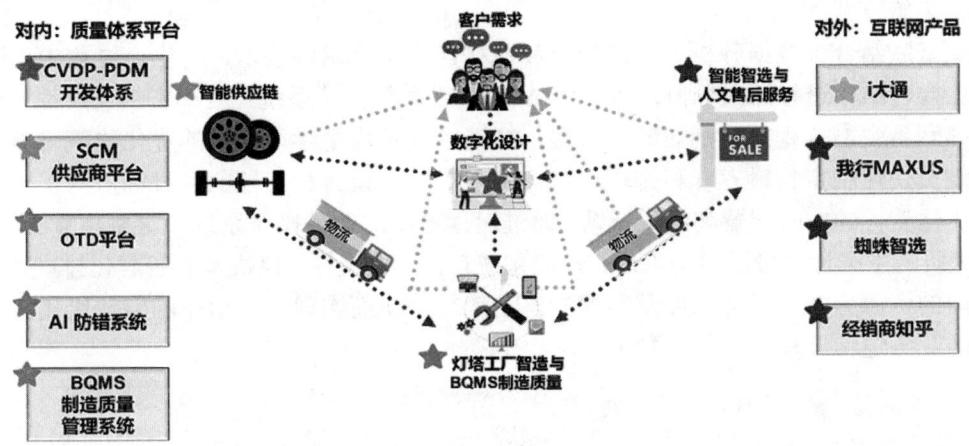

图 3-11　上汽大通区块链技术质量管理运行图

在智能合约的控制下,各板块拥有自己的数字身份,对区块链上的数据具有特定的访问权限,主要是为了确保数据安全;各板块在产品全生命周期内,不断对数据进行迭代更新,确保数据实时共享;数据迭代更新的同时,建立数字标签,确保数据的可追溯性。

上汽大通南京 C2B 工厂采用汽车行业最新的工程数据进行智能分析,并通过"蜘蛛定制"平台、数字化工艺管理平台、可视化的数字化质量管理系统、基于大数据的生产防错与纠错系统等驱动生产线的智能化转型,实现全链条供应链和物流信息可视化的数字化供应链,令生产更加透明、高效、智能。2019 年 7 月,上汽大通南京 C2B 工厂入选工业 4.0 达沃斯世界经济论坛"灯塔工厂"名单。上汽大通不仅成为全球范围内继宝马之后的又一家获此殊荣的汽车企业,还成为全球首家入选的中国整车企业。达沃斯世界经济论坛评委会如此评价上汽大通南京 C2B 工厂:"具有挑战性的市场环境推动该工厂打造了大规模智能定制的新模式,实现从用户到供应商端到端的数字化价值链。"

(3)价值分析

上汽大通凭借全生命周期区块链数字化设计质量管理体系使汽车销量稳步上升,持续保持 60%以上的年复合增长率。2022 年,上汽大通全年热销超 19.1 万辆,海外累积销量突破 22 万辆。其中,轻客家族不断壮大,皮卡家族经过 5 年的发展,成为国内增速第一、销量第二的轻型皮卡品牌。同时,上汽大通在国外市场开疆拓土,国内外的成绩标志着上汽大通已然成为全品类细分赛道的重要一员。

2. 鸿富锦:智慧排产 APS 驱动生产自动流转

(1)实施背景

鸿富锦精密电子(成都)有限公司(以下简称鸿富锦(成都))是一家专门从事时尚平板电脑、台式电脑、可穿戴设备、一体机及笔记本电脑多类电子产品研发与制造的公司。自 2009 年富士康科技集团在四川成都成立鸿富锦以来,迅速发展壮大。但是鸿富锦(成都)在日常生产计划中曾长期采用人工排产的方式,导致排产耗时长、效率低下、资源浪费、计划易受影响、主要指标无法量化评价、生产成本居高不下等问题。

(2)实施方案

工业富联结合大数据分析、机器学习和数据建模优化求解技术,对生产过程中的约束条件和人工排程结果进行深入分析,研发出 APS 高级智能排产系统,为鸿富锦(成都)提供了从物料齐套到生产排程的端到端解决方案,打造了具备自主学习能力的优化决策引擎,帮助生产计划员快速制定物料齐套和排程计划,实现对大规模排程问题的多目标协同优化,同时支持对优化目标的实时配置和结果反馈。通过对接不同的业务操作系统和对整体算法的优化,高效、优质的生产计划可以自动生成,形成系统自治、自反馈、自决策的智慧化排产,实现生产线之间的资源分配、任务调度及数据的自动流转,从而实现工厂运作的整体优化。智慧排产系统的业务逻辑流程,如图 3-12 所示。

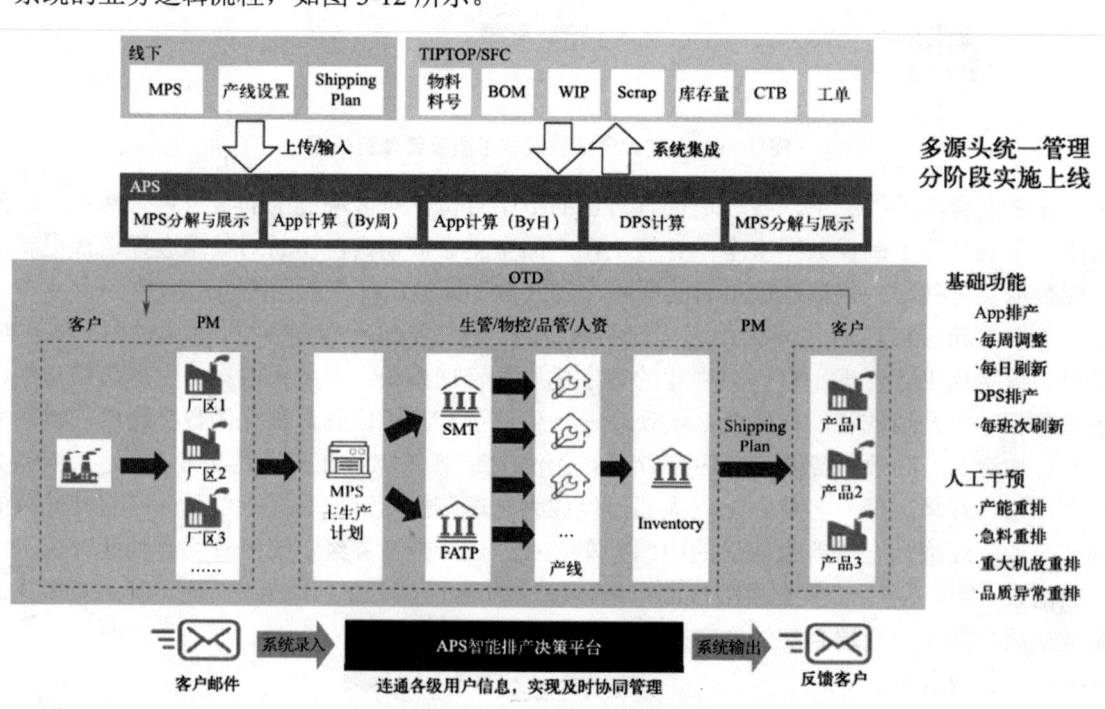

图 3-12 智慧排产系统的业务逻辑流程

（3）价值分析

鸿富锦（成都）加强了管理层与执行层的衔接，实现了需求预测与订单承诺、计划与排产、排产与执行、订单承诺与订单履约发货的四大闭环，提升了企业的生产决策质量和时效性，为企业的生产管理提供了科学依据，并在 2021 年荣获世界"灯塔工厂"荣誉。同时，预计智慧排产系统可提高排产准确率约 5%；提高生产管理人员作业效率，每人日节省两小时；降低换产损失约 5%；有效管控库存天数，降低材料成本 0.5%~5%；提升综合产能 2%~5%。

思考与练习

1．名词解释
（1）产品全生命周期管理
（2）订单全生命周期管理
（3）高级计划与排程（APS）

2．简答题
（1）分析智慧订单可视化和自动化的作用。
（2）分析 APS 系统的特点和组成。

3．讨论题
（1）画图详述智慧订单自主纠错的过程。
（2）APS 系统的应用场景。

4．图解分析题
根据图 3-13 分析企业本身需要形成以 C 端消费者为出发点的生态协作模式。

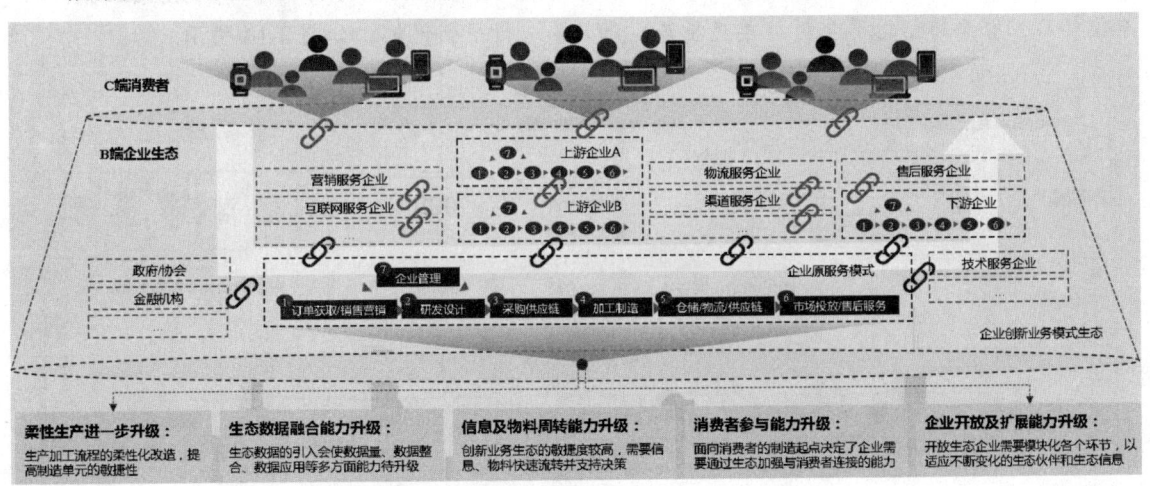

图 3-13　以 C 端消费者为出发点的生态协作模式

5．案例分析题

联想智能计划及排程解决方案

面对以算法为核心的 AI 浪潮，联想借助其先进的全球供应链体系、大规模且集成的数据优势,结合机器学习算法实践,提出了联想智能计划及排程解决方案。该方案旨在通过高集成、自动化的需求和供应计划,突破原有的操作界限,将全部计划内容转变为一个柔性、连续的过程。在借助数字化转型提高组织内部运营效率的同时,该方案的实施有利于增强企业和上下游合作伙伴之间数据的互联互通,并为联想打造"合作伙伴生态圈"奠定了基础。

该方案的功能包括但不限于以下方面:首先,实现敏捷响应:对客户的订单实现实时承诺及反馈,快速、有效地响应不同场景的生产计划,自动化工单流程,提高不同场景准时能力和PSD(Production Scheduling Discrete,生产调度离散)精准度。其次,促进计划协同:订单计划与需求计划、供应计划、生产计划和发货计划通过智能协同来达成最优交付。基于真实产能确定的生产计划,能够有效避免产能浪费。通过提前获取准确的供应商交货信息,同步供应商交货与工厂调度,大幅降低因提前订购原材料而增加的库存成本,从而提高资源利用率。再次,智能模拟分析:通过大数据分析和机器学习实现最佳交付执行参数的自主调整。允许用户在不影响主排程计划的情况下,建立多种可视化分析场景,对场景中的排程数据进行任意更改,并查看由此引起的绩效变化,以获得最优的生产计划方案,进一步提高订单交付能力。最后,性能稳步提升:应用最新的内存计算技术,全面提升IPS(Interpreter for Process Structures,过程结构解释程序)执行性能,在支持复杂BOM(Bill of Material,物料清单)模型、处理CTO(Configure To Order,按订单配置)订单,以及应对大业务量挑战的同时,保障系统性能稳定、高效。

联想智能计划及排程解决方案是利用联想大规模且集成的数据优势,结合机器学习算法实践,快速计算出可生产的齐套物料信息及缺料信息,同时模拟出客户订单的预计出货日期。之后,将影响排产的复杂因子生成智能化的排产驱动因子模型,所有因素通过AI引擎转换成当前条件下的最优解,发出生产指令,指导生产。排程时间被大幅缩短为几分钟,可以实现灵活的自动插单重排程,整个排程计算会对订单交货与生产效率进行平衡优化,如图3-14所示。

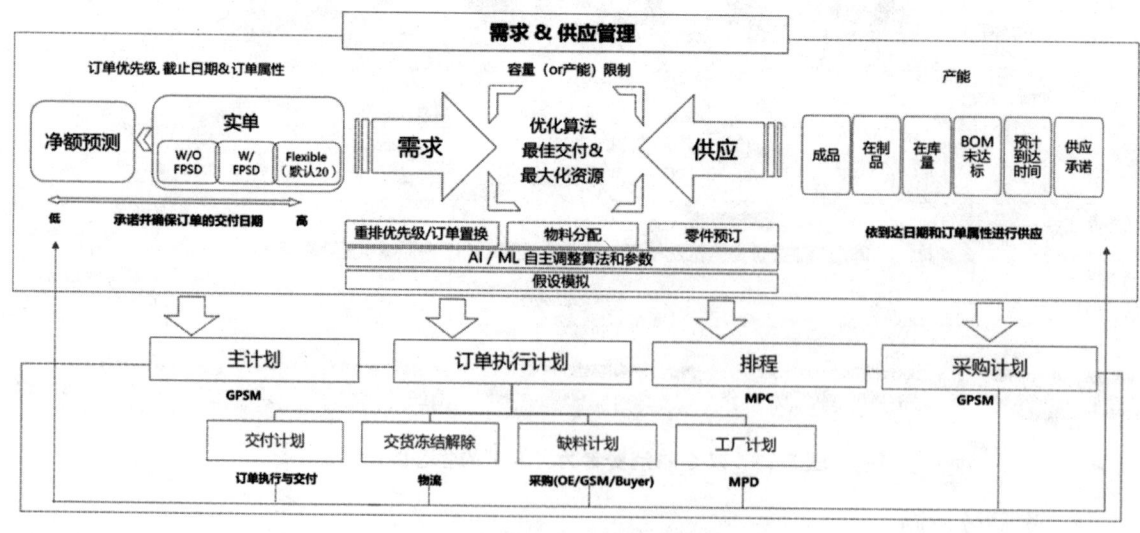

图3-14 联想智能计划及排程解决方案

分析:

(1) 联想智能计划及排程解决方案有哪些功能?

(2) 实施联想智能计划及排程解决方案会有什么收益?

6. 课程思政题

以数字技术实现"万仓合一、万单合一"
京东工业品服务工业产业提升供应链"韧性"

中国工程院、国家制造强国建设战略咨询委员会联合发布了《2021 中国制造强国发展指数报告》,系统总结了我国 2015—2020 年制造强国建设进程及经验,并首次提出中国制造"韧性"这一特征。

《2021 中国制造强国发展指数报告》指出,过去五年间,中国制造强国发展指数由 105.78 增长到 116.02,制造业总体趋势稳中向好,实现了市场快速响应,体现出对各类生产要素的强大动员组织能力。特别是在 2020 年,面对错综复杂的国际环境和艰巨繁重的国内改革发展稳定任务,以及新冠疫情、中美贸易争端的严重冲击,中国制造业经受住了巨大考验,实现了世界主要国家中制造强国发展指数最大增幅,展现了强大的"韧性"。

在《2021 中国制造强国发展指数报告》发布会上,中国工程院院士、南京航空航天大学校长单忠德曾表示,我国制造业的强大韧性体现在以下几个方面:积极应对国内外多重严峻挑战,实现了市场快速响应,实现对各类生产要素的强大动员组织能力;产业体系完整,产品门类齐全,不断深度融入全球产业链各个环节。

供应链作为工业制造业最基础的运营管理环节之一,也在各环节深化耦合、上下游强化协同方面,取得了显著成果,构成了制造"韧性"的坚实基础。例如工业品采购,由于工业品长尾商品及非标品较多,大多数企业一次的采购订单往往会涉及多个物流公司和多地仓储。过去,工业制造企业在物资交付环节往往需要多次签收,不仅效率低,且管理难度大。2021 年以来,一系列数智化供应链技术服务产品的相继出现,大幅改善了这一局面。

以京东工业品打造的"智能供应链决策体系"为例,其能够从成本、库存、时效、服务、账期、商家评级等多维度决策因子入手,基于庞大的商品数据库、丰富的产业链资源及算法优势,实现"万仓合一""万单合一",为企业快速定制包括选品、交付、服务等供应链最优价值综合履约方案。具体来看,在仓配履约环节,京东工业品通过"万单合一"实现供应端资源整合——将多平台、多品类、多订单的集单寻源和集单配送"化零为整",避免多供应商分散履约带来的低效率交付体验;通过"万仓合一"实现履约效率的提升——协同品牌厂商、三方供应商、属地服务商现货及期货库存,打通仓配资源进行统一调度,达到资源优化和供应链效率提升。

在全球产业数字化转型的背景下,加快工业制造业数字化转型、提升产业链现代化水平意义重大。面向未来,制造业需要更多产业力量投入供应链数智化转型服务中,以技术实现产业链上下游的紧密协同,从而降低整个工业生产的成本、提高产业效率。

(资料来源:央广网,有改动)

7. 二十大报告关键词

全面建成社会主义现代化强国

【报告原文】

从现在起，中国共产党的中心任务就是团结带领全国各族人民全面建成社会主义现代化强国、实现第二个百年奋斗目标，以中国式现代化全面推进中华民族伟大复兴。

【解读】

党的二十大报告擘画出全面建成社会主义现代化强国的宏伟蓝图，宏观展望和重点部署相结合，目标清晰、任务明确，吹响了奋进号角。习近平总书记在党的二十大报告中指出："未来五年是全面建设社会主义现代化国家开局起步的关键时期。"今后五年的发展对于实现第二个百年奋斗目标至关重要，我们要齐心协力、乘势而上，开好局起好步。

全面建成社会主义现代化强国，不可能一蹴而就。前进道路上仍然存在各种风险挑战。我们要时刻增强忧患意识，始终居安思危，统筹发展和安全，准备经受风高浪急甚至惊涛骇浪的重大考验。我们必须坚持和加强党的全面领导，坚持中国特色社会主义道路，坚持以人民为中心的发展思想，坚持深化改革开放，坚持发扬斗争精神。这些重大原则是成功经验的总结，也是夺取新的更大胜利的有力保障，我们必须将其全面落实到各项工作之中，为打开事业发展新天地、全面建成社会主义现代化强国提供坚实的支撑。

（选自《人民日报》）

第 4 章
智慧供应链的寻源与采购

开篇案例：联想携手平安构建"无界"智能生态圈

依赖线下人工处理的采购审批模式、大量票据整理和提交文件的重复性工作、供应链管理中数据同步的缺失……这是长期以来，中国平安保险（集团）股份有限公司（以下简称平安集团）在采购环节中遇到的典型问题。

作为中国三大综合金融集团之一，平安集团的业务涉及金融服务、医疗健康、汽车服务、房产金融、城市服务等多个领域，每天需要处理的供应链管理需求不计其数。在这个过程中，如何改善效率、提升供应链的协同程度，从而共同推进业务合作，成为亟待解决的重要课题。

随着产业互联网时代的到来，数字化技术为企业转型带来了新的机遇。2017 年 10 月 13 日，国务院办公厅发布了《国务院办公厅关于积极推进供应链创新与应用的指导意见》，其中指出"供应链已发展到与互联网、物联网深度融合的智慧供应链新阶段"。为了提高运行效率，平安集团全维度铺开数字化转型，借助先进的数字化解决方案实现"降本增效"。

过去，在平安集团与联想集团的合作中，报价、交付、物流等环节的信息都需要通过手工登录系统去采集——由平安集团内部登录系统抓取订单，再转发到联想集团内部进行跨组织、跨系统处理，手工处理的比例约占 70%。尽管平安集团内部与联想集团内部都已经实现业务流程数字化，但是它们之间还存在着信息孤岛，采购过程消耗了大量的人力和物力。

联想集团携手平安集团的目的是通过数据协同，把企业和企业之间的"断点"打通，在更大的范围内实现"端到端"的连接。通过发展 EDI 解决方案，联想集团将标准 API（Application Programming Interface，应用程序编程接口）和智能 Adapter（适配器）应用于供应链管理中，产品管理、订单管理、交付管理、财务管理、数据管理等全流程环节实现供应端与采购端的平台对接和快速响应，由此推动平安集团和联想集团的采购工作由高度依赖线下人工向数字化运行的变革。

联想集团的 EDI 解决方案经过优化后，平安集团的采购人员无须经历手动整理采购需求、提交报批申请、等待各级审批等冗杂的流程。如今，平安集团的员工可以通过系统平台直接提交采购需求，省去了与采购部门多次确认的磨合与沟通；跨组织的信息采集转变为系统内直接下单，正式订单被批准后可直接通过平台同步到联想集团的系统；集团内部的采购需求也不必按批次等待审批周期，从订单需求到供应商响应将更加及时。

而对联想集团来说，平安—联想供应链的数字化协同，使供应方在发出采购需求时即可获知。通过这种方式，联想集团服务需求的响应时效提高了10%，与服务时效相关的投诉减少了15%。在此基础上，联想集团还可依据采购需求预先备货，在采购部门核准订单后，联想集团可立即接单发货，不仅使物流速度从7～9个工作日到货提升到全国范围3天内到货，准时交付率也达到98%，以智慧化的方式真正做到了"零库存"。

4.1　数字化采购

1. 数字化采购的概念

麦肯锡对数字化采购的定义：供应商和商业用户通过大数据分析、机器人流程自动化和全新协作模型，提高采购智能效率，大幅降低成本，从而实现更快捷、更透明的可持续采购。麦肯锡认为数字化采购包含两大核心要素：识别和创造价值、防止价值漏损。这两大核心要素分别对应四大类解决方案：支出可视化、协作型先进采购、采购支付、绩效管理。

IBM对数字化采购的定义：利用大量认知技术（人工智能），覆盖从采购需求提报、供应商360°评估与选择、智能价格分析、智能合同条款分析与匹配、自动化采购执行直至端到端的供应风险评估，从而实现全面的认知采购，提高采购效率，降低采购成本，将采购打造为价值贡献中心。

德勤对数字化采购的定义：数字化采购是指通过应用人工智能、物联网、机器人流程自动化和云端协作网络等技术，打造可预测战略寻源、自动化采购执行、前瞻性供应商管理，如图4-1所示，从而实现降本增效，显著降低合规风险，将采购部门打造成企业新的价值创造中心。

图4-1　数字化采购

数字化采购的核心是利用数字化技术打造链接各方的平台（自建或者参与），提供实时数据及市场洞察制定决策（采购策略），快速响应及执行采购需求（采购执行），为企业创造价值。

2. 可预测战略寻源

数字化采购将完善支出知识库，实现供应商信息、价格和成本的完全可预测性，优化寻源战略并为决策制定提供预测和洞察,从而支持寻源部门达成透明协议,持续节约采购成本,可预测战略寻源(从寻源到合同)环节如图4-2所示。

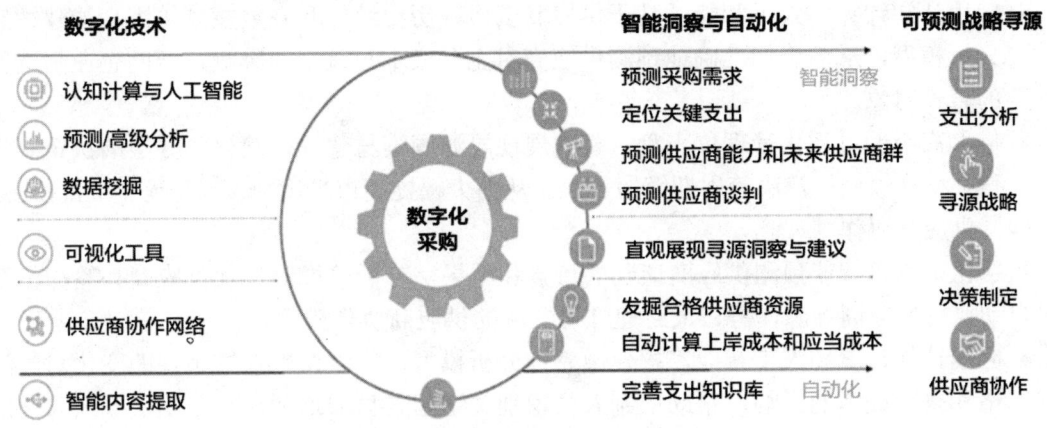

图4-2 可预测战略寻源

(1)支出分析

数字化采购将建立实时支出管理体系和支出知识库,应用预测分析技术,帮助企业预测采购需求和支出结构,进而定位关键支出,实现可持续降本战略。

- 实时监控合同支出与执行,并应用认知计算和人工智能来预测采购需求,自动生成寻源建议,帮助企业优化采购与生产管理效率。
- 打造认知支出解决方案,借助强大的计算能力实时分类并管理 AP 系统的支出数据,同时结合预测分析技术,快速预测支出类别和结构,从而为企业定位关键支出提供节省成本和降低风险的可行性洞察。
- 应用智能内容提取技术,及时从合同中提取有价值的信息,比如价目清单、支付条款等,从而完善支出知识库,帮助实现广泛而细致的支出分析。

(2)寻源战略

数字化采购将提供强大的协作网络,帮助企业发掘更多合格的供应商资源,同时智能分析并预测供应商的可靠性和创新能力,依据企业发展蓝图预测未来供应商群,逐步实现战略寻源转型。

- 应用认知计算、人工智能和数据挖掘等技术,结合第三方数据源,评估并预测备选供应商的可靠性和创新能力,依据企业的中长期创新需求,预测与企业发展战略相契合的供应商群。
- 借助领先的供应商协作平台,比如通过 Ariba 网络连接全球 250 多万名供应商,并根据不同商品的关税、运输及汇率等因素,自动计算所有原产地的上岸成本和应当成本,在全球市场中发现最优供应商。
- 结合品类管理功能,根据不同品类的需求特点和技术含量等因素,分别制定差异化寻源策略和可复用标准流程。

(3)决策制定

数字化采购将应用智能分析技术,预测供应商对企业成本与风险的影响,为寻源提供可视化预测及业务洞察,从而提升供应链的整体透明度,帮助企业更加智能、迅速地制定寻源决策。

- 应用认知计算和人工智能,基于供应商资质、历史绩效和发展规划等因素构建敏感性分析模型,从而更加准确地预测供应商对企业成本与风险的影响,帮助企业筛选优质的合作对象。
- 借助高级的可视化管理仪表盘,直观展现寻源洞察与建议,简化领导层的决策制定过程,将寻源执行及决策周期缩短 50%,从而大幅提高市场敏捷度,加速企业产品上市。

(4)供应商协作

数字化采购将智能预测供应商谈判的场景和结果,分析并推荐最优供应商和签约价格,同时自动执行供应商寻源任务,最终建立可预测的供应商协作模式。

- 应用认知计算和人工智能,构建敏感性分析模型,预测谈判双方条件的变化对签约价格和采购成本的影响,帮助谈判人员识别关键因素与节点,从而控制谈判风险并削减采购成本。
- 在报价和竞标等环节,基于预设标准自动评估和推荐最优供应商,并基于商品数量和供应商折扣自动推荐最优签约价格,实现智能、高效的供应商选择及合同签订流程。
- 基于最佳实践构建全球条款库,在合同签订环节自动识别合规且适用的条款,帮助企业提高合同签订效率,并确保合规性。

3. 自动化采购执行

自动化采购执行(即从采购到付款)环节如图 4-3 所示。数字化采购将提供自助式采购服务,自动感知物料需求并触发补货请购,基于规则自动分配审批任务,执行发票及付款流程,从而加速实现采购交易自动化,有效管控风险,确保合规性,大幅提高采购执行效率。

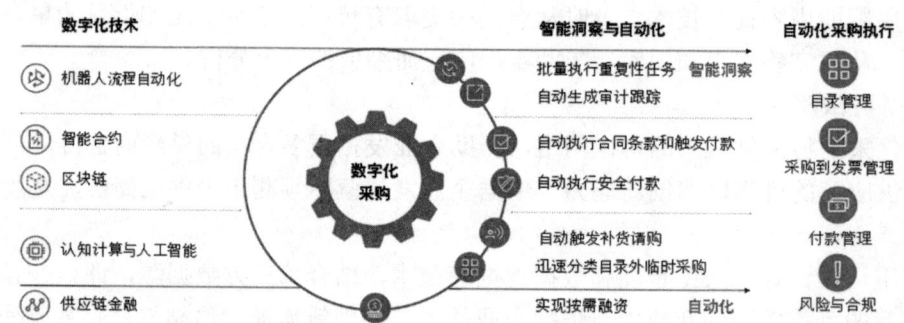

图 4-3 自动化采购执行

(1)目录管理

数字化采购将通过目录化采购,构建基于品类的自动化采购流程,从而帮助企业加强全流程控制,实现差异化品类分析,并在复杂的支出类别中发现可持续的成本节省。

- 结合最佳实践、企业采购品类自定义商品及服务编码,建立全品类目录化采购,可以快速将供应商产品纳入采购目录,从而持续控制采购种类,从根本上规范采购流程并控制采购风险。

- 基于采购目录建立精细的品类管理模式，分别制定标准化采购流程和审批工作流，实现差异化品类分析，优化各采购品类的管理策略。
- 应用认知计算与人工智能，可以迅速分类目录外临时采购数据，充分挖掘所有品类的支出数据价值，交付全新的洞察与机遇。

（2）采购到发票管理

数字化采购通过批量执行重复性任务、自动触发请购及审批流程，实现采购到发票管理活动的自动化和标准化，帮助企业全面提高采购效率，持续降低管理成本。

- 应用机器人流程自动化技术，通过模式识别和学习逐步消除重复性手动操作，如发票匹配、预算审核等，从而减轻采购资源的负担，使员工专注高附加值工作，为企业创造更大的价值。
- 应用认知计算与人工智能，实时感知物料需求，并自动触发补货请购，从而简化并智能化请购流程。
- 结合最佳实践和企业现有流程部署审批工作流，能够自动分配各环节审批任务，大幅缩短审批周期，并确保审批人正确。

（3）付款管理

数字化采购能够应用智能合约技术自动触发付款流程，根据企业需求提供快捷的供应链金融功能，使付款管理更加安全、高效，交付前所未有的付款管理方案。

- 应用智能合约技术自动执行合同条款，精准触发合适的付款流程，从而消除手动验证；未来可以结合区块链分布式记账技术，在智能合约触发付款后，执行自动化安全付款。
- 具备供应链金融功能，为企业提供安全智能的 B2B 支付，基于多个第三方融资来源实现灵活的按需融资，从而增加企业自由现金流，释放运营资本。
- 结合动态折扣与供应链金融功能，自动管理提前付款折扣，最大限度地享受供应商折扣，从而降低采购成本，提高收益率。

（4）风险与合规

数字化采购通过构建风险与合规管理生态系统，应用机器人流程自动化技术，将风险与采购管理无缝嵌入采购流程，从而自动监控各环节采购行为并生成审计跟踪，帮助企业快速洞察风险与机遇，有效控制采购风险。

- 构建风险与合规管理生态系统，自动追踪各环节采购行为并监控异常情况，通过高级可视化工具提供监控与分析结果，帮助决策制定者实时洞察采购风险与合规性。
- 应用机器人流程自动化技术，自动化审计并跟踪部分管理活动，比如留存采购单据、自动组织审计文档等，从而简化基本流程，提高审计效率和准确性，预计可以将审计时间削减 50%。

焦点讨论

全球供应协同解决方案主要应用场景，如图 4-4 所示。

场景一，供应数据全链条的可视化：供应商深度协同是一个首次集成供应商内部高粒度数据的项目，包括生产数据、工单、流水号及条形码信息。供应商深度协同可以帮助联想集团实现每日更新关键部件的端到端库存数据，保证关键物料不会丢失。为建设联想协作生态系统奠定基础，对联想集团供应链数字化转型具有关键作用。为客户提供精确的供应数据，实现完美交付。

场景二，供应商分级管理：根据供应商的信息化程度，将供应商分成若干级别，再进行数据协同，包括实时协同、定时协同、每日协同、每星期协同。

场景三，What-if 的模拟平台建设。基于系统的假设分析模拟工具，可以对各种业务场景中的问题进行预分析和预警，提高分析结果的实时能力，提出最佳执行方法。

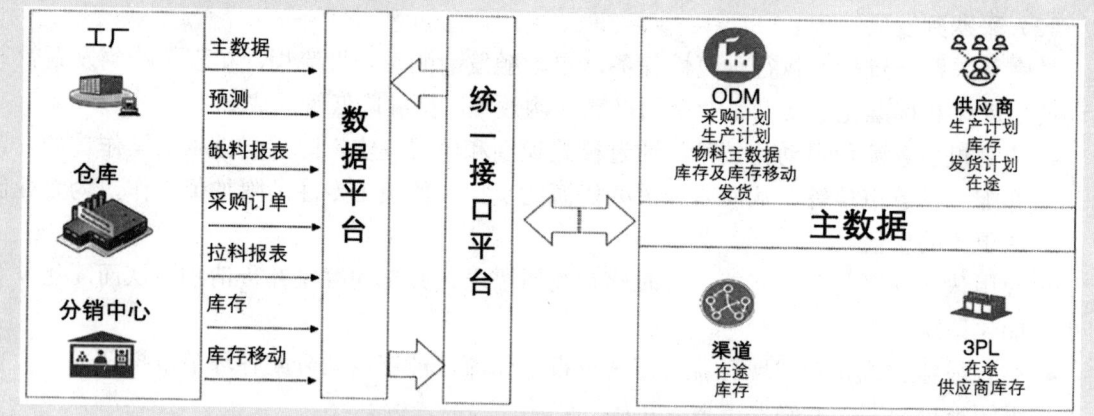

图 4-4　全球供应协同解决方案主要应用场景

讨论：全球供应协同解决方案的意义。

4．前瞻性供应商管理

数字化采购将应用众包、网络追踪、VR 等技术，全面收集和捕捉供应商数据，构建全方位供应商生命周期管理体系，实现前瞻性风险规避与控制，从而提高供应商的绩效与能力，支持采购运营持续优化，如图 4-5 所示。

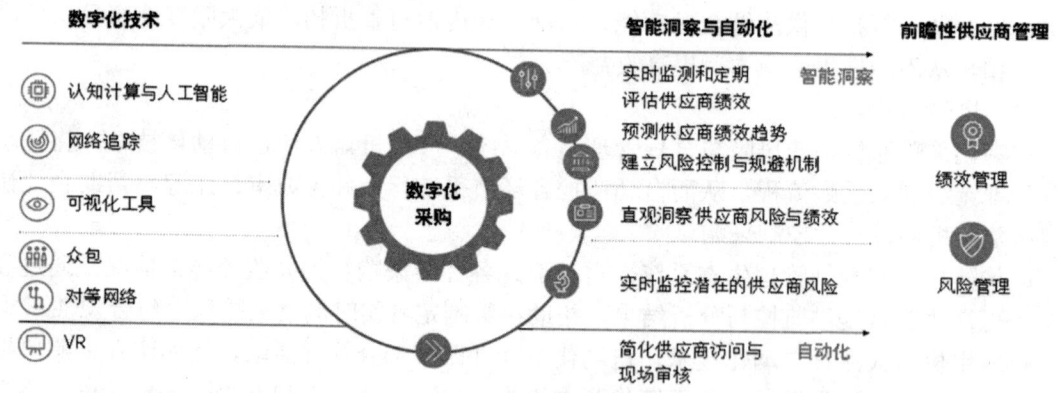

图 4-5　前瞻性供应商管理

（1）绩效管理

数字化采购能够建立实时监测和定期评估机制，将数据转化为切实可行的洞察和预测，从而打造前瞻性绩效管理，逐步优化供应商资源。

- 应用人工智能和高级可视化仪表盘，实时监测和定期评估供应商绩效，从而提供全面的绩效洞察和趋势预测，帮助企业识别优质供应商群，并完善预警流程，及时淘汰不合格的供应商群，最终打造前瞻性供应商管理。

- 在未来，企业可以应用 VR 或空间分析技术，通过生成虚拟场景完成供应商访问与现场审核，简化绩效管理流程；此外，企业还可以结合网络追踪技术，主动监测影响供应商行为与绩效的线上线下活动。

（2）风险管理

数字化采购将应用数据捕捉和采集技术，基于大数据进行前瞻性预测分析，实时洞察潜在的供应商风险，帮助企业建立先发制人的风险管理模式。

- 结合第三方数据源集成整个供应价值链，建立供应商风险评估数据库。
- 应用人工智能和高级可视化仪表盘，实时监测、识别与升级供应商风险，持续定位风险高发领域，建立前瞻性风险控制与规避机制。
- 应用众包和对等网络技术，捕捉并处理多样化数据及公众情绪，监控影响供应商风险的趋势与事件，帮助实现广泛而细致的风险洞察，降低整体供应链的风险。

4.2 全流程电子招投标

1. 电子招投标的基本概念

（1）招标和投标

招标：是指招标人（买方）发出招标公告，告知购买商品的需求，包括品种、数量和有关信息，并在规定的时间、地点邀请投标人（卖方）参加投标的行为。

投标：是指投标人（卖方）应招标人的邀请，根据招标公告，在规定的期限内按照招标人的要求编制投标文件，并向招标人递交投标文件的行为。

买方向多个卖方表达购买某种东西的想法，规则是卖方在互相不知道对方的情况下在某个时间前报价，报价只能报一次。买方选择最高性价比的报价，从而实现成交。

（2）电子招投标

电子招投标借助数字化手段，为采购方连接全球供应商，实现从采购寻源到洽谈再到支付的全流程线上交易，实现与供应商的线上协同、无纸化贸易、物流跟踪、金融服务、电子开票与支付结算等业务场景，帮助企事业单位创新招标业务模式，搭建阳光采购平台，提高业务协同处理效率，做出最佳采购决策。

2. 全流程电子招投标实施过程

全流程电子招投标实施过程如图 4-6 所示。

（1）项目创建

在招标项目创建环节，方案得到审批后，招标代理机构通过招投标交易平台创建招标项目，完成所招项目的基本信息、资格审查、招标范围、招标组织形式、招标方式、招标发售计划、开标时间设定、主要技术要求、资格要求、评委组成、评标方法标准、授标原则、合同条款等详细信息的维护和创建。

（2）招标公告

在招标公告环节，招标代理机构通过招投标交易平台编制招标公告，在招标公告通过审批后将招标公告发布到公共服务平台进行公示，方便社会公众了解招标信息、参与投标活动。

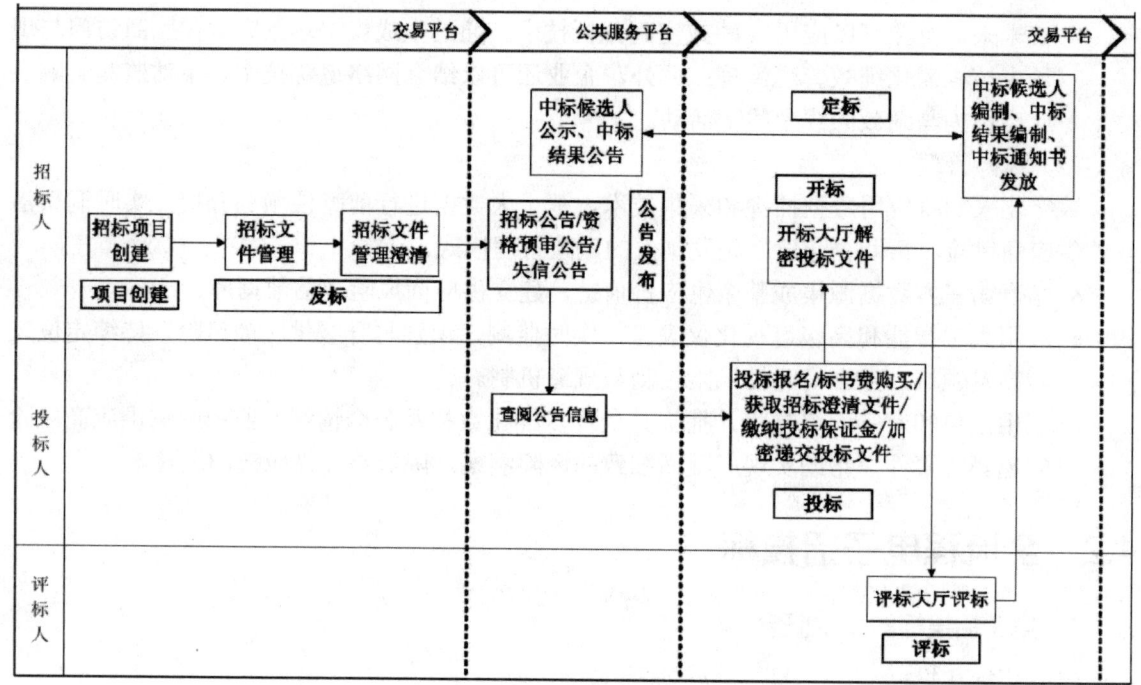

图 4-6　全流程电子招投标实施过程

（3）发标

在发标环节，招标代理机构通过招标投标交易平台编制并上传招标文件，设置开标一览表等表单，编制评标原则、初步评审、详细评审、价格评分等评审条款，在招标文件加密、盖章、签名生成数据文件后，发布招标文件。

（4）投标

在投标环节，投标人通过公示平台了解招标项目信息，在招投标交易平台进行注册和登录，办理投标报名、网上支付招标文件费用、获取招标文件、获取招标澄清文件、递交投标保证金、加密递交投标文件等投标事项。

（5）开标

在开标环节，招标人在招投标交易平台解密所有投标人的加密投标文件，公示开标一览表信息，投标人可远程通过招投标交易平台的开标大厅实时查看开标过程及内容，在线发起开标澄清等操作。

（6）评标

在评标环节，通过招投标交易平台组建评标委员会，按照设置的评标专家抽取数量和专业等要求，由系统自动抽取符合要求的评标专家。评标专家通过招投标交易平台的评标大厅在线查阅并评审各投标人的投标文件，在系统中完成初评、详评、价格评审及答疑、澄清等评标环节。评标结束后，在交易系统中完成评标报告的编写，由评标委员会签字。

（7）定标

在定标阶段，招标代理机构在招投标交易平台完成中标候选人编制、中标结果编制、中标通知书发放，在公共服务平台发布中标候选人公示、中标结果公告等。

全流程电子招投标结合"互联网+"、大数据、人工智能等技术创造了高效的运作模式，无论是招标人还是投标人，都给他们带来了前所未有的机遇和挑战。

3．基于区块链技术的电子招投标

（1）区块链技术

区块链技术先天具有去中心化、多方共识、集体维护、不可篡改、全程可溯的特性，非常适合多方参与、协同工作的招投标业务场景。利用区块链分布式特性可将招投标业务所涉及的招标人、投标人、招标代理机构、评标专家、监管机构等作为联盟节点上链，组成招投标参与共同体，利用多方共同维护的不可篡改账本进行招投标有效性共识、违法违规共治。

利用区块链加密保护、不可篡改特性，将招投标数据全程上链、数据确权、安全加密、全程留痕，确保信息共识准确、公开透明、全程无盲点，保障招投标业务阳光透明、合法合规。

利用区块链智能合约技术，将法律法规和招标规则代码化，自动控制招投标进程，控制违规风险，优化招标投标营商环境，全力保障交易公开公正，降低违规操作风险。

利用区块链隐私保护、全程可溯的特性，在保护各方隐私的前提下，实现数据共享，同时满足监管部门的接入、审核、监管，回溯招投标全过程，方便审计监督。随着区块链技术和采购管理业务的进一步深度融合，区块链技术将助力连接采购业务产业链各企业，形成连接上下游的可信采购价值网络，提供共享、共赢、信任的社会化协作环境，实现采购领域的管理创新。

（2）方案架构与设计

基于区块链的数字化招投标解决方案，其整体架构分为基础网络层、区块链平台层和分布式应用层。基础网络是区块链运行底层，支持当前主流区块链技术（如超级账本等）和自主可控区块链，提供插件化共识模块。数字化招投标解决方案支持区块链云服务部署，提供对业务联盟、区块链网络、区块链节点和智能合约分布式生命周期的管理、监控和预警等。

区块链平台层为底层区块链网络提供区块链网络权限管理、区块链网络异常预警、智能合约接入管理等功能。分布式应用层是实现面向用户的应用功能层，它构建了区块链价值网络，连接招投标各参与方和生态合作伙伴，基于采购云服务电子招投标为各参与方提供业务交互，根据法律法规和本次招投标的规定，调用区块链云服务的智能合约驱动链上和链下交易，自动控制招投标进程。区块链招投标总体架构，如图4-7所示。

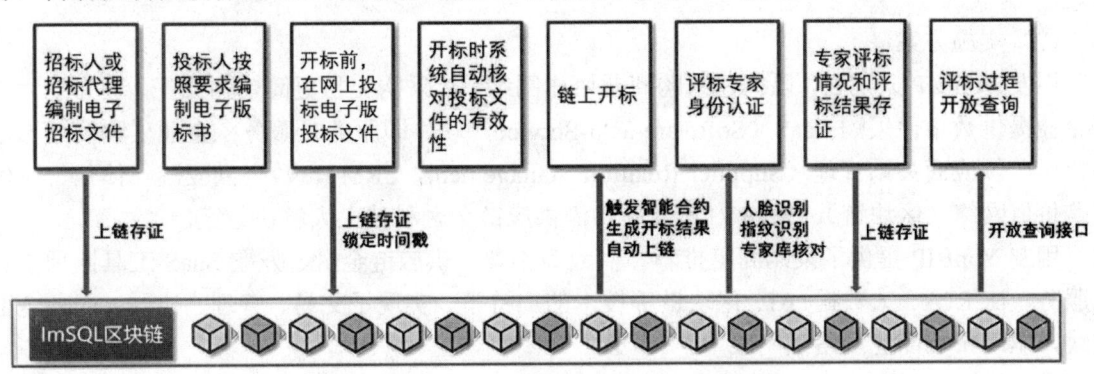

图4-7　区块链招投标总体架构

（3）方案的核心功能

① 招投标电子文件链上隐私提交与存证。

招标人或代理机构编制好电子版招标文件后通过区块链平台提交。投标方按照招标文件要求编写电子版投标文件，将标书最终稿哈希值上传到区块链上存证，并通过时间戳锁定。区块链平台主要确保投标文件，尤其是敏感的报价信息在递交后无法更改。

② 招投标参与方链上身份认证。

招标方、投标方、评标专家的信息在区块链上公开且可查询。可通过扫描二维码、指纹认证、人脸识别的方式快速实现身份认证。

③ 链上开标。

开标时由系统自动核对投标文件的有效性，开标过程可选择自动评标和远程评标方式。在自动评标过程中，评标规则按智能合约投放，系统自动生成评标结果并将结果存入区块链；若采用远程评标方式，则在通过专家身份系统验证后，于规定时间内把评标结果上链存证。

④ 招标过程与开标结果链上存证。

开标过程的专家评分和最终评标结果在第一时间存入区块链，并对外提供公示接口。任何对招标过程有质疑的个人或参与方，都能通过公示接口追溯到招标流程的原始存证数据。

4.3 行业实践

1. 用友：YonBIP 采购云助力补链强链

（1）实施背景

于 2021 年 8 月 1 日召开的中央政治局会议要求，要强化科技创新和产业链供应链韧性，并提出开展补链强链专项行动，加快解决"卡脖子"难题。新华社发文称，尽管我国已拥有全球最完整的制造体系，但仍存在部分核心环节和关键技术受制于人，产业基础能力、高端和高质量产品供给能力有待提升等问题。补链强链刻不容缓。

随着商业竞争环境的变化，企业间的协作更加迫切。企业级供应链管理更加关注和依赖整个供应链网络，牵一发而动全身，企业想取得更好绩效的诉求可以通过供应链网络技术来实现。

（2）实施方案

用友 YonBIP 采购云，以构建采购商业协作网络、让采购交易更简单为己任，致力于为中国企业提供数字化采购 SaaS（Software-as-a-Service，软件即服务）服务：企业采购商城、电子招标、供应商关系管理（Supplier Relation Management，SRM）、数字供应链一体化、可信采购价值网络（区块链）、采购 RPA 及采购侧供应链金融科技七大解决方案。

用友 YonBIP 提供了采购商机推荐、供应商推荐、供应链金融、发票 SaaS 工具四项平台化服务，在 RPA、大数据+AI、区块链等技术的加持下，实现了交易、管理、协同、服务全面在线，驱动采购商业网络织网成型。

① 采购商机推荐。

线上通过"优企供"为供应商推荐采购商机，并为供应商提供多种与采购商交易协作、自动化交易、店铺装修展示有关的工具。线下通过与采购经理一对一交流洽谈对接,达成交易。

② 供应商推荐。

用友 YonBIP 采购云通过线上供应商市场,聚集优质供应商,以人工过滤为企业筛选优质供应商;可根据需求平台利用大数据及 AI 智能推荐供应商;还可根据品类聚集供应商线下对接。

③ 供应链金融。

通过"优企融"为企业提供普惠、动态折扣、票据贴现、电子保函等服务,帮助企业实时票据快速贴现、减轻资金压力等。

④ 发票 SaaS 工具。

当核心企业收票时,系统对发票图片、电子发票等进行 OCR(Optical Character Recognition,光学字符识别)自动识别,将实物发票登记到实物发票台账,根据采购方需求开具电子发票或根据对账单直接开具电子发票。

用友 YonBIP 采购云通过搭建采购商业协作网络平台,助力企业实现交易在线、管理在线、协同在线、服务在线。输出企业网络协作最大价值,提高企业供应链创新能力,并推进制造业补链强链。

(3)价值分析

从 2015 年至今,用友 YonBIP 采购云服务企业所开展项目的价值超过 2600 亿元,在采购、生产、成本、运输、库存、操作等各环节为企业平均节省 3%~6%的成本。平台日新增认证供应商达 500 家,现已累计 21 万家供应商服务 55 个行业采购企业,每日新增 1.5 亿元交易额,为采购商推荐平台可信供方,实现商机匹配推荐和交易智能撮合。目前,通过发票动态折扣已经帮助采购企业降低采购成本 2700 万元,平均降幅 1.35%,帮助采购企业寻找降本机会。

2. 山西焦煤:物资采购电商化

(1)实施背景

传统国有煤炭企业的体制、机制不灵活,管理相对粗放,物资采购管理作为煤炭企业生产经营的重要环节,仍存在诸多问题。在国家积极推动煤炭供给侧结构性改革,推进"互联网+"行动实践,实现电子商务与传统行业深度融合的大背景下,为改善企业内部物资采购主体分散、市场碎片化、信息互通不畅等现状,实现物资采购业务阳光操作、降本增效、全程留痕,进一步提高信息化管理水平,真正建立物资采购现汇价格体系,山西焦煤集团有限责任公司(以下简称山西焦煤)着力启动物资采购电商化新模式。

(2)实施方案

基于 B2B 平台架构,结合企业长期积累的物资采购管理经验,构建与实际采购业务深度融合的煤炭行业物资采购第三方服务平台。平台系统包括定向采购、询比价采购、竞价采购、电子招投标、网上超市等多种采购模式,具备煤矿设备、配件、材料、办公用品、劳保工具等物资的在线交易、电子合同及电子签章、合同管理、供应商管理、物资分类管理、在线支付、采购行为实时监管、数据统计分析、设备租赁、云 ERP、短信推送、价格对比等功能,满足现代化大型煤炭集团物资采购管理的需要。B2B 电商平台功能架构,如图 4-8 所示。

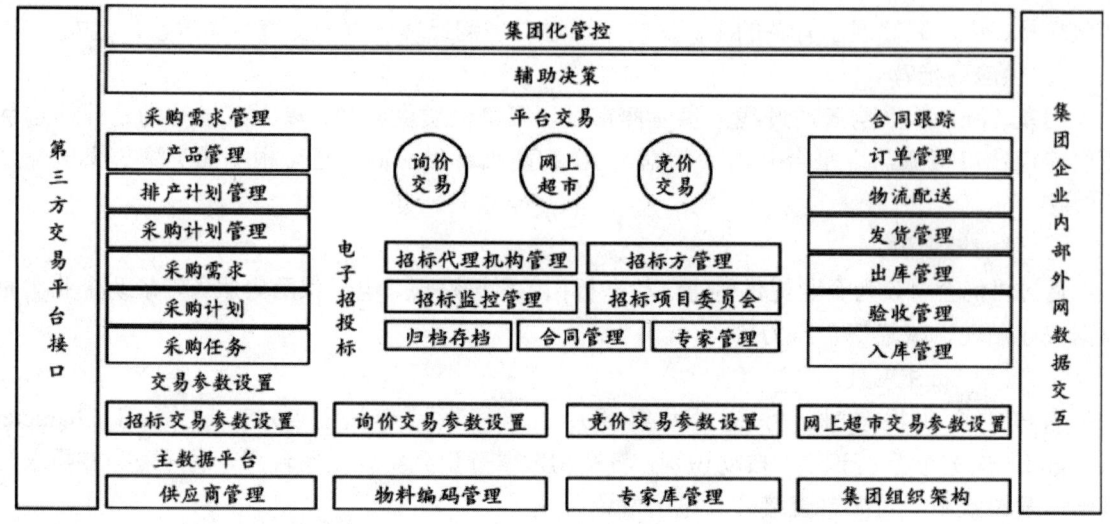

图 4-8　B2B 电商平台功能架构

（3）价值分析

① 企业物资采购全面上线。

自电商平台上线运行以来，山西焦煤坚持"总体部署、分步实施"的原则，采购单位根据规模和业务范围的不同分 3 批全面上线，实现了煤矿设备、配件、材料和办公用品的全面线上采购。

② 实现了物资采购模式变革。

电商化模式将煤炭企业物资采购传统的"线下操作模式"转变为"线上操作模式"，实现了采购单位、供应商及物资的资源整合，推动了信息共享；通过可参数化流程配置的询比价和竞价采购模式，强化了竞争环境，实现询货寻源方式的变革；具备网上办公用品采购的功能，通过与京东、苏宁、得力等电商平台对接，保证标准物资采购的灵活性和正品货源。

③ 降本增效作用初显。

电商化模式紧紧抓住"集团化管控、平台化运行"关键点，改善了物资采购现状，促进了阳光操作，全程留痕，逐步引导自然降价。经数据分析，物资采购价格年平均降幅达到 3.38%，有效促进了物资采购的降本增效。

思考与练习

1. 名词解释

（1）数字化采购

（2）电子招投标

2. 简答题

（1）可预测战略寻源包括哪几个环节？

（2）前瞻性供应商管理涉及哪几个方面？

（3）分析基于区块链技术的电子招投标方案的核心功能。

3. 讨论题

（1）画图说明全流程电子招投标实施过程。

（2）讨论智慧供应链中采购电商化的必要性。

4. 图解分析题

根据图 4-9 分析企业传统采购流程和企业电商化采购流程的不同之处。

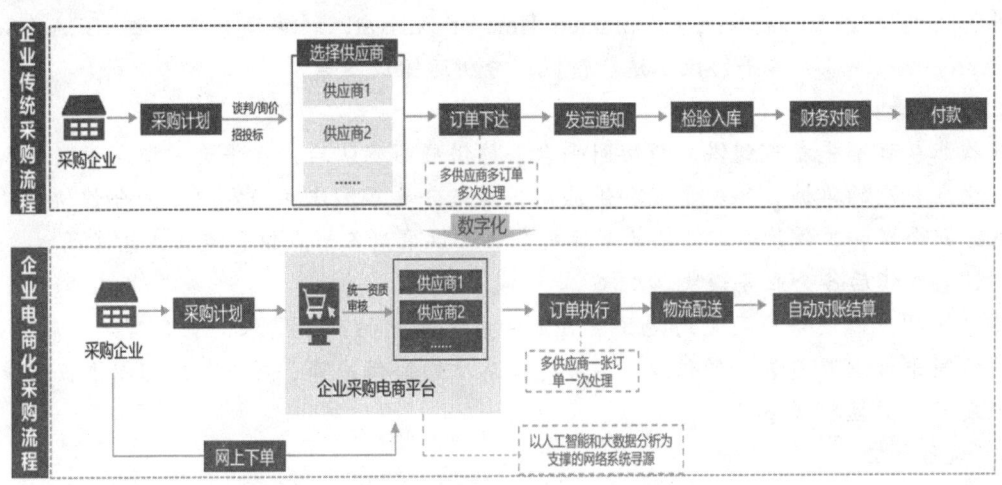

图 4-9　企业传统采购流程和企业电商化采购流程

5. 案例分析题

智慧供应链全方位供应商协同解决方案

智慧供应链供应商协同平台架构，如图 4-10 所示，全流程实现信息多维度、精细化共享，业务数据实时传递，智能决策，预估风险，供应与生产高度配合，提高企业与供应商的作业效率。通过供应商与企业建立伙伴关系，针对生产和市场的变化，敏捷应对，随需而动，构建具有竞争力的供应链体系。

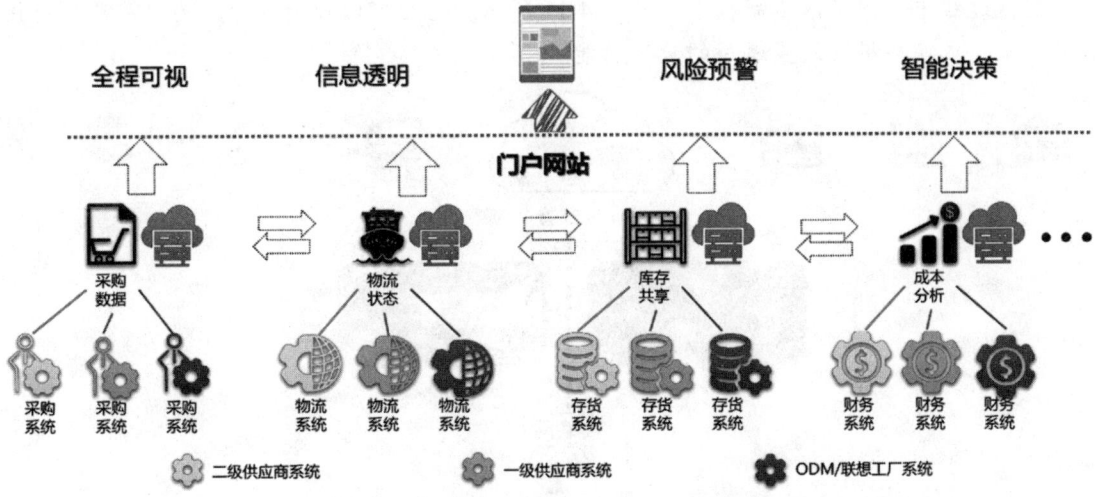

图 4-10　智慧供应链供应商协同平台架构

（1）基本功能

① 全程可视。

通过企业 BOM 和供应商 BOM 的关联，可以分析产品原料齐套率，对零部件缺货进行全面分析。同步供应商生产订单、生产执行情况和质检信息。

运输路径节点提前期作为主数据存储于供应商协同平台，通过物联网技术实现运输可视化，并推测到货时间、与 ETA（Estimated Time of Arrival，到港日）的差距、SLA（Service Level Agreement，服务水平协议）达标情况、分析运输成本等。

② 信息透明。

应收账款可事先发布到供应商协同平台，待供应商确认后，在平台一键同步数据到各个系统，生成相应的单据。实现企业和供应商信息充分共享，建立稳定双赢的合作伙伴关系，提高双方配合度和工作效率。信息共享涵盖企业和供应商各节点信息流转，包括预测、采购、生产、销售及售后各个业务模块。

信息透明可以使供应商更好地了解企业和最终客户的产品需求，从而有效地制造产品。供应商协同平台设置质量反馈信息，实时将信息反馈给供应商，供应商端可以根据客户的反馈来研发产品并监控质量。

③ 风险预警。

设置节点跟踪功能，自动比对结果异常，可选择预警对象。同时可以发短信、微信、邮件等通知相关方，智能判断，给出应对方案。可将业务的 KPI 设置到平台中，实时共享 KPI 完成情况，在即将超于预算或不满足 KPI 时会有预警，这使考核变成事前处理而不是事后分析。

④ 智能决策。

采购成本及收货时效优化：可结合承运商给出的配车信息、货物的尺寸和重量、托盘信息等，算出车辆满载率，并对车辆满载率不达标的情况给出建议。到货后，按照货物的种类、尺寸、到货时间智能分配卸货平台，自动识别，精准入库。

（2）新技术

在实施过程中应用了以下新技术，如图 4-11 所示。企业可以作为主导方为供应商进行技术指导、提供成功样板、设置适用的应用功能。

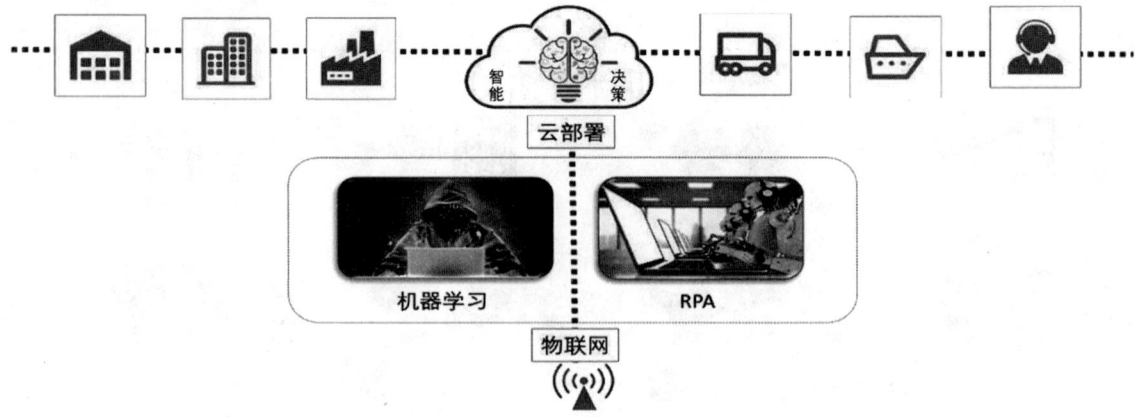

图 4-11　新技术的应用

① 云部署。

供应商协同平台基于云部署，实现移动供应协同办公，优化用户体验，增强用户使用意愿，及时响应供应变化。

② 机器学习。

可帮助处理并预测供应协同的风险，实现事前预警。找出供应协同问题的原因，实现事后改进等。比如，快速响应：当前端需求变更时，供应商协同平台可作为统一指挥中心与供应商一起快速做出决策，响应需求变化。

③ 物联网。

可将传感器装在高价值货物上，借助物联网技术实时追踪货物运输过程，信息同步到供应商协同平台。

总而言之，供应商协同管理模式大大降低了整条供应链的运营成本，提高了对消费者需求的反应速度，为双方带来了丰厚的回报。双方在数据交互、信息传递方面不断深入，发挥各自的优势和主动性，形成双赢、稳定的战略合作伙伴关系，互惠互利。

分析：

（1）智慧供应链供应商协同平台架构的功能。

（2）智慧供应链供应商协同平台使用了哪些新技术？

6．课程思政题

电子招投标的必要性

自2013年国家发展和改革委员会颁布《电子招标投标办法》以来，电子招投标活动得到了一定推广，但是招投标活动的电子化大多应用在招标公告的发布和中标候选人、中标结果的公示等阶段，一般在招标文件发售及投标文件编制、递交、开标、评标等环节还是采用线下纸质投标方式进行。2017年，国务院的国家发展和改革委员会等六部委发布《"互联网+"招标采购行动方案（2017—2019年）》，进一步推动了电子招投标的快速发展，尤其是随着信息技术手段的普及应用，数字化、网络化、智能化的深入发展，以及国家政策的出台和应对新冠疫情的迫切需要，传统的纸质招投标活动和半电子化半纸质招投标操作已无法适应时代的发展和现在的招投标需求。淘汰传统纸质招投标方式，实行全流程电子化招投标，成为响应市场需求的必然选择。

在2020年之前，企业采用的招投标方式主要是传统的纸质招投标和部分电子化部分纸质双轨制招投标模式。2020年新冠疫情发生后，传统纸质招投标的运行遇到了前所未有的困难，传统招投标的弊端显露无遗。

（1）新冠疫情对传统招投标方式的影响

2020年新冠疫情发生后，各地根据实际情况出台了不同的人员出入政策，因为传统纸质招投标需要编制纸质的投标文件且在开标截止前须递交文件，所以纸质投标可能会出现投标人因新冠疫情防控措施无法及时投标的情况。

（2）纸质投标制作、运输、保管成本较高

纸质投标需要制作多本投标文件，消耗大量纸张，不符合低碳环保的要求。部分大型项目需要大量的技术资料和资质资料等，加上投标人众多，每个投标人又分正本、副本，有时一个项目的投标文件就多达数十册。制作过程不仅使工作量繁重，也给投标人运输、递交投标文件造成了很大困难。

（3）传统招投标方式人工成本高

传统招投标活动采用现场开标的形式，大多数投标人会前往开标现场参与现场投标、开标。交通费用、住宿费用、人工费用、出差补贴等差旅费用成本较高，间接造成交易成本的提价、投标成本的增加。

（4）传统评标方式具备风险性

传统纸质评标，在抽取评标专家时不是利用大数据分析选择适合的评标专家，也不是从专家库中用计算机随机抽取，而是人为的线下抽取，但线下抽取存在人为可操作因素，对于评委抽取过程的机密性、完整性、公平性、可查证性有一定的风险。

（5）传统线下评标监管不易控制

传统线下的整个开评标过程监管不易控制，交易行为不规范，容易出现人为操纵、人为失误风险等干扰情况。招标行为的不规范，也给某些权力和个人以可乘之机，可能存在贪腐的情况。在评标过程中，评委对投标文件的相似性、格式、字体、报价一致性等没有大数据分析的支持，主要靠主观判断，很难判定是否存在串标、围标、陪标的行为。

（6）传统纸质招投标资料不利于审计监督

对于传统纸质招投标活动的监管，一是靠招投标参与主体的投诉、举报；二是靠人工查阅招投标各环节的纸质资料。纸质文件归档后，大量投标资料不利于审计人员查阅，且因为投标资料为纸质资料，审计检查也只能检查招投标程序的合法合规性，无法追溯投标数据是否欠缺、相关信息是否被篡改。监管部门监督的效果大打折扣，审计检查存在诸多不足。

7. 二十大报告关键词

坚持全面依法治国

【报告原文】

全面依法治国是国家治理的一场深刻革命，关系党执政兴国，关系人民幸福安康，关系党和国家长治久安。必须更好发挥法治固根本、稳预期、利长远的保障作用，在法治轨道上全面建设社会主义现代化国家。

【解读】

报告将"坚持全面依法治国，推进法治中国建设"作为单独一部分加以强调，充分体现了党中央对全面依法治国的高度重视。

在全面依法治国总体格局基本形成的基础上，报告对全面依法治国作出了新部署：完善以宪法为核心的中国特色社会主义法律体系，加强重点领域、新兴领域、涉外领域立法；扎实推进依法行政，全面推进严格规范公正文明执法；严格公正司法，加快建设公正高效权威的社会主义司法制度；加快建设法治社会，努力使尊法学法守法用法在全社会蔚然成风。

（选自《人民日报》）

第 5 章
智慧供应链的智能制造

开篇案例：雷诺集团转型项目的规模化

　　汽车市场的迅猛发展为整个行业带来了前所未有的挑战。为了应对日益复杂的消费者需求、新兴的出行服务，以及无人驾驶、智能网联等新技术，法国雷诺集团于 2016 年开始了数字化转型。雷诺集团旗下的克里昂工厂和库里蒂巴工厂走到了转型改革的前沿，推出了独特的数字化项目，随后又将其扩展到其他工厂。

　　法国的克里昂工厂已有 60 年历史，它通过智能自动化解决方案和数字化技术，以及与初创公司、大学的合作，成功将生产效率提高了 45%，并将保修成本降低了 20%。为了优化工厂流程、缩短生产周期，雷诺集团还引进了协作机器人和 AGV（Automated Guided Vehicle，自动导引车）。数字化工具让工作人员相互连接，加快了决策和协作速度，还将车间运营效率提升了 12.5%。全数字化能源管理系统在部署后一年内将能耗降低了 5.8%。

　　位于巴西的库里蒂巴工厂改进了生产指标，用端到端的方式将供应链与客户连接起来。工厂使用射频识别技术追踪每年 29 万辆车的交付过程，因此运输时间减少了 30%，准时交付率提高至 95.4%。此外，采供双方和生产部门实时共享订单数据，工厂的在线数字销售平台实现了 1 万多台的销售目标。

　　有了两家试点工厂的成功经验，雷诺集团面临的难题是如何在其全球制造网络中实施同样的转型，这一难题涉及 16 个国家及地区的 40 家工厂和 13 个物流点的 7.3 万名员工。拉丁美洲地区工业 4.0 负责人 Giuliano Eichmann 对数字化转型的影响这样说："我们现在有大量可用数据，挑战是如何将数据转换为与用户相关的有用信息。我们计划借助敏捷的工作方式，发挥高级数据分析的全部潜力，而且必须'以数字化为导向'进行组织变革。"此外，全球数字化管理在每家工厂的"本土化"（变为局部数字化管理）及技术基础的"可复制性"方面也至关重要。雷诺集团成立"互联工厂"小组，专项部署 IT 基础设施，在超过 4900 公顷的建筑、60 个本地数据服务器和雷诺集团所有工厂的 LoRa（Long Range Radio，远距离无线电）网络上安装 Wi-Fi。雷诺集团从 2018 年开始在所有制造工厂和整条供应链上部署数字化技术，基本避免了概念验证阶段出现的问题。

雷诺集团及雷诺联盟工业 4.0 负责人 Eric Marchiol 强调"有力的管理层支持对转型的规模化至关重要。"他还说:"想要在全球推广,思维模式的转变与技术创新同样重要。我们'教育'管理层积极支持工业 4.0,不再用 PPT 做决策,而是基于实时反馈的数据采取行动……这场革命如今就在我们的先进工厂里发生。现在用即时数据而非 Excel 报告进行 QRQC(Quick Response Quality Control,快速反应与质量控制),是这些工厂每天的例行工作。革命也发生在供应链团队,他们通过数字化技术,实时追踪交付情况……我们要让管理层更多地接触创业环境和科技公司,让他们开启自身的'学习长征',为他们领导这场转型注入坚实动力。"

5.1 智能制造供应链

焦点讨论

埃斯顿成立于 1993 年,2015 年在深圳证券交易所上市,聚焦于自动化核心部件、运动控制系统、工业机器人的研发及生产。2018 年埃斯顿的总收入为 14.6 亿元,同比增长 35.7%,其中工业机器人板块增长 50.3%,占总收入的比例已超过 50%。工业机器人包括六轴通用机器人、四轴码垛机器人、SCARA(Selective Compliance Assembly Robot Arm,选择顺应性装配机器手臂)机器人,并且高端应用的多关节机器人的销量占公司总销量的 80%。

埃斯顿拥有自主生产的机器人控制系统、机器人专用交流伺服系统、工业机器人 2D 和 3D 视觉技术(见图 5-1)、机器人核心算法、双曲面齿轮减速装置、全自动机器人生产线等全产业链智能制造产品体系。

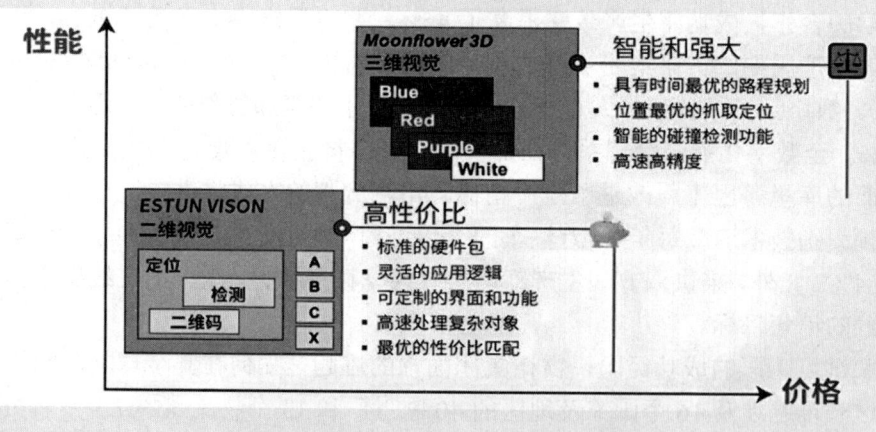

图 5-1 工业机器人 2D 和 3D 视觉技术

讨论:全产业链智能制造产品体系的意义。

1. 智能制造供应链的基本概念

(1)智能制造

智能制造是基于新一代信息技术与先进制造技术的深度融合,贯穿于设计、生产、管理、服务等制造活动的各个环节,具有自感知、自决策、自执行、自适应、自学习等特征,旨在提高制造业质量、效益和核心竞争力的先进生产方式。

具体来说,智能制造包含两层含义。第一层含义是"智能",包含人工智能、云计算、大数据、物联网、5G等新一代信息技术与先进制造技术。第二层含义是"制造",包含制造业研发、设计、供应链、生产、销售、服务等全价值链产业链各个环节,人员、机器、材料、方法、环境、制造过程各个生产要素,以及基于产业链协同打造的绿色制造。

在国际上,智能制造通常是指一种由智能机器和人类专家共同组成的人机一体化智能系统,其技术包括自动化、信息化、互联网和智能化4个层次,产业链涵盖智能装备(机器人、数控机床、服务机器人、其他自动化装备)、工业互联网(机器视觉、传感器、RFID、工业以太网)、工业软件(ERP、MES、DCS等)、3D打印,以及将上述环节有机结合的自动化系统集成及生产线集成等。

(2)智能制造供应链

以工业互联网、大数据、云计算、5G移动无线网络、人工智能、机器人、智能物流等软硬件新技术为基础,在制造企业迭代升级过程中,为原材料、在制品和成品(采购物流、生产物流和成品物流)的包装、运输、装卸搬运、存储、流通加工、配送、信息处理等,提供智能服务和智能决策的系统化、平台化的推动路径。智能制造供应链不但将企业、用户、货物、设施紧密联系在一起,而且将流程、数据和订单结合起来,使制造供应链的连接变得更加多维度、立体化、多元化、高效率且更有价值。

2. 工业机器人

工业机器人是广泛应用于工业领域的多关节机械手或多自由度的机器装置,具有一定的自动性,可依靠自身的动力能源和控制能力实现各种工业加工制造功能,被广泛应用于电子、物流、化工等各个工业领域。

我们可以把工业机器人理解为机器手臂,即拟人手臂、手腕和手功能的机械电子装置;它可以把任意物件或工具按空间位姿(位置和姿态)的时变要求进行移动,从而完成某一工业生产的作业要求。

工业机器人的种类和作用如下:

(1)焊接机器人

焊接机器人是从事焊接工作的自动化焊接设备,通过焊接机器人的焊枪对焊缝实现精确焊接,焊缝美观且牢固,保证产品质量,企业引进焊接机器人有利于提高生产线速度,解放工人的劳动强度,降低企业的劳动成本和材料成本,提高企业的焊接自动化水平。

(2)搬运机器人

搬运机器人是用于搬运物件的工业机器人,它将工件从原位置移动到另一指定位置,搬运机器人的末端执行器通过变换工具实现不同规格工件的搬运工作,不仅解放了工人的劳动,还减少了搬运过程中出现的伤害事故,广泛应用于大型工件的搬运工作。

(3)码垛机器人

码垛机器人是机械制造和计算机技术有机结合的产物,凭借灵活运行、精确操作、稳定性高、作业效率高等优势被企业广泛应用。码垛机器人将已经装入容器的物品,按照一定的排列顺序放在托盘上,可以进行多层堆砌,由于其实用性强,所以它可应用于多个领域。

（4）喷涂机器人

喷涂机器人是用于自动喷漆的机械设备。由于工作环境恶劣，传统喷涂工作对工人身体的伤害较大，喷涂机器人采用液压驱动，喷涂速度快，防爆性能好，可代替工人进行喷涂，提高了喷涂质量和喷涂材料的利用率。

3．工业软件

工业软件是指专门用于或主要用于工业领域控制工程网版权所有，以提高工业企业研发、制造、管理的水平和工业装备性能的软件。工业软件不包括通用的系统软件和应用软件，如计算机操作系统、通用数据库系统、办公软件等。

工业软件应用的范围覆盖产品的全生命周期及企业生产经营的各个环节。非嵌入式工业软件按照具体应用的环节可分为研发设计类、信息管理类、生产控制类。从横向来看，工业软件伴随着产品从研发到生产，再到销售及售后服务的全生命周期；从纵向来看，工业软件自上而下地对企业的决策管理、调度执行、生产控制 3 个层面进行支撑。现代化工业生产的各个流程都离不开工业软件的参与，工业软件是工业 4.0 实现智能制造的关键。工业软件全景图如图 5-2 所示，工业软件的分类和释义如表 5-1 所示。

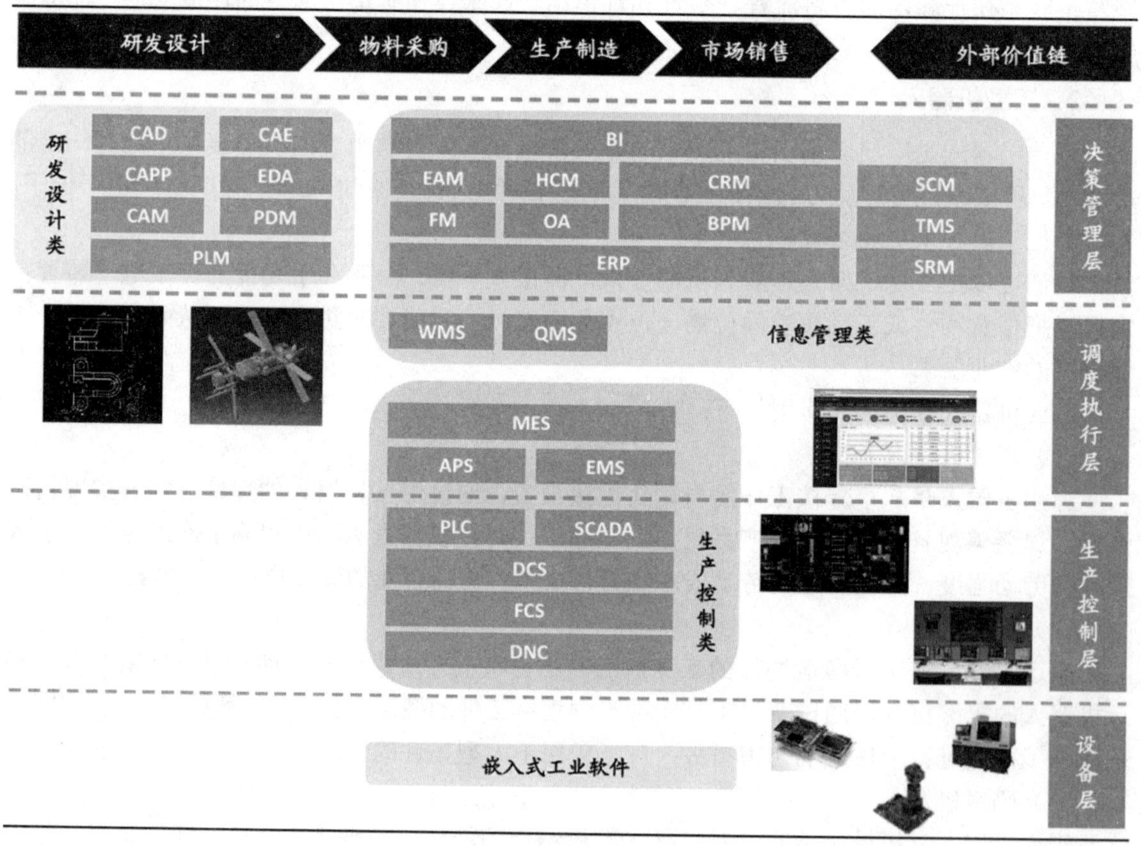

图 5-2 工业软件全景图

表 5-1 工业软件的分类和释义

工业软件类型	工业软件产品类型	特点	中外典型企业
研发设计类	计算机辅助设计（CAD） 计算机辅助工艺规划（CAPP） 计算机辅助制造（CAM） 计算机辅助工程（CAE） 电子设计自动化软件（EDA） 产品数据管理系统（PDM） 产品生命周期管理系统（PLM）	一般是基于物理、数学原理等基础学科，与学科和专业关联性强的基础性工业软件，工具属性较强	Dassault Systemes、Siemens Digital Industry Software、Autodesk、Ansys、PTC、MSC 中望软件、浩辰软件、数码大方
信息管理类	企业资源管理计划（ERP） 财务管理系统（FM） 客户管理系统（CRM） 业务流程管理系统（BPM） 商业智能系统（BI） 企业资产管理系统（EAM） 人力资源管理系统（HCM） 办公自动化系统（OA） 供应链管理系统（SCM） 供应商关系管理系统（SRM） 物流管理系统（TMS） 质量管理系统（QMS） 仓储管理系统（WMS）	一般是基于业务模型，实现工业产品研发、生产、服务和管理过程中业务流程信息化的工业软件，业务属性较强	SAP、Oracle、Salesforce、Zoho、Slack、Asana 用友网络、金蝶国际、泛微网络、致远互联网、北森云
生产控制类	生产制造执行系统（MES） 高级计划与排程系统（APS） 能效管理系统（EMS） 数据采集与监视控制系统（SCADA） 集散控制系统（DCS） 可编辑逻辑控制器（PLC） 总线控制系统（FCS） 分布式数控系统（DNC）	一般是基于工业生产的流程，负责生产的流程调度、流程控制、流程监控，提升产品生产的自动化和智能化程度	ABB、HoneyWell、Emerson、Electric、Siemens、Digital、Industry、Software、General、Electric 宝信软件、和利时、中控技术、国电南瑞

4．工业互联及工业大数据

工业互联的网络结构包括底层感知原件 MEMS（Micro-Electro-Mechanical System，微机电系统）、RFID（Radio Frequency IDentification，射频识别）、工业无线、工业以太网、现场总线、宽带蜂窝网（含 5G）、NB-IoT（Narrow Band Internet of Things，窄带物联网）等通信技术，如图 5-3 所示。接入现有工厂设备是互联的基础，机床、机器人等有数据接口的设备可通过 PLC（Programmable Logic Controller，可编程逻辑控制器）、智能化仪器仪表、边缘控制器等将数据传输到网关；无现成数据的设备可通过安装传感器，基于有线或无线方式将数据传输到网关、私有云或企业数据中心。当工厂各项数据打通时，需要对所有数据进行整合及分析，基于大数据能力对制造过程进行监控、管理和优化。当前，工业互联应用场景在状态监测与报警、生产制造优化、质量管理和预测性维保等方面被应用广泛。

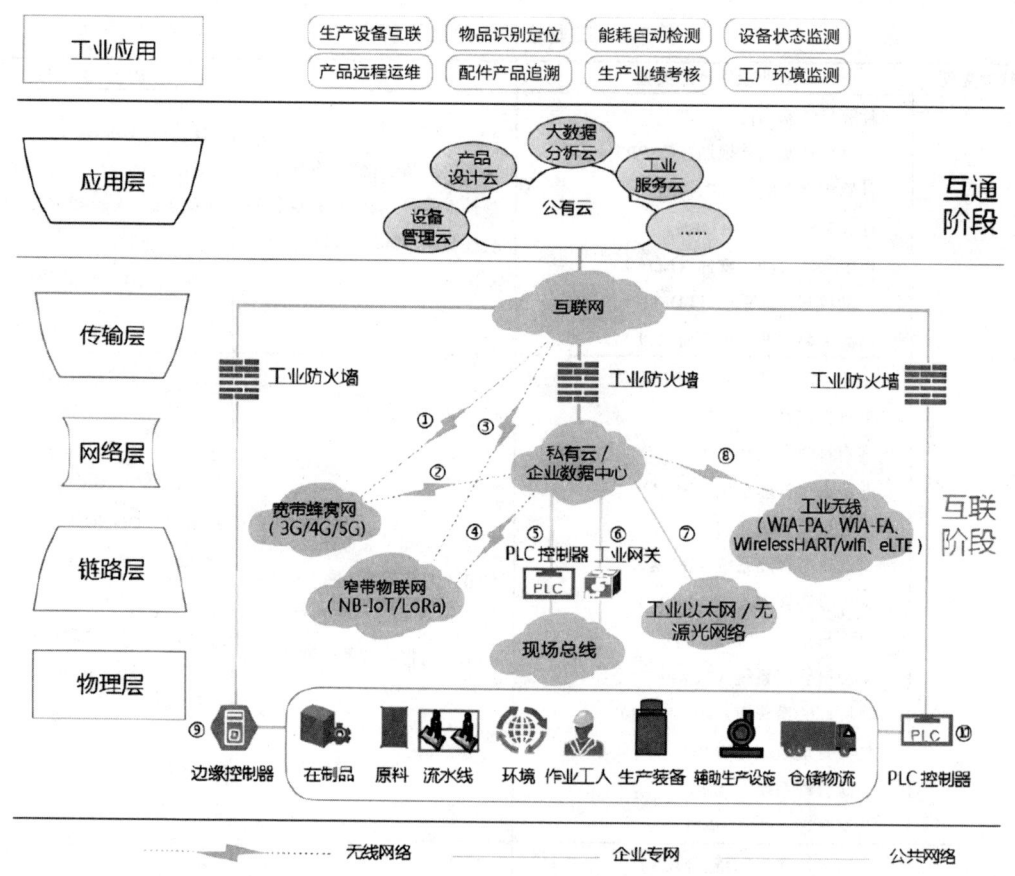

图 5-3 工业互联的网络结构

5.2 智慧供应链的智能制造技术

1. 智能制造的数字化工艺

在传统业务流程中，研发设计与制造工艺数据是分开独立管理运行的，这造成了信息的不对称、滞后甚至错误，给制造端带来停线、重工、召回的影响，或给研发端带来修模、上市日期推迟等不必要的损失。因此，要打破从研发到制造的"数据孤岛"现状，并实现数字化工艺管理。

数字孪生正是帮助企业克服这些挑战的有力工具。通过建立物理产品的数字映射，并基于产品使用过程中产生的数据形成闭环反馈和优化。数字孪生能全面提升产品的全生命周期管理，打通研发、供应链、制造等不同职能部门和"数据孤岛"，乃至企业的生态系统，时时刻刻感知客户的需求，驱动高效、互联、以客户为中心的运营模式，提升产品体验，降本增效，推动增长。数字化工艺解决方案，通过数字化手段来构建数字世界中实体的映射体，实现对物理实体的分析和优化。

（1）数字化工艺的应用场景

场景一：研发人员可以实时查看产品在工厂产线的工艺、工序等制造信息。

场景二：工厂工艺或制造工程师可以实时查看产品的研发图档、设计要求等研发信息。

场景三：工厂产线可以根据订单配置不同，实时生成对应的最佳工艺序列，并通过可视化的方式呈现给产线员工。

场景四：产品设计或 BOM 发生变更，工厂可以实时接收变更信息，并自动更新产线的可视化工艺。

（2）数字化工艺的实现

① 工艺基础数据管理：实现业务数据数字化和结构化，清晰识别业务数据类型，检索方便，实现数据共享重用。

② 工艺资源管理：实现业务数据分类管理，实现数据标准化管理，便于数据查询和重用。

③ 数据管理及统计分析：数据统一集中管理，图形化管理，历史数据可追溯。

④ BOP（Basic Operator Panel，基本操作面板）展示：支持多家工厂多条产线的业务需求，重点站别资源添加，固定工位，根据节拍和工位自动线体平衡。

⑤ eSOP（electronic Standard Operating Procedure，电子看板）自动生成：根据订单生成eSOP，批量化处理，监控生成进度。

数字化工艺打破了从研发到制造的"数据孤岛"现状，实现了工艺管理数据结构化，由线下管理到线上管理；实现了研发与制造各部门之间协同工作，大大提高了工作效率；实现了基于订单信息一键生成产品 SOP（Standard Operating Procedure，标准作业程序）并推送到工厂相应工位，工艺数据共享提高了工艺数据的准确性，降低了工艺管理成本。

2．智能制造的过程仿真

制造企业产品的形态繁多，各种产品随着功能的扩展，其制造过程越来越复杂。同时，制造企业面临高成本压力下的高质量需求，新材料的使用、不断更新的零部件、人力成本的攀升等产生成本压力，客户对产品质量的要求也逐步提高。

产品更新换代的速度造成新产品的生命周期不断缩短，需要企业在较短的产品生命周期内保证足够的产能，其中，定制机型与个性化需求要求产线具备柔性制造的能力。

（1）过程仿真应用场景

场景一：在工厂/仓库/产线还处于设计阶段，没有实体设备时，通过建立数字化的仿真模型，可验证设计方案中流程、产线和设备结构的合理性，发现潜在问题，并有针对性地提出改进建议。

场景二：对于已建成并准备投产的工厂/仓库/产线，可建立对应的仿真模型，模拟运行产品生产流程，验证产能，发现瓶颈，优化流程。

场景三：在现有的产线上进行生产订单切换、新产品投产等生产变动前，可以通过仿真验证新的产线是否会对产能和交付时效性产生影响。

（2）过程仿真的实现

① 人机仿真。

结合仿真软件资源库和自带脚本语言，可以模拟实现各种复杂的生产系统和控制策略，不需要实体产线的投入即可对系统和策略进行评估。面向对象的工厂层次模型，包括业务、物流及生产工艺。制造和物流仿真可进行价值流、仓库物流、产线生产、人机作业等各层次的建模分析,如图 5-4 所示。

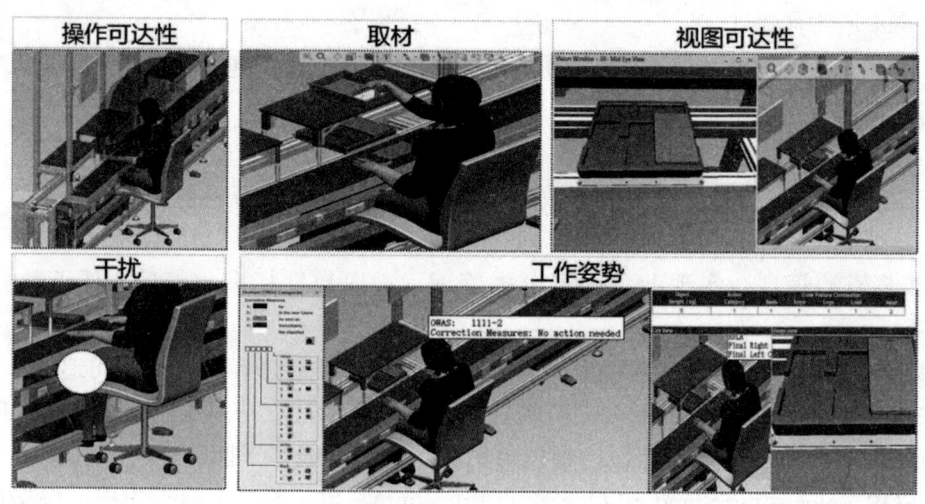

图 5-4 人机仿真

② 制造专用软件资源库。

针对制造业不同领域,有对应的自有资源库。比如,eSOP 是将原有的纸质文件更换成电子信息,实现目视化的直观展示,即终端统一管理,统一下发电子作业指导书,统一下发通知信息,单独设置各工序终端文件的显示内容,这样各工位只看自己的作业文件,简单明了,清晰易懂。

③ 丰富的图形与图标等可视化分析工具。

自带图、表、报告等 3D 可视化分析工具模拟展示,如图 5-5 所示,所有模型和模块不仅可以创建 3D 视图和动画,还可以根据需要自定义 3D 图形和动画路径。在新产线建造、现有产线/仓库改造之前,都可以通过仿真模型识别潜在问题,并有针对性地提出改进建议,避免在实体项目完工后发生不必要的改动。

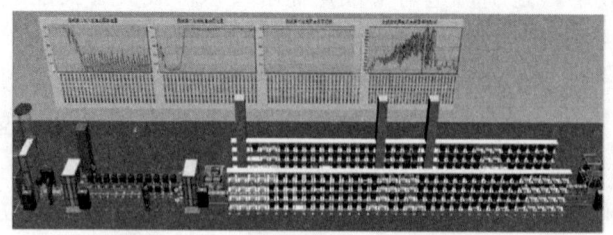

图 5-5 3D 可视化分析工具模拟展示

5.3 行业实践

1. 联想:产线自动化解决方案

(1)实施背景

联想惠阳工厂作为联想台式机的主要生产基地,之前主要采用人力密集型的生产组装方式。为了提高生产效率，进一步提升产品质量，联想惠阳工厂实施了流程再造与自动化工程。该工程的主要内容是通过对整个流程进行梳理重排，促使生产制造过程更加通畅并将可自动化项目进行集中，通过自动化工艺进行自动化替代，实现人力节省与效益提升的目标。产线自动化的应用主要涉及 4 个方面，如图 5-6 所示。

自动化技术	治具开发	IE 技术	测试开发技术
多轴机器人 视觉技术 AGV搬运技术 物料分拣技术	治具设计 治具加工 系统仿真 模拟展示	效率持续提高 流程再造 工艺改善、Layout设计 线体改造、产能提升	产品镜像制作 产品功能测试的实现 生产网络软硬件维护 信息系统开发

图 5-6　产线自动化的应用

（2）实施方案

联想惠阳工厂自动化线体根据订单类型分为 3 种模式：大批量、高自动化的火星线模式，中批量、高自动化、高效率的雷霆线模式，小批量、高自动化、高柔性、高效率的闪电线模式。这 3 种模式分别对应不同的订单体量，做到对不同订单形式针对性匹配，实现订单的高效生产和线体的高效利用，从而实现综合效益的优化，产线自动化解决方案如图 5-7 所示。

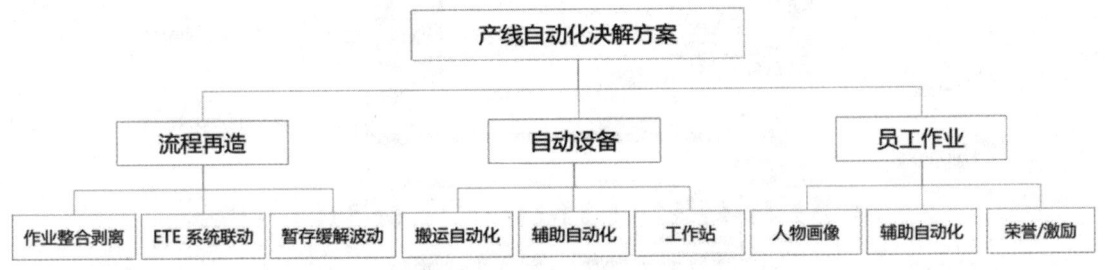

图 5-7　产线自动化解决方案

3 种模式在订单处理和细项运作过程中，呈现不同的特点、优劣和劣势，如图 5-8 所示。

图 5-8　产线自动化的 3 种模式

在产线实际操作过程中，工厂因线施策、物尽其用，最大化发挥各个线体的优势，促使工厂运作更加流畅，成本更加节省，产线实际匹配状况如表 5-2 所示。

表 5-2　产线实际匹配状况

项目	火星线	雷霆线	闪电线	影响
订单机型	大单	中单	小单	—
成本	极低	低	中等	—
是非需换线	需换线	不需要	不需要	切换时间影响成本
上下测试	自动	自动	自动	自动则节省人力
包装料、线边料	上 3 楼作业	1 楼作业	1 楼作业	楼层低，节省人力，前置时间短
下码盘方式	搬运	自动	自动	自动则节省人力

火星线线体主体分为备料上料区、主线体区、自动测试区、包装区 4 个模块。备料上料区包含四大件（光驱、显卡、电源、硬盘）自动上料模块、上机箱模块；主线体区包含机箱处理模块、主板自动组装模块、整机组装线体；自动测试区包含自动测试 AGV、测试机架、测试位；包装区包含包装盒自动组装上料、机箱后加工与贴标、自动装箱、自动码垛等模块。设备实施方案，如图 5-9 所示。

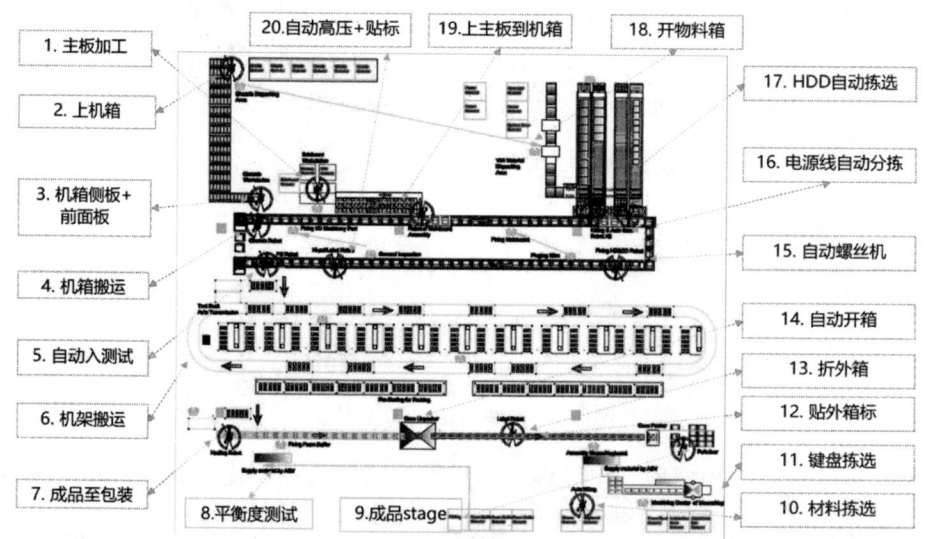

图 5-9　设备实施方案

闪电线（雷霆线无 kitting 模块，其主线体与闪电线主线体基本一致）主线体作业流程包括机箱自动开盖、自动辅料 kitting 货架、组装四大件（光驱、硬盘、显卡、电源）自动挑料、自动上料供应等模块。闪电线前置加工和组装段，如图 5-10 所示。

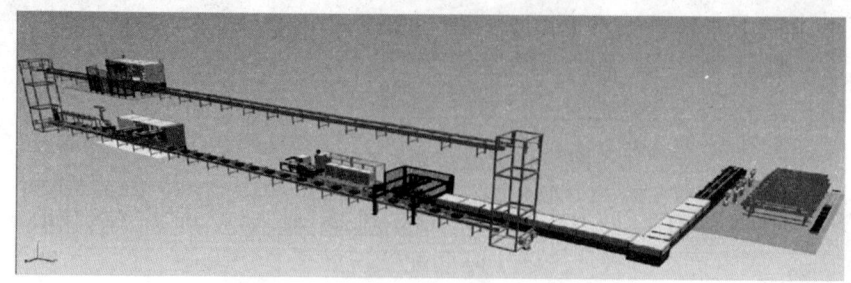

图 5-10　闪电线前置加工和组装段

在测试方面,雷霆线采用轨道式倍速链的方式测试,而闪电线则采用立体行车+多层测试库位的方式测试,如图 5-11 所示。与雷霆线相比,闪电线设定了 4 条行道进行缓冲,倍速链测试变更为立体库航车测试模式,使测试能够完成双机台单独测试(一个工装板放入两台机器),使得测试线可以适应小批量订单测试的需求,并且提高了测试位综合利用率。

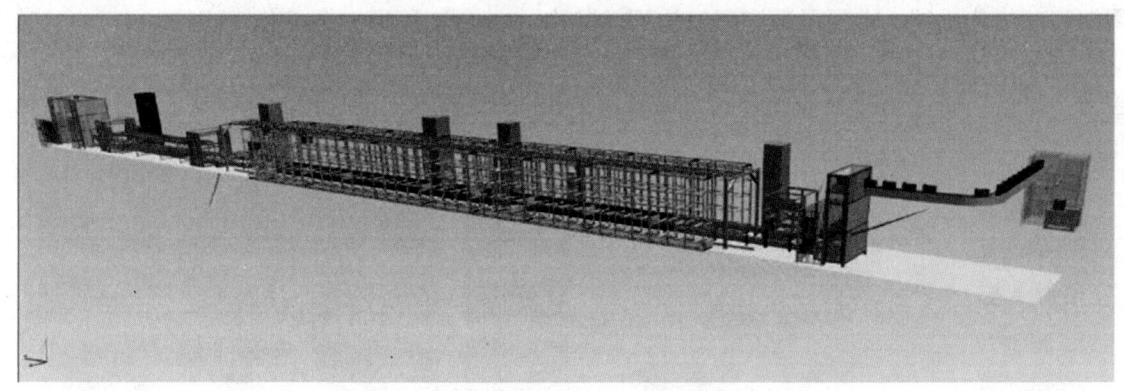

图 5-11　闪电线测试方式

在包装段采用更大规模资料盒 kitting、键盘 kitting 线和优化机械手自动挑料逻辑,优化了 3 楼自动下 2 楼的设计,使资料盒与键盘可以更高效地供应 2 楼包装主线体。

(3) 价值分析

在不断探索的过程中,联想惠阳工厂不仅积累了宝贵的自动化经验,还实现了卓越的效能达成,其中,与传统产线相比,火星线通过流程再造与自动化导入使 UPPH (Units Per Person per Hour,单位人时产能)提升 60%。雷霆线在火星线高 UPPH 的基础上,实现更小订单,并且 UPH (Units Per Hour,每小时产量)相较火星线提升了约 1 倍。闪电线积累雷霆线的经验,并在通过 kitting 线实现高主线 UPH 的前提下,使小订单的产出相较于传统线 UPPH 提升 50%,UPH 提升 30%。

2. 树根互联:三一重工成为奔跑的大象

(1) 实施背景

三一重工 18 号工厂厂房面积约 10 万平方米,被业界称为"最聪明的厂房"。宽敞、明亮的厂房里并没有太多工人的身影,但一切井然有序。

技术工人凭借一台电脑就可以为每个工位提供物料及零部件提取和配送服务;加入了视觉识别模块的智能焊接机器人不仅可以自动接收物料进行焊接,还能识别气孔、偏焊、焊穿等缺陷。

从 2019 年开始,三一重工投入百亿元资金,依托树根互联工业互联网操作系统——根云平台,开启 20 多家工厂的智能化升级,以达到"灯塔工厂"的标准。借助 18 号工厂、北京桩机工厂等 28 家"灯塔工厂",三一重工在生产效率上有了跨越式进步。

(2) 实施方案

树根互联由三一重工物联网团队于 2016 年创建,于 2017 年发布根云(ROOT CLOUD)平台,是中国成立较早的工业互联网平台,现在它连接的能源、纺织、专用车辆、港口机械、工程机械等各类高价值设备已超过 56 万台。

18 号工厂厂房是三一重工实现生产车间数字化转型最具代表性的实践之一，其打通企业信息化与各生产要素之间的联络路径，实现"数字化研发—数字化装备—数字化运营"的闭环控制。首先，18 号工厂搭建了全三维环境下的建模平台、工业设计软件，以及产品全生命周期管理信息系统，实现了数字研发协同；其次，18 号工厂通过智能化生产控制中心、智能化生产执行过程监管、智能化仓储运输与物流、数智加工中心与生产线，实现了智能化生产管理；最后，通过搭建工业互联网实现数据采集和数据分析，促进各业务部门之间的协同与深度集成，如图 5-12 所示。

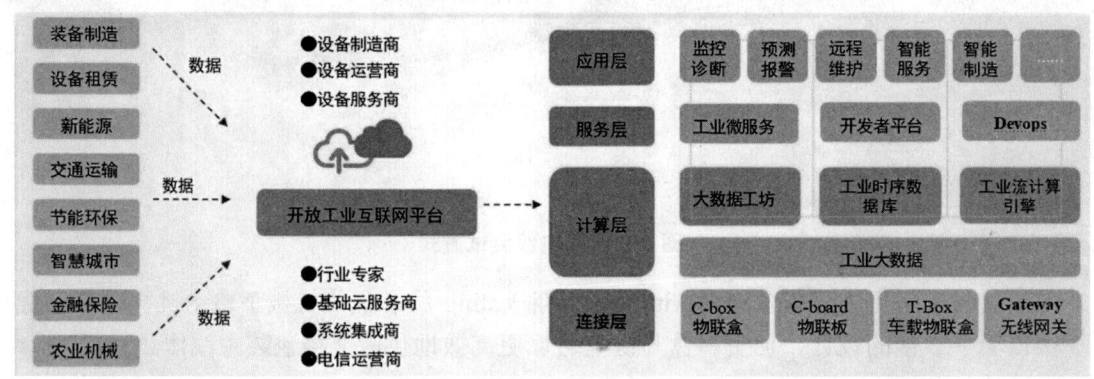

图 5-12 开放的工业互联网架构

三一重工通过 APS 高级排程、MES、能源管理（能耗分析、用能管理、节能诊断）、高级应用（制造资源优化管理、车间物流跟踪管理、加工过程要素管理）实现制造管理过程数字化，提高制造运营管理能力，大幅降低制造成本。与此同时，三一重工的数字化平台和体系建立后，通过闭环管理使每个节点产生的运营数据实时共享，规避了沟通脱节的问题，不断推进运营管理流程"四化"，即标准化、在线化、自动化、智能化。三一重工进一步提升成本费用管控，降低管理费用率，提高运营资本周转率，其数字化平台如图 5-13 所示。

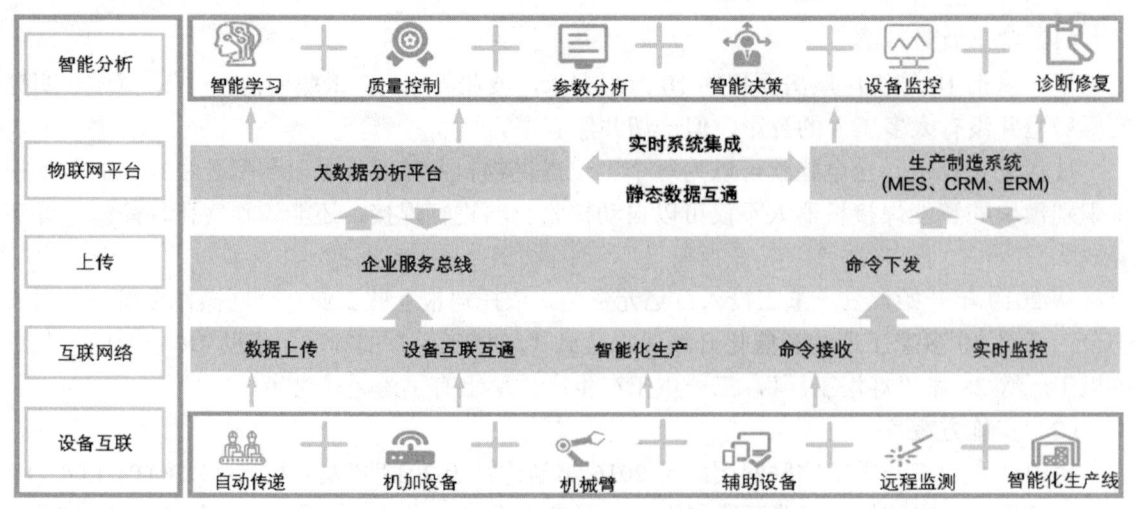

图 5-13 三一重工的数字化平台

（3）价值分析

① 高效率。

三一重工主要产品的下线时间缩短 98%，节奏加快。泵车：在 2019 年经过数字化升级后，2019 年 18 号工厂厂房的单台泵车下线所需时间已从以往的两天缩短至 1 小时，2020 年年底已缩短至 40 分钟，整体缩短 98%；挖掘机：在江苏昆山和上海临港的挖掘机生产基地，单台挖掘机下线所需时间从以往的一天缩短至目前的 5 分钟，整体缩短 99%；智联重卡：2019 年单台智联重卡下线时间仅为 6 分钟，单条产线日产能 100 台，产能提高 50%。

② 柔性化。

2020 年之前，三一重工的一条产线只能装配 1~2 种车型，在经过数字化转型后，一条产线可以生产 5~10 种车型，厂房内 6~8 条产线可同时组装 69 种产品，高度柔性化生产降低了生产成本，大幅提高了生产效率，能够更好、更快地满足客户的多样化需求。

③ 无人化。

无人化是智能工厂的一大特征，三一重工的总人数从 2011 年的 5.2 万人降至 2019 年的 1.8 万人，8 年内人员缩减了 64.3%。以 18 号工厂厂房为例，占地 10 万平方米的工厂只需不到 500 名工人，以往公司两条泵车产线需要 800 人，在经过大规模机器换人后，仅需 200 人，工人减少了 75%。

思考与练习

1．名词解释

（1）智能制造供应链

（2）工业机器人

（3）工业软件

2．简答题

（1）列举智能制造供应链数字化工艺应用场景。

（2）列举智能制造供应链的过程仿真场景。

3．讨论题

（1）论述智能制造供应链数字化工艺的实现。

（2）论述智能制造供应链过程的仿真技术。

4．图解分析题

根据图 5-14 分析 MOM（Manufacturing Operation Management，制造运营管理）平台支撑更高层次的协同和精益改善。

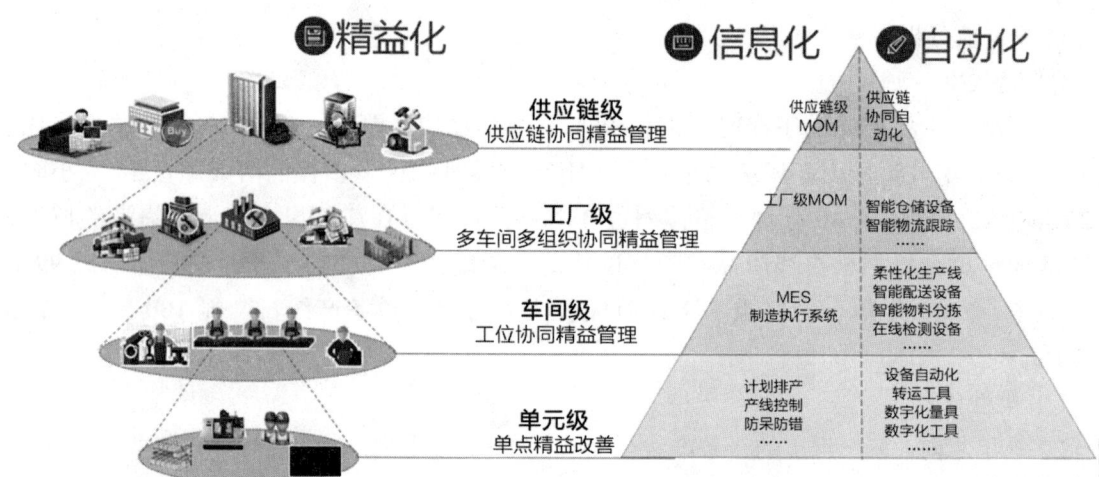

图 5-14　MOM 平台支撑更高层次的协同和精益改善

5．案例分析题

跨职能技术互通的端到端"灯塔工厂"

灯塔工厂被称为"世界上最先进的工厂",它们就像灯塔一样,通过强烈的光刺破浓厚的雾霾,照亮行业前进的路。灯塔工厂是由世界经济论坛与麦肯锡咨询公司共同遴选的"数字化制造"和"全球化4.0"示范者,也是第四次工业革命的领路者。

灯塔工厂的评选需要满足4个主要标准:一是工厂产生了重大影响,二是工厂拥有多项成功案例,三是工厂拥有可拓展的技术平台,四是工厂在关键推动因素方面表现出众,比如管理变革、能力构建,以及与第四次工业革命社区展开协作。世界经济论坛于2018年1月公开首批灯塔工厂,引起了世界的关注。截至2022年4月,全球共有来自22个行业的103家工厂获此殊荣,其中37家工厂位于中国,占比超过1/3,总数位居世界第一。

灯塔工厂之所以能够成为行业的率先垂范,是因为它们将数字化和制造业深度融合,在业务流程、管理系统等方面有具体运用和实质性创新;更是因为它们探索的将"制造"提升至"智造"的共性规律可以为其他制造企业提供宝贵的启示和借鉴。

潍柴动力主要业务板块包括动力系统、商用车及工程机械等,它是一家实现了跨职能技术互通的端到端"灯塔工厂"。

面对日益激烈的市场竞争,潍柴以客户满意度为导向,打造最具成本、核心技术和品质竞争力的产品。随着新技术的应用,潍柴逐渐形成了一套智能研发系统、以客户为中心的智能车联网(Internet of Vehicles,IoV)、精益智能生产管理方式,以及柔性自动化智能仓储,所有这些共同促使潍柴实现了端到端全价值链的互联互通。

通过数字化快速建模、虚拟开发仿真、智能工业物联网试验,潍柴搭建了新的端到端产品开发系统,将新产品开发周期24个月缩短为18个月。设计师可借助模块化和参数化设计,输入模型参数,随后系统将自动建议最相关的模块或自动生成新的2D模型、3D模型。产品设计复用率因此比传统的手工绘制方式提高了30%。

潍柴的工程师们使用虚拟仿真创建数字原型,以获取产品设计参数。虚拟仿真能及时发现和处理设计问题，削减了 20%以上的试验成本。而操作员可以利用更多的传感器（实时采集、上传试验结果）进行试验台升级。潍柴的一款移动 App 可以智能控制运营，降低 75%的劳动力成本，缩短 20%以上的研发周期，减少 20%的设计失败。调度员说："我们过去只能监控实验室里的一个试验台，还必须学习使用不同的监控软件，监控参数也只能手动切换。有了这款智能试验 App，工程师可以在一个屏上监控并管理多个试验台……系统还可以预测试验台的故障，实时将预警推送到我的手机和邮箱，帮助我提前排故。"

为了更好地了解发动机在实际运行过程中的性能指标，潍柴建立了车联网系统，实时收集发动机在各种工况下的转速、油耗和功率数据。在大数据分析支持发动机设计，运用实际用户驾驶习惯、路况和发动机性能等真实数据时，客户的互联互通便与端到端产品开发形成了交互影响。潍柴研究院副院长韩峰对这种影响解释道："从传统上来说，发动机的研发主要依靠设计工程师的个人经验，大家很难完全了解发动机上市后的可靠性，但随着 IT 和数字技术的深入应用，传统的发动机研发方式正在被颠覆。"

潍柴对客户互联互通和端到端产品开发的重视，反映了其售后服务方面如何。潍柴实施了 4 个互联互通项目来提升服务质量。

- 用基于应用的车联网平台为用户提供高效的服务，包括维修下单、客户支持和满意度报告。
- 建立客户会员管理系统，通过会员制提高忠诚度、明确会员特权，并建立积分商城（含积分和兑换等动态信息）。
- 通过远程维护指导，包括在线故障诊断、现场维修协助，可为客户节省时间。发动机维护时间减少 15%，文件审核工作量减少 20%。
- 通过潍柴发动机可视化 AR 模型，支持售前技术交流、发动机装配和售后维护指导。这种 AR 模型不受地理位置或实体机器的限制，既能提高公司形象，还能改善培训和现场支持效果。这种端到端的连接完美证明了价值链（包括客户）中各职能互联的强大作用力。

分析：
（1）什么是灯塔工厂？评选灯塔工厂的意义是什么？
（2）潍柴的工程师们为什么使用虚拟仿真创建数字原型？
（3）分析案例中跨职能技术互通的端到端工厂的效益。

6. 课程思政题

智能制造里程碑：灯塔工厂引领中国制造转型升级

每个国家都有自己的制造业基础，德国是以机器为基础的器匠，日本是以工艺为基础的工匠，美国是以技术为基础的技匠，未来中国制造一定要把支持制造业的基础找回来。最近暴露的很多问题都是中国制造业受制于产业、客户、政策、技术、人才叠加的影响，中国站在一个全新的十字路口。

如果把制造当作生活的手段，那制造就是加工；如果把制造当作技术的手段，那制造就是生产系统、生产装备；如果把制造当作科学的手段，那制造就是知识的创造。今天，中国制造主要还是在做加工、生产，并逐步升级到装备，未来发展的下一步就是知识、智慧的应用，这就是我们憧憬的智能制造。

智能制造的基础是素质、体制、本质问题，要创新的地方要有价值，我们要找到价值的定位和定价，价值的定位就是站在客户的位置思考价值，背后是客户真实的需求，价值的定价就是通过创新业务模式为提供的价值收费。

灯塔工厂就是智能制造的领路人，当我们遭遇大风大浪、黑暗、不知道方向的时候，就会需要灯塔。在中国制造升级的路途上，灯塔工厂具备网络化、自动化、更优化的特征，同时也具备代表性、技术性、高效性和价值性，给中国广大的制造业指路。灯塔工厂不是目的，而是一个阶段、一个里程碑，是一个重新塑造自己、塑造中国制造业的开始。

传统制造企业转型升级的愿景是美好的，但现实的道路荆棘密布。根据麦肯锡咨询公司对全球 800 多家传统企业的调研，大约 70%的企业停留在转型试点阶段，无法实现价值和竞争力的突破。灯塔工厂是制造企业成功转型的典范。他们根据自身特点，系统性地整合了工业 4.0 技术，充分贯彻了三大转型抓手并成功推动了技术与组织两大基础能力的提升。这些灯塔工厂如同明灯，在茫茫转型之路中指引着他们所处的企业、行业中的其他企业甚至整个产业抵达智能制造的彼岸，如图 5-15 所示。

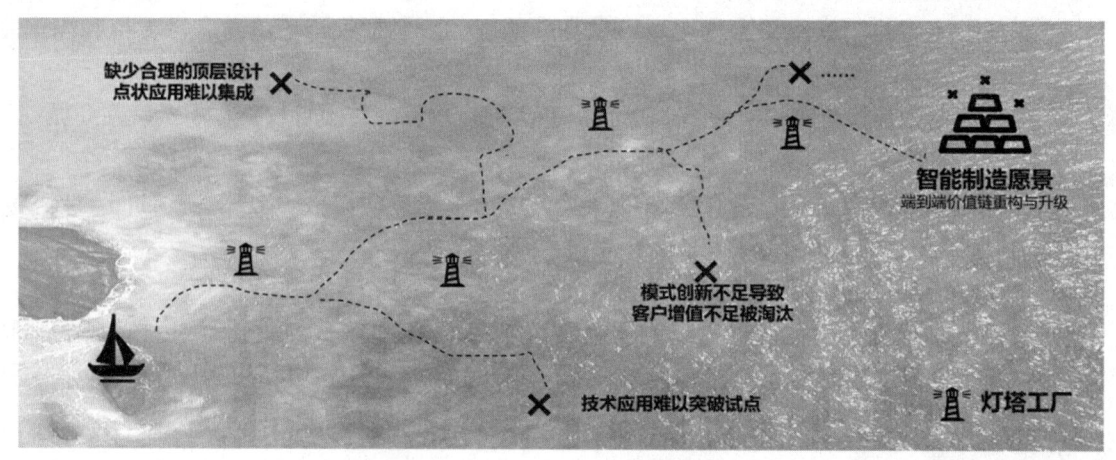

图 5-15　灯塔工厂如同明灯

自 2018 年起，世界经济论坛联合麦肯锡咨询公司在全球范围评选认证具有表率意义的灯塔工厂。2022 年，全球已获得认证的"灯塔工厂"由 91 家增加到 103 家，中国的灯塔工厂数量由 31 家增加到 37 家，占比超过 1/3。值得注意的是，这 37 家工厂并非全是中国本土品牌的工厂，有不少是外资企业或者中国台湾企业在中国大陆开设的工厂，如来自中国台湾的富士康、法国的施耐德等。

7. 二十大报告关键词

坚定不移全面从严治党

【报告原文】

全党必须牢记，全面从严治党永远在路上，党的自我革命永远在路上，决不能有松劲歇脚、疲劳厌战的情绪，必须持之以恒推进全面从严治党，深入推进新时代党的建设新的伟大工程，以党的自我革命引领社会革命。

【解读】

党的二十大报告对干部队伍建设、基层党组织建设都提出了明确要求。为建设堪当民族复兴重任的高素质干部队伍，我们要树立政治上靠得住、工作上有本事的选人用人导向，大力选用在为民服务、乡村振兴等一线工作成绩突出的干部，激励广大党员干部担当作为。为把各领域基层党组织建设成为有效实现党的领导的坚强战斗堡垒，我们必须坚持大抓基层的鲜明导向，比如在农村，加强村两委班子建设，整顿软弱涣散基层党组织；在城市，进一步强化党建引领城市基层治理；在机关，进一步解决党建与业务"两张皮"问题，以党建促业务，以业务促发展。

（选自《人民日报》）

第 6 章
智慧供应链的智慧物流

开篇案例：5G 全场景智慧物流装备创新孵化基地

2020 年 6 月 8 日，昆明船舶设备集团有限公司（以下简称昆船集团）携手华为、中国移动和倍福中国（Beckhoff 中国）四方联合在云南昆船集团物流园区打造的全国首个 5G 全场景智慧物流装备创新孵化基地正式对外发布，如图 6-1 所示。

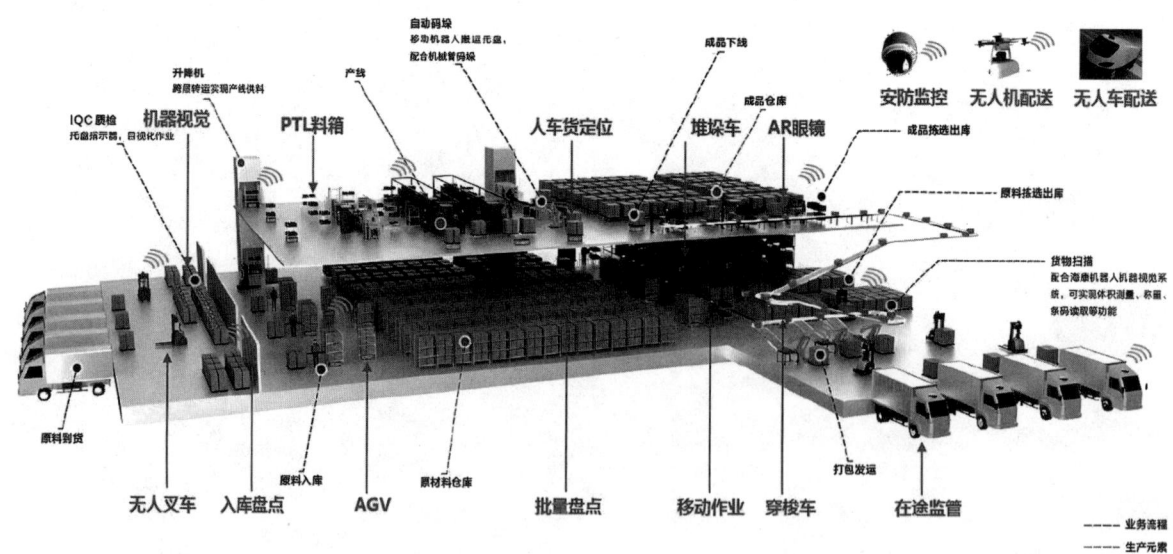

图 6-1　5G 全场景智慧物流装备创新孵化基地架构图

在该孵化基地建设中，完成了以下 4 项工作。

1. 5G 网络的全覆盖

通过 5G 端到端解决方案（包括 5G 核心网、承载网、无线接入网和 5G 工业级智能终端等），在昆船集团物流园区部署 5G 一张网，实现整个室内外园区车间、办公区、路面道路 10

万平方米深度覆盖。

2．研制一批 5G 智能物流装备

基于 5G CPE（Customer Premise Equipment，客户终端设备）和 5G 工业智能网关，在自动化物流领域率先完成了巷道堆垛机、环形穿梭车、叉车类 AGV、仓储分拣类 AGV 等自动化物流装备的 5G 工程化改造，满足了 5G 智慧物流先进装备全业务应用部署的需要。

3．探索多个 5G 智慧物流应用场景

基于 5G 网络下的工业现场 PLC，打造了大流量转轨搬运系统、智能仓储堆垛机系统和 AGV 调度系统等 3 个应用场景，实现了计算机到地面主控柜 PLC、地面主控柜 PLC 到移动车载控制柜的 5G 网络通信，替代了传统的有线通信、红外通信和 Wi-Fi 通信，设备运行稳定性得到了较大提高。

4．研发基于 5G 技术的 AGV 集群调度系统

在 AGV 总装车间完成了基于 5G 网络的 500 台 AGV 集群调度模拟试验，验证了 5G 网络覆盖无盲区、AGV 高速移动无中断、高密度 AGV 连接不受限等特性指标。

5．开发 3D 可视化调度监控系统

系统采用三维场景 1:1 建模，在传统设备监控系统的基础上，基于 5G 通信技术、VR 技术和 3D 技术，深度融合工厂数字孪生和工业控制技术，能够实时显示设备状态和物流线性流程，支持设备参数设置、远程停机、故障复位操作，具备手动任务、自动任务及离线任务处理能力。

昆船集团将继续联合有关单位，开展基于 5G 的云化控制、AGV 协同调度、远程运维、远程 AR 巡检、视觉识别等应用场景探索，完善端到端的产品和解决方案，进一步完善向垂直行业服务和交付的能力，推进 5G 技术在垂直行业的快速落地和商业模式复制。

6.1　智慧物流

1．基本概念

物流业是支撑国民经济和社会发展的基础性、战略性产业。随着新技术、新模式、新业态不断涌现，物流业与互联网深度融合，智慧物流逐步成为推进物流业发展的新动力、新路径，也为经济结构优化升级和提质增效注入了强大动力。

智能物流：利用集成智能化技术，使物流系统能模仿人的智能，具有思维、感知、学习、推理判断和自行解决物流中某些问题的能力。

智慧物流：通过智能硬件、物联网、大数据等智慧化技术与手段，提高物流系统分析决策和智能执行的能力，提升整个物流系统的智能化、自动化水平。

从二者的基本概念中，较难理解智能物流、智慧物流的区别和联系。但从智慧物流的发展阶段中（见图 6-2）可以更直观地理解智能物流是智慧物流实现的基础。

自动化物流、智能化物流、智慧化物流分别是物流信息化的初级阶段、中级阶段、高级阶段。智能化物流相比于自动化物流，进化的重点主要是执行能力与感知能力，实现实时分析、

科学决策、精准执行。然而，智能物流系统只知其然，而不知其所以然。智慧物流系统不仅具备"智"的能力，还掌握了这种能力产生的方法，能实现机器自我学习提升，不断进化、迭代升级。

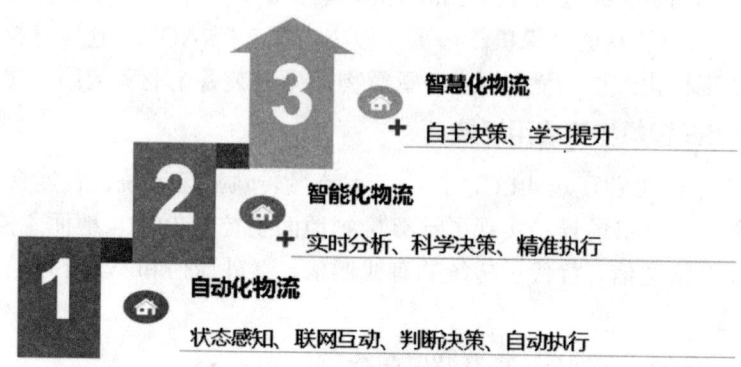

图 6-2　智慧物流的发展阶段

2. 技术架构

智慧物流的技术架构主要包括智慧运输、智慧仓储、智慧配送、智慧包装、智慧装卸、智慧信息处理 6 个方面。

智慧运输：集成各种运输方式，包括应用车辆识别技术、定位技术、信息技术、移动通信与网络技术等高新技术，实现交通管理、车辆控制、营运货车管理、电子收费、紧急救援等功能，降低货物运输成本，缩短货物送达时间。

智慧仓储：在现有仓储管理作业环节中对货品、数量、位置、载体等信息进行实时自动采集，并通过信息交互在操作现场实现货物快速入库、货物准确出库、库存盘点、货物库区转移、货物数量调整、实时信息显示、温度监测与报警。

智慧配送：集成全球定位系统、配送路径优化模型、多目标决策等技术，把配送订单分配给可用的车辆，实现配送订单信息的电子化、配送决策的智慧化、配送路线的实时显示、配送车辆的导航跟踪和空间配送信息的查询显示，协同仓库部门一起完成配送任务。

智慧包装：反映包装对象物品特性、内在品质，以及对象物品在运输、仓储、销售等流程相关信息的包装过程。记录包装物品整个生命周期内物品质量的变化；借助电子技术、信息技术和通信技术等搜集和管理包装商品的生产及销售分布等相关信息。

智慧装卸：在一定区域内借助 AGV、传送设备、智慧穿梭车、通信设备、监控系统和计算机控制系统等技术，改变物品空间位置和存放状态的相关活动。智慧装卸是包括装上卸下、传送移动、分拣、堆垛、出入库等作业活动的立体化、动态化过程。

智慧信息处理：包括信息感知、信息传输、信息存储和信息处理等；快速、准确地进行海量数据的自动采集和输入，实现物流信息的集成和整合，通过数据库的整理、加工和分析，为物流作业的运作、相关决策的制定提供信息基础和借鉴经验，保障物流作业合理、高效运作。

6.2 智慧仓储

1. 技术概述

智慧仓储是运用计算机技术、物联网技术、传感通信技术、自动控制技术、大数据技术、人工智能技术和相应设备等，对物品的进出库、存储、调拨、分拣、盘点、包装、配送等仓库作业，进行高效操作和精确管理的数字化系统。它具有可视化、可追溯、可集成、智能决策等特点。

在传统的仓储管理系统中仅设有系统管理、入库管理、在库管理和出库管理四大模块，智慧仓储系统新增标识管理、网络控制管理、监控管理和决策管理四大模块。

为了体现智能制造生产设备的网络化、生产过程的透明化和无纸化，在智慧仓储系统中新加入了标识管理。通过给予物料产品标识进行物料及物料载体绑定，充分利用智能感知技术、IPv6+5G 网络互联技术实时掌握仓库物料的全新动态。

2. 技术架构

针对智能制造生产数据可视化，决策管理模块利用多目标优化、预测—预知—预置—自主、云平台等技术分析进行智能化生产决策管理，因此，面向智能制造的智慧仓储系统包括系统管理、标识管理、入库管理、在库管理、出库管理、网络控制管理、监控管理、决策管理八大管理模块，如图 6-3 所示。除此之外，智慧仓储系统在入库管理和在库管理原有的模块中，分别设有与 ERP、MES、WCS（Warehouse Control System，仓库控制系统）的接口管理模块，与车间生产线有着紧密联系，打造了生产线与上下游环节的协同集成，对物料从原料、半成品、包材到成品整个过程进行一体化监管，充分体现了智能制造对智慧仓储系统提出的新要求，成功实现了智慧仓储系统与智能制造的对接。

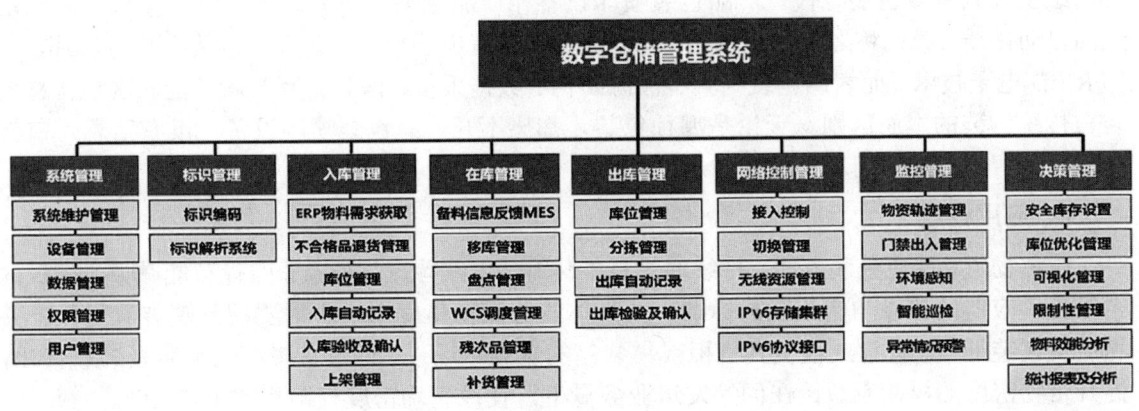

图 6-3 智慧仓储系统的构成

面向智能制造的智慧仓储全业务流程以高效率为指导目标，全程 RFID 电子扫描，数据自动采集，无须手工输入。从扫描送货单收货，到生成 RFID 标签，进行物料种类数量多环节校验，确保库存信息的准确性；验收入库后，系统会选择最优货位，人工按系统界面的提示上架扫描，通过智能化系统实现自动搬运上架入库，最终完成入库作业。根据物料申请需求，通过实时盘点工作任务，查看库存数据，生成拣货清单和补货清单，通过读取库区货位标签，完成后续的 AGV 移库调拨、出库待检等在库作业。将批量读取出库待检物料信息与系统指令进行比对,确认后完成出库作业,如图 6-4 所示。

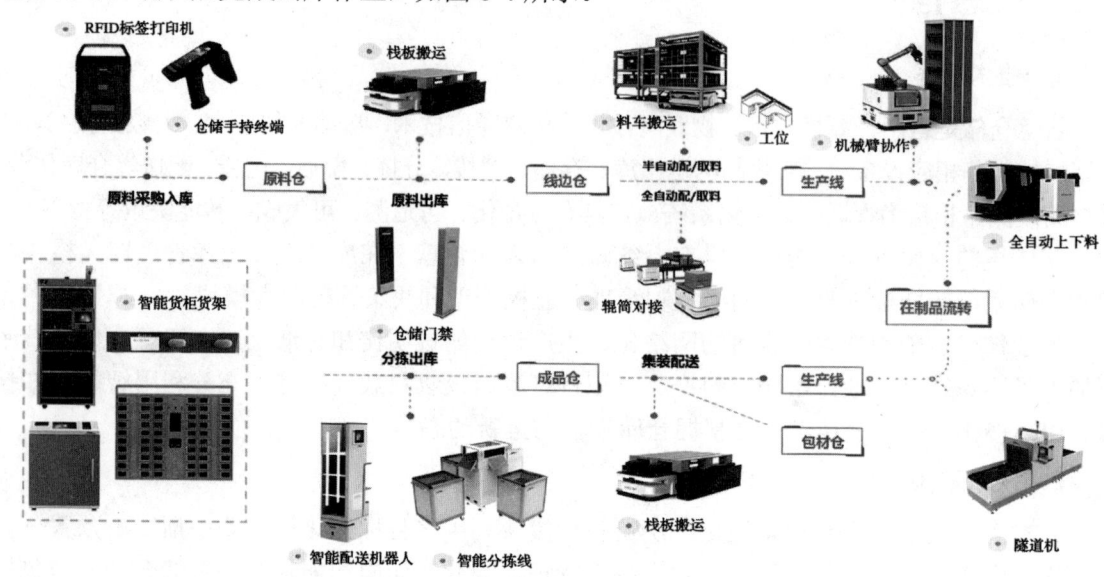

图 6-4 智慧仓储系统的作业流程

6.3 智慧包装

1. 技术概述

产品需要包装的初衷是对产品进行防护,随着二维码技术与物联网技术的到来,产品包装已经发展到智慧包装时代。产品包装喷印设备在产品包装表面喷印二维码,使得包装开始走向自动化线,我们称之为信息包装。除此之外,还有电子包装,即产品包装中带有芯片,比如 RFID 电子技术。而智慧包装则具备溯源防伪、数据采集、信息交互等新功能,这是智慧包装与传统包装的本质区别。无论是哪种包装,都离不开产品包装喷印设备,没有信息入口就实现不了智慧包装应用场景。

2. 应用场景

绿色物流、绿色包装方面,持续通过智能化升级,改善流程效益,践行节能减排,积极探索绿色供应链的建设与实施联想标准。从具体业务操作角度来讲,需要端到端装载优化,并涵盖从包装纸箱、托盘或栈板到货柜或集装箱的全领域场景。通过各维度的包装及装载优化,提升货物密度的权衡系数,在同等发运业务量下,使原平均密度权衡系数下降 10%,智慧包装可应用于以下 3 个场景,如图 6-5 所示。

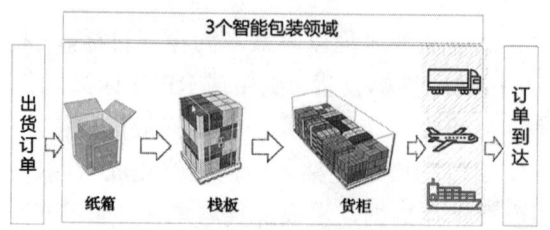

图 6-5 智慧包装的应用场景

场景一：包装纸箱领域根据发运订单商品品类、数量，计算最佳配载组合，选型最贴合的包装箱，指引运作员完成商品包装，监控实际包装平衡系数的目标水平。

场景二：托盘或栈板领域通过自动 3D 测量与称重，获得发运订单每个包装箱单体的数据，通过云平台的智能模拟演练，计算出最佳的包装箱码托组合，输出码托指南，用于指引运作员完成商品包装，监测实际包装结果，确保包装平衡系数最小化，如图 6-6 所示。

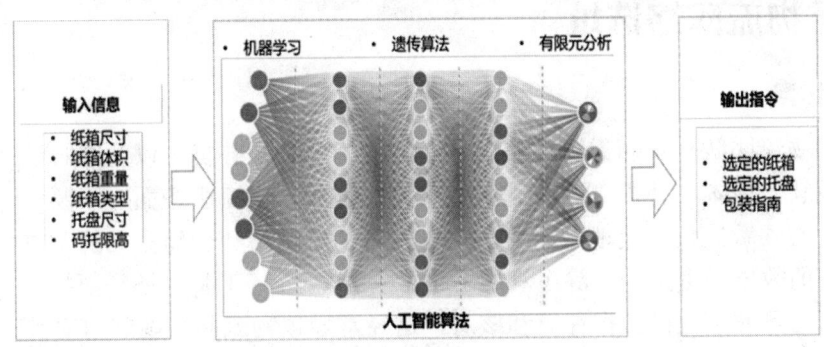

图 6-6　智慧包装人工智能算法架构

场景三：集装箱或货柜领域通过智能码托信息的监测与采集、云平台的智能模拟演练，计算出最佳托盘装载组合及选型最经济的集装箱型号，输出装柜指南，用于指引运作员完成商品的配载发运，确保集装箱装载率最大化。

3. 方案实施

基于深度学习中的增强学习技术，创造性地应用传统的运筹优化算法，实现从整箱配给、散件配载装箱，到箱型组合码托、托盘配载装柜的多层智能模型和算法；同时，集成基于运单需求履约、在库货品状态和出库包装的最优组合，实现从拣选到装运的端到端智慧包装模型和算法。将上述模型和算法封装为微服务方案，能够与第三方物流 WMS（Warehouse Management Systems，仓储管理系统）或智能设备灵活集成、整合，智慧包装的核心引擎如图 6-7 所示。

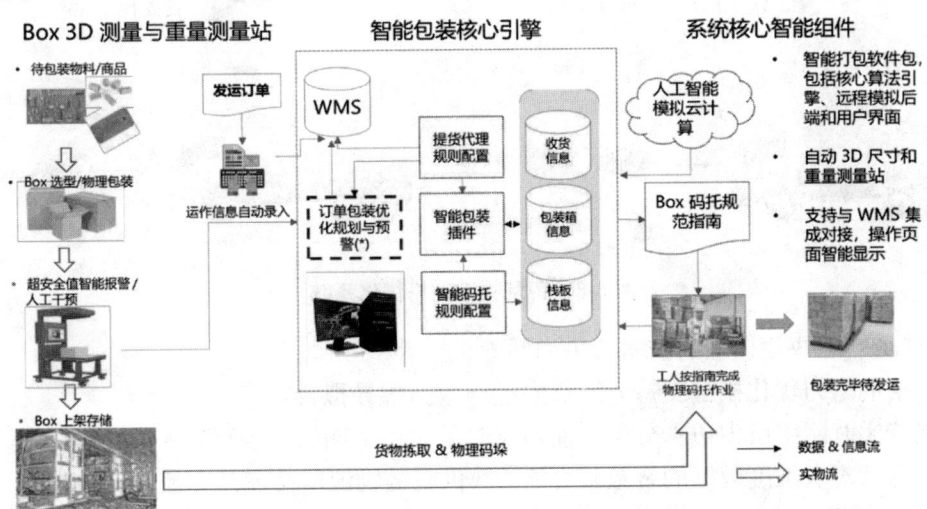

图 6-7　智慧包装的核心引擎

通过实际的运行结果,将货物轻重平衡系数从 36% 降到 17%。随着供应链数字化转型的持续推进,结合本身在智能化技术与应用方面的沉淀和升级,必将推动包装平衡系数指标趋于完美,同时也将这类成功的技术应用到更多的业务点,让技术和方案在联想全生态系统中为绿色供应链的推进发挥积极作用。

6.4 智慧物流网络选址

1. 应用场景

供应链的物流团队一方面需要高效满足多维度的配货、补货,以及准时送达的需求,同时降低物流及仓储成本,并提高客户满意度;另一方面,物流服务面对不断变化的市场需求和运营环境,必须敏捷、快速地做出反应,包括对物流网络和仓储布局的及时规划。而传统物流仓库选址的数据模型搭建,除了利用 Excel 或 Access 等工具,还需要投入大量人力和时间来完成上百万条的大规模数据计算和核对,这经常导致物流网络规划的项目延期。

2. 方案实施

通过虚实结合方式实现物流网络选址的智慧决策解决方案,基于智慧数据的仿真优化技术,并融合 Human-In-The-Loop(人机回环)思想,与供应链网络规划专家的运营实践有机集成,从而实现一个完整闭环的范式,如图 6-8 所示。

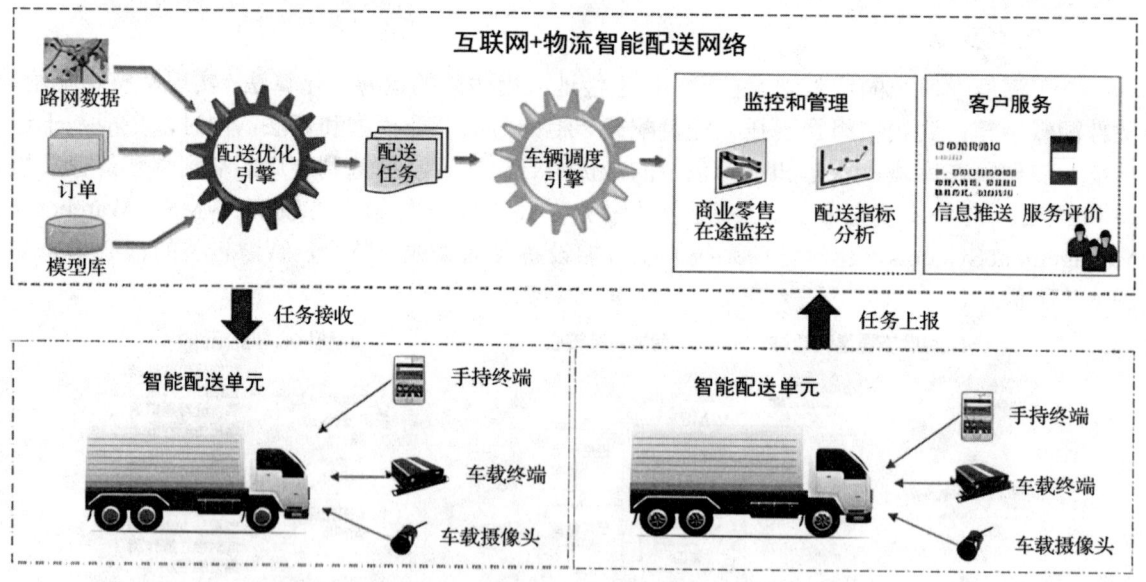

图 6-8 智慧物流网络优化系统

物流选址智慧决策模型的技术特色如图 6-9 所示。

① 网络的引力优化模型支持分层级的多向数据传导拟合。

② 支持实时网络引力仿真分析,能够及时量化仿真网络的表现。

③ 具有针对多维度数据的智慧整合能力(供应链物流网络流量和流向、备选城市或地区的位置、库房运营成本、地区经济和人力状况、气候特点、交通情况,以及供应商物流网络的

匹配程度等数据）。

④ 构建了高效、实用的智慧交互 RPA 工作流，方便供应链专家团队参与决策仿真过程，支持灵活多变的"虚拟"方案场景（What-if），结合模型推荐的分析结果，帮助团队确定最优的选址方案。

⑤ 依托基础 AI 平台，易于获得智慧数据处理技术和完整 AI 算法集的支持。

⑥ 提供标准的软件调用接口，能够便捷、灵活地接入供应链的决策系统，在提供较好兼容性的基础上，实现系统虚实结合能力的扩展。

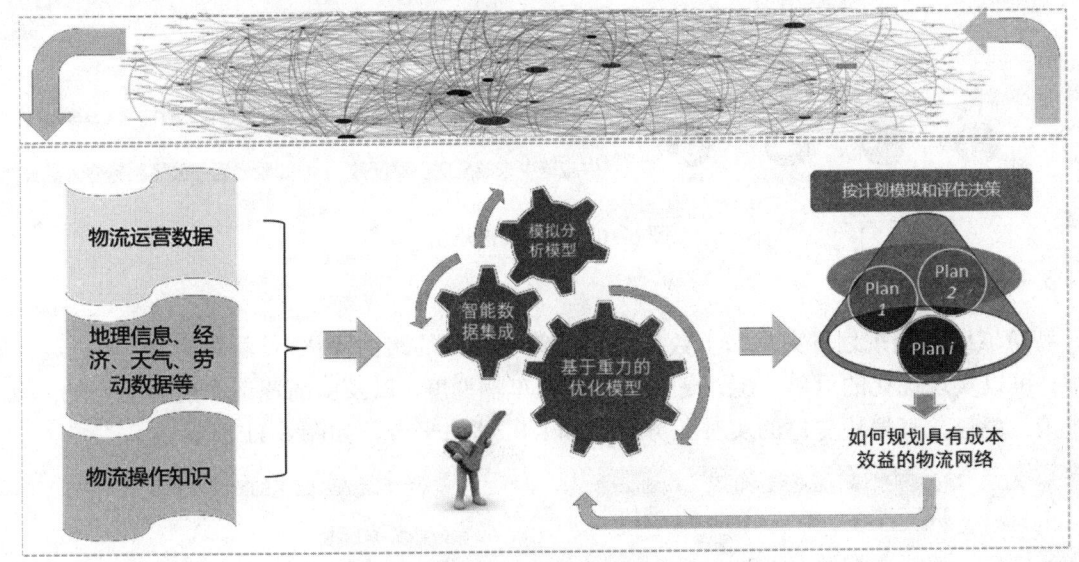

图 6-9　物流选址智慧决策模型的技术特色

智慧物流网络选址方案在整体上利用知识图谱整合智慧物流业务专家知识，并支持物流数据增强型分析，从而适配更多物流网络优化选址场景；同时改善智慧交互 RPA 工作流，结合集成的多维度数据，由机器自动生成并推荐更加优化的"虚拟"方案。

6.5　智慧城配路径规划

1. 应用场景

根据对端到端物流成本的研究和分析，末端物流（"最后一公里"配送）的成本在整体物流成本中的比例高达 30%，不仅如此，在客户体验方面，如果末端物流的服务不让客户满意，那么客户有 80% 以上的可能性不考虑再次购买。基于这样的现状，末端物流的优化对于降低物流成本、提升客户体验来说至关重要，如图 6-10 所示。

在城市配送的路由规划方面，物流业务一般采用人工规划的方式。区域配送中心的调度员会根据当日订单的货量、地址、时效要求，以及当地限行情况、车辆资源情况，结合历史经验进行排单及路由规划。

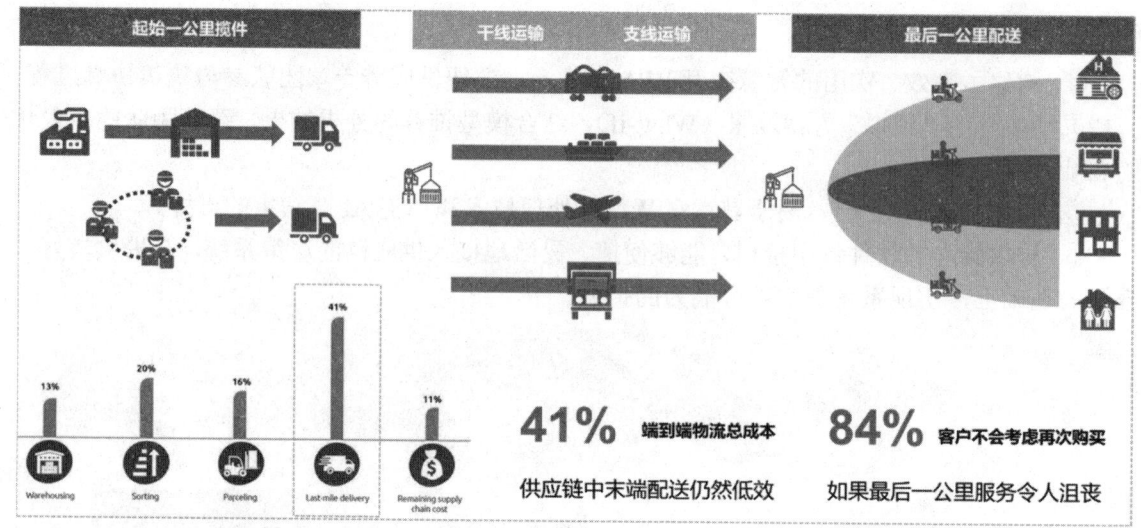

图 6-10　城市配送规划

2．方案实施

智慧城配路径规划方案是基于数据挖掘和策略学习的路由优化 AI 解决方案。通过这样的方案，可以实现优化的运单分配、高效的司机和车辆调度，以及由高速运算能力支持的 What-if 决策、先进仿真模块支撑的实时业务监控和 KPI 评估平台，如图 6-11 所示。

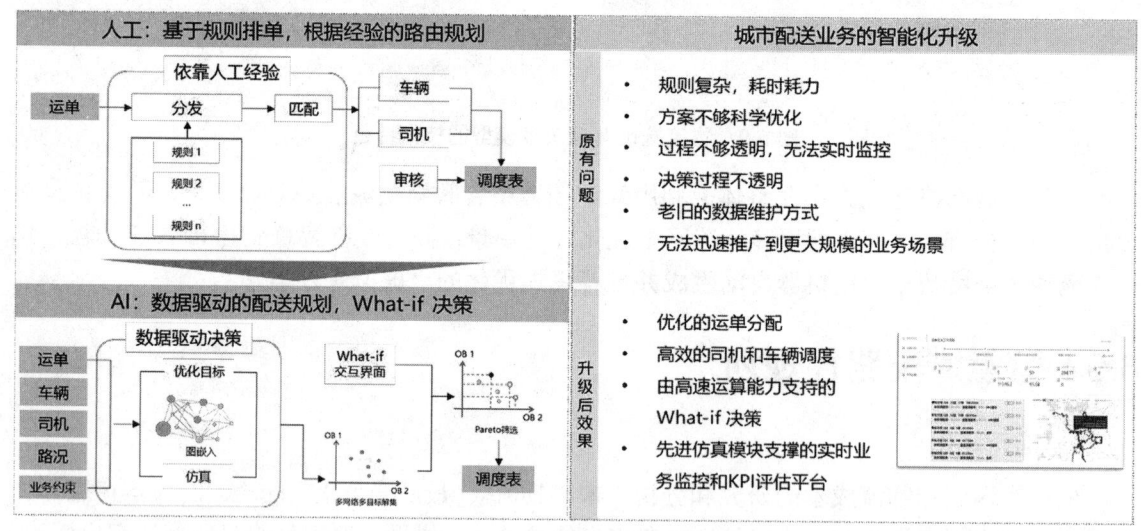

图 6-11　智慧城配路径规划方案

通过对路由优化算法的综合研究及对业务场景的相关分析，确定了基于启发式算法和强化学习的网络模型的智慧城配路径规划算法，如图 6-12 所示。启发式搜索算法和基于强化学习的网络模型可以实时生成优化的运单调度表和配送路线。与人工调度相比，算法生成的路线更合理，它尽可能避免了为单个运单往返行驶这种低效的配送模式。

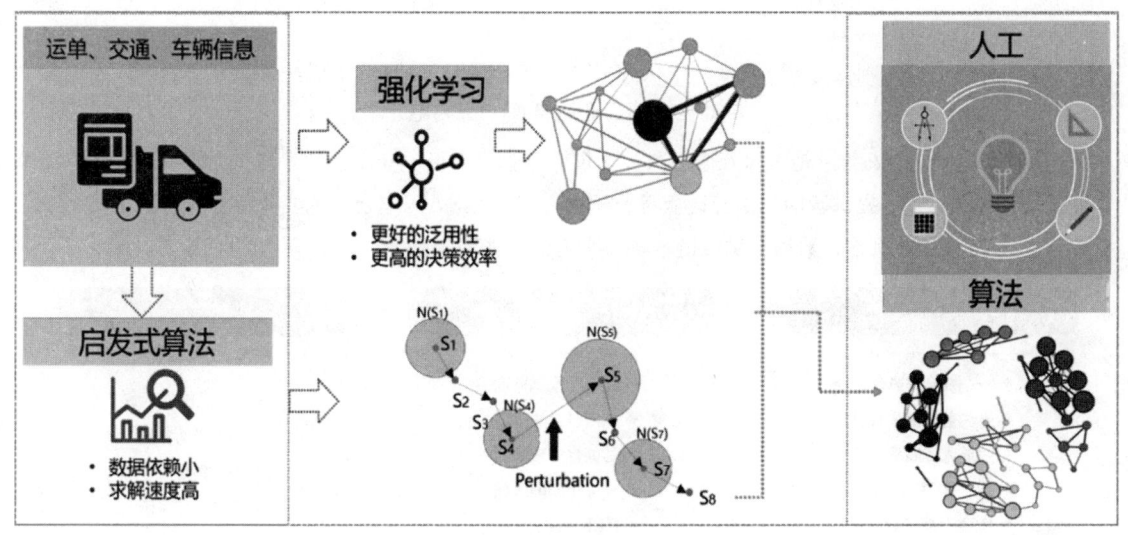

图 6-12 智慧城配路径规划算法

6.6 智慧化作业

1. 技术概述

大数据、物联网、云计算、智能机器人等新技术及装备作为智慧物流发展的根基，越来越广泛地应用于物流产业，在整个智慧物流体系框架中起关键的支撑作用。无人机、机器人等技术在近几年发展迅速，未来将会进一步与物流行业结合，广泛地应用于仓储、运输、配送等各个物流环节，物流领域的智慧化作业技术如图 6-13 所示。

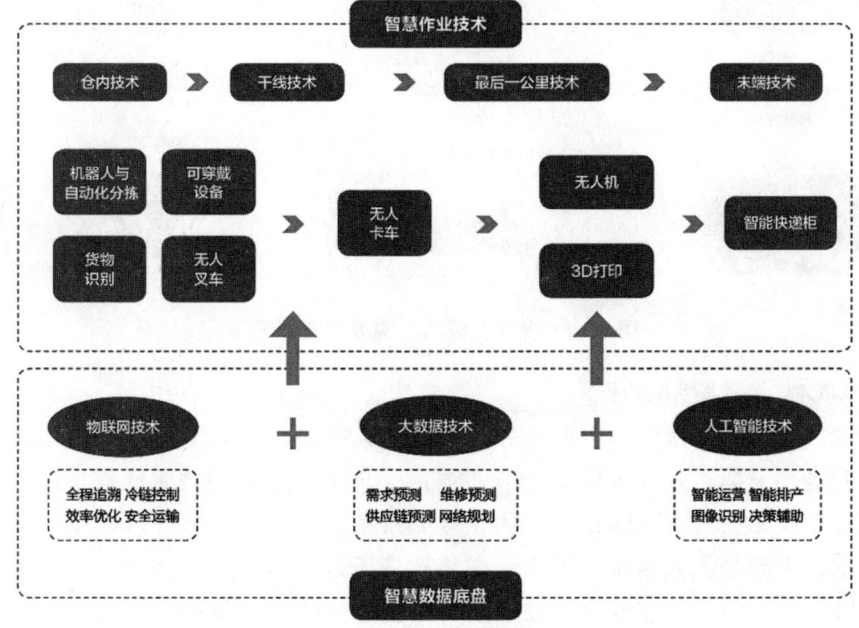

图 6-13 智慧化作业技术

焦点讨论

自动化智能云仓服务商——闪电仓

闪电仓成立于 2016 年，是一家互联网科技型供应链管理公司，专注于供应链流程的系统优化、技术创新及运营流程改善，提供智能化供应链服务及解决方案。目前，闪电仓的主要业务方向是数字化仓配运营、自动化集成/智能制造、数据及供应链金融 3 个方面，如图 6-14 所示。

图 6-14 闪电仓的主要业务方向

闪电仓在三方物流仓库中是第一家具有系统算法库存管理软件和较早做自动化集成的企业。在电商仓配领域，闪电仓凭借其"算法系统+精益运营+自动化大集成"的运营模式，独立开发了一套面向未来的智能算法系统，为企业提供从设计规划咨询、智能设备集成到代运营管理的一站式服务，满足了中小微企业多样化需求和服务最为复杂的场景。闪电仓一直致力于帮助中小微企业解决系统能力弱、仓内运营效率低、运营成本高的问题，在业务方面的创新之处是结合运营能力和自动化硬件集成能力开发了仓内算法管理系统，如图 6-15 所示。

图 6-15 提供低成本、高效率仓配方案

讨论：低成本、高效率仓配的意义。

仓内技术：主要有机器人与自动化分拣、可穿戴设备、货物识别、无人叉车 4 类技术，应用于仓内搬运、上架、分拣等操作。国外领先企业应用这 4 类技术比较早，并且已经开始商业化。国外企业如亚马逊、DHL，国内企业如京东、菜鸟、申通等已经开始布局。

干线技术：主要是无人卡车。无人卡车将改变干线物流的现有格局，虽然目前的干线技术尚处于研发阶段，但是已取得阶段性成果，正在进行商用化前测试。

最后一公里技术：包括无人机技术与 3D 打印技术两大类。无人机技术已相对成熟，目前包括京东、顺丰、DHL 等多家物流企业已经开始进行商业测试。3D 技术尚处于研发阶段，目前仅有亚马逊、UPS（United Parcel Service，美国联合包裹运送服务公司）等对其进行技术储备。

末端技术：主要是智能快递柜，它是各大企业布局的重点。目前，末端技术已实现一线城市、二线城市商用覆盖，但限于成本与消费者使用习惯等问题，其未来发展存在不确定性。

智慧数据底盘：主要包括物联网、大数据和人工智能三大领域。物联网技术与大数据技术互为依托，前者为后者提供部分分析数据来源，后者将前者提供的数据业务化，而人工智能则是大数据分析的升级。通过对商流、物流等数据进行收集和分析，大数据技术主要应用于需求预测、仓储网络、路由优化、设备维修预警等方面。三者既是未来智慧物流发展的重要方向，也是智慧物流进一步升级迭代的关键。

2．无人仓

随着各类自动化设备的普及应用、多维感知和数据分析技术的不断提高，面向智能制造的仓储物流必然向智能化、无人化发展，制造业将会涌现一大批智能无人仓。目前，电商领域的多家企业都在布局无人仓，不过都只是停留在作业少人化方面，实现仓库的入库、存储、拣选、盘点、出库等作业流程的少人化操作。随着相关政策的引导、行业规范的完善，以及人工智能、大数据、运筹学等领域技术的发展，终极无人仓来日可期。

终极无人仓具备智能感知、实时分析、精准预测、自主决策、自动控制、自主学习的特点，应用 5G 技术、M2M（Machine to Machine，机器到机器）技术、IoT（Internet of Things，物联网）技术等完成海量感知与控制设备的连接；应用数字孪生快速构造与融合技术实现仓储作业流程监测与调度控制；通过多维数据建模与交互、大数据分析与深度学习等技术，智能制订与采购计划、生产计划、市场态势相匹配的仓储运行计划、仓储资源配置计划、安全库存优化方案等，真正实现"运营数字化""作业无人化""决策智能化"极致，终极无人仓如图 6-16 所示。

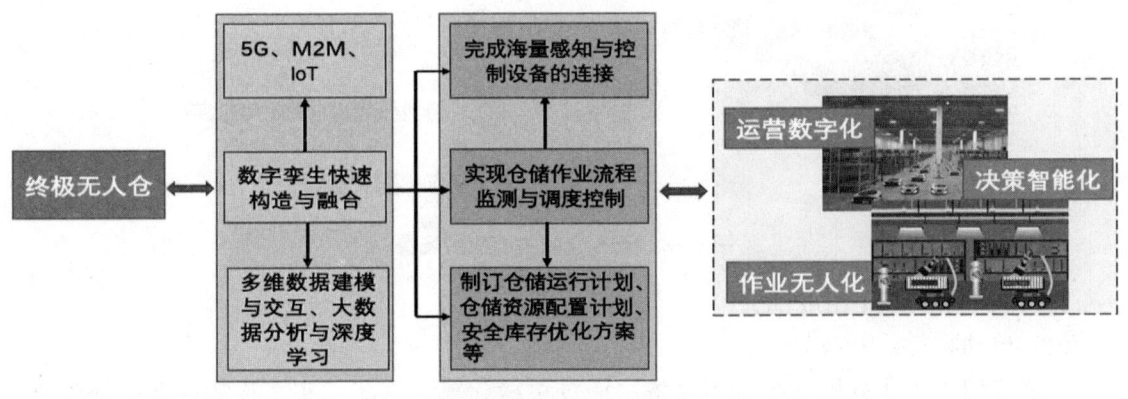

图 6-16　终极无人仓

无人仓属于高度集成化的综合系统，一般包含立体货架、有轨巷道堆垛机、出入库输送系统、信息识别系统、自动控制系统、计算机监控系统、计算机管理系统及其他辅助设备组成的智能化系统等，无人仓系统架构图如图 6-17 所示。

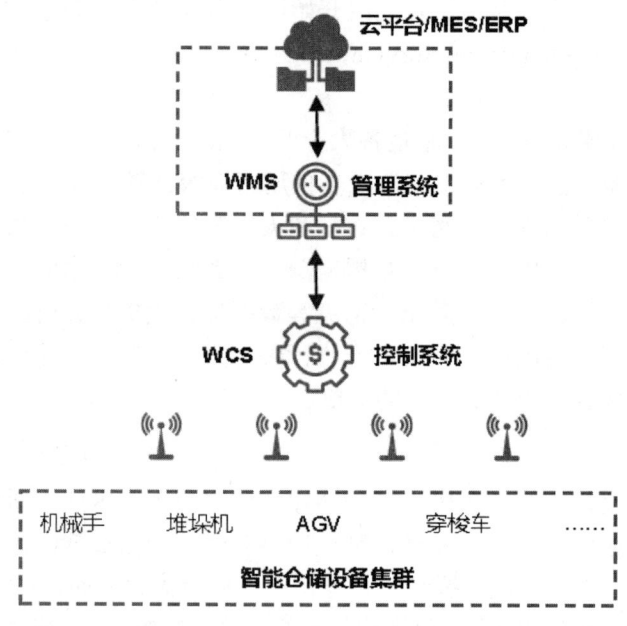

图 6-17 无人仓（智能仓储）系统架构图

在无人仓中，商品的入库、存取、拣选、分拣、包装、出库等一系列流程有各种智能物流设备的参与，同时需要互联网、物联网、云计算、大数据、人工智能、RFID、GPS（Global Positioning System，全球定位系统）等技术的支撑。智能仓储企业需要依据不同类型客户的需求及痛点提供具体化的解决方案，无人仓的主要应用场景如图 6-18 所示。

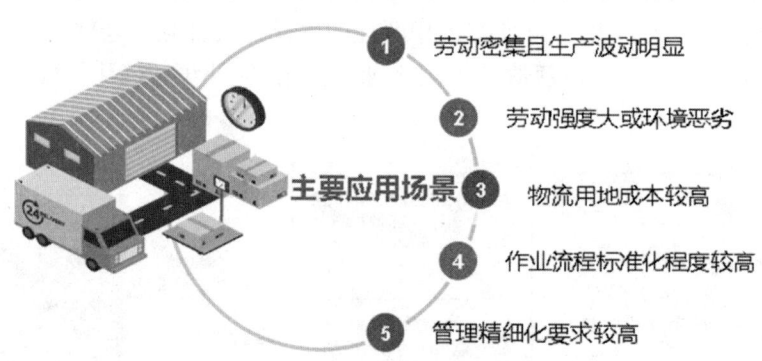

图 6-18 无人仓的主要应用场景

无人仓主要有以下组成部分：

（1）自动收货系统

引入 RFID 和计算机视频识别设备，通过边缘计算等算法，实现货物在仓库的收货、发货，以及库内周转、盘点等环节的智能化。通过这种非接触性的、批量的信息识别技术，大大提高了仓库操作环节的效率，同时减少了人工操作的环节和时间，实现仓库环节的秒收、秒发，如图 6-19 所示。

- 系统功能：出入库环节货物信息采集设备，可实现单箱货物及整托货物的识别、测量和检查。
- 工作内容：识别品规、箱数、批次、托盘码等，测量体积，留证。
- 工作原理：自上而下运动拍摄货物照片，将局部拼接成整垛图片。
- 工作效率：30秒/托。
- 设备识别率：品规识别100%，数量识别100%，批次识别99.9%。

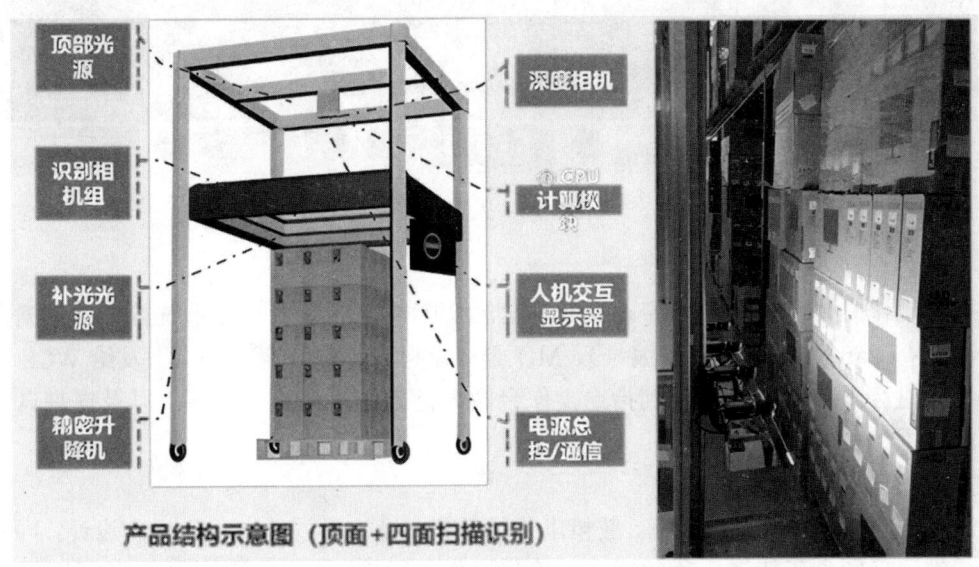

图 6-19　自动收货系统

（2）自动化立体仓库

自动化立体仓库是以货物高度 1.8 米托盘存储为主、以 2.2 米托盘存储为辅的货架高度组合，它依据备货模式及 CTO 订单模式设立单深和双深的堆垛机，既能满足最大存储需求，也能满足堆垛机出库效率的需求。对于零散的货物，通过多穿自动化立体仓库的方式来解决，货物首先通过 AGV 被搬运到入库扫描系统完成商品信息扫描，然后通过 AGV 被搬运到传输线上，最后通过传输线按 WMS 给出的入库指令到达指定的堆垛机进行上架。

（3）入库分拣

结合实际业务需求设立自动化设备投入，做到自动化利用率最高，同时结合货量情况和设备情况配合人工扫码分拣，做到最佳的投入产出比，如图 6-20 所示。

（4）出库策略

单品 SKU（Stock Keeping Unit，最小存货单位）散盘满一托可优先出库二次分拣。

混板货物 MO（Manufacture Order，生产订单）存放时间较长的优先出库二次分拣。

若混码规则为不同 SKU 分列放置，不存在上下积压的情况，可不进行混板拆垛。

对于月结期间到货或特殊到货，即到即走，依据系统设置的逻辑和规则设置场景，最大化地实现货物最小的移动，实现最高出货效率。

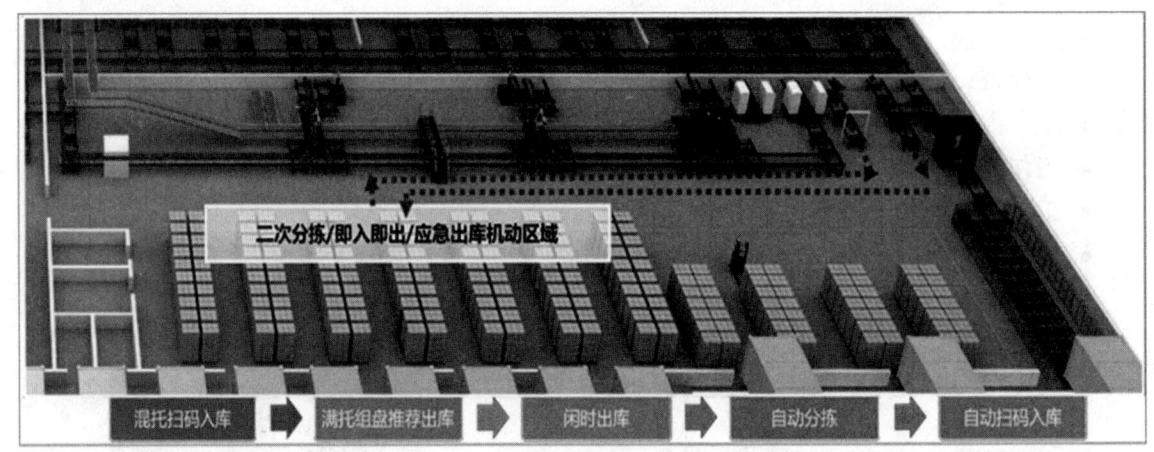

图 6-20 入库分拣

（5）尾盘合盘

根据自动化立体仓库每天出库存在散拖盘的实际情况，智能仓储系统首先会依据在库散货的情况 PN（Part Number，零件编号）、MO 等信息自动计算合盘指令，下发给 WCS 来驱动自动化设备进行下架取货，然后到指定操作台做合盘工作，最后再入库，以及提高自动化立体仓库的利用率。

（6）成品出货

在出库环节考虑到整托、散拖、散箱出货的场景，设立不同的自动化出库设计，同时考虑操作的弹性，保留人工拣选出货的需求，确保运作的柔性。在实际运作中，基于联想订单及运单合单的需求，在物流动线中考虑各种个单的需求，以满足未来业务的潜在需求。

自动化立体仓库的设计及运作充分考虑了节能绿色物流的理念，自动化立体仓库黑灯堆垛机按模块化管理分 3 个模块进行控制；10 个订单作为一个小波次分拣，满足全年 95%天数需求，通过合并订单减少设备的动线行驶，满足节能的需求，同时实现无纸化交接，为绿色物流做出实践。

3．无人驾驶

（1）自动驾驶技术分级

依据美国汽车工程师协会（Society of Automotive Engineers，SAE）2014 年制定的自动驾驶分级标准（按照自动驾驶对汽车操纵的接管程度和驾驶区域），自动驾驶可分为 L0～L5 6 级。随着等级的提升，驾驶操作、周边监控和支援的主体逐渐由人向系统过渡，其中 0 级汽车由驾驶者全程操控，而处于 5 级（最高级别）的自动驾驶汽车则由无人驾驶系统完成所有驾驶操作，自动驾驶技术的分级如表 6-1 所示。

表 6-1 自动驾驶技术的分级

SAE 等级	名称	概念界定	主体			
			驾驶操作	周边监控	任务支援	系统作用区域
0	无自动化驾驶	由人类驾驶员全程操控汽车，可以得到主动、安全、系统的辅助信息	人	人	人	无

续表

SAE等级	名称	概念界定	主体			
			驾驶操作	周边监控	任务支援	系统作用区域
1	机器辅助驾驶	利用环境感知信息对转向或纵向加速进行闭环控制,其余工作由人类驾驶员完成	人/系统	人	人	部分
2	部分自动驾驶	利用环境感知信息对转向或纵向加速进行闭环控制,其余工作由人类驾驶员完成	系统	人	人	部分
3	有条件自动驾驶	由自动驾驶系统完成全部驾驶操作,人类驾驶员根据系统请求进行干预	系统	系统	人	部分
4	高度自动驾驶	在限定道路和功能条件下,由自动驾驶系统完成全部自动驾驶操作,无须人类驾驶员进行任何干预	系统	系统	系统	部分
5	完全自动驾驶	由自动驾驶系统完成全部的驾驶操作,人类驾驶员能够应对的全部道路环境,系统都能自动完成	系统	系统	系统	全域

（2）自动驾驶技术的优势

自动驾驶技术已经经历了单纯强调技术的阶段,目前更强调实际落地。在无人驾驶乘用车落地变得遥遥无期的当下,场景相对简单、市场规模超过万亿元的物流行业有更多的机会。近几年,越来越多的行业参与者聚焦物流领域,主要包括以下具体原因。

① 物流是中国最大的单一经济实体之一,2018年中国社会物流总费用超过13万亿元,其中运输费用的占比超过一半,因此物流场景下的市场空间更可观。

② 物流行业的大部分应用场景比较简单、封闭,任务目的明确,总体来说,其技术实现难度比乘用车场景下的要求更低。

③ 从法律法规及对城市生活影响的角度来看,物流车辆所受的限制相对较少。这更容易实现自动驾驶应用,形成规模化的批量复制,因此,推进自动驾驶技术商业化落地,物流领域是非常好的切入点。

同时在过去十多年的快速发展中,虽然物流行业经历了快速规模化和整合,体量发展已经十分巨大,但在效率等方面仍与发达国家存在较大差距,存在可提升空间。自动驾驶技术能解决物流中的痛点,有很大的成长空间。

（3）关键技术

5G通信技术对车联网技术的发展具有重要意义,而车联网技术是自动驾驶实现的基础,因此5G通信技术和车联网技术对自动驾驶的发展具有推动作用。

① 5G通信技术。

5G通信技术的迭代能够帮助车联网技术释放巨大能量。5G通信技术由于其"低延时、高可靠、大带宽"的特性,可以为用户提供毫秒级的端到端时延和接近100%的业务可靠性,降低时间延迟及道路参与者的不确定性。它能够提高车与周围环境之间的数据传输速度,让不同智能交通应用组件之间更为联动，从而提高交通系统的智能化程度和驾驶的安全性。

② 车联网技术。

车联网技术作为自动驾驶实现的支持基础，可以推动自动驾驶技术的快速发展。从技术角度来看，由于单车感知在某些方面存在不足，所以单车的感知能力易受到限制，车联网技术是提高自动驾驶车辆感知成功率的重要发展方向，它可以为车辆提供雷达探测之外的更丰富的实时信息。比如司机或自动驾驶车辆的车载传感器由于视角与视线的局限，无法感知全部的路况信息，但通过车联网技术和配备的路侧感知设备，利用高清摄像头等多种传感器，再加上边缘计算设备的识别能力，就可以把路口范围内的全部交通信息共享给路口的所有车辆，极大地减少了安全隐患。从成本角度来看，车联网技术的发展让路侧基础设施更加完善，进一步为车端硬件的改造减轻成本负担，降低车辆的量产成本，更好地推动自动驾驶技术的落地。

（4）落地场景

无人驾驶技术在物流领域的落地场景主要可以划分为干线、终端配送和封闭场景，如图 6-21 所示。

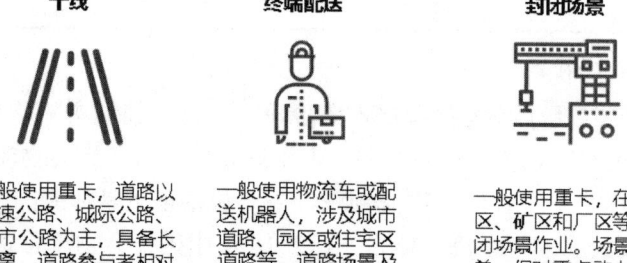

图 6-21 落地场景

《2020 智能物流产业研究报告》显示，中国目前有 500 万辆大货车用于半径 500 公里的干线的运输；1000 万辆货车用于半径 50 公里区域的运输；而在半径 5 公里的物流领域，则有 3000 万辆微型车、两轮车、三轮车等为电商物流和外卖市场服务。同时在封闭场景中，中国港口众多，每年完成大量货物吞吐，而矿区的矿产资源丰富，每年产量可达上亿吨，对运输车辆和司机的需求与日俱增，因此物流领域潜藏的自动驾驶市场需求相当庞大。

4．无人机

（1）无人机的主要系统

无人机主要由飞机机壳、飞行控制系统、导航系统、动力系统、通信数据系统等组成，其四大系统如图 6-22 所示。

① 飞行控制系统：包含飞行传感器、机载计算机、伺服动作设备三大部分，是无人机最重要的控制系统之一。

② 导航系统：为无人机提供参考坐标，包括位置、速度、姿态等信息，以实现无人机自主路线规划。

③ 动力系统：一般分为电池、氢燃料电池、化石燃料、油电混合动力、太阳能几大类，正逐渐向小体积、低成本、高可靠的特征演进。

④ 通信数据系统：主要负责无人机上各类系统的传输服务，是无人机实现数据传输、实时控制的关键接口。

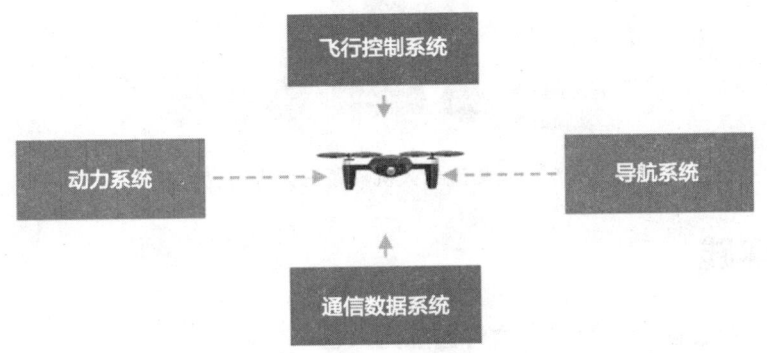

图 6-22　无人机的四大系统

（2）无人机的主要类型

无人机按机身构造主要分为固定翼、旋转翼、直升机、多旋翼 4 种类型，如表 6-2 所示。

表 6-2　无人机的主要类型

	固定翼	旋转翼	直升机	多旋翼
优势	大航程续航能力强	综合了固定翼和直升机的起降优势	可垂直起降 高机动性 较高的载荷	价格低廉 易于推广 重量较轻
劣势	水平起降需要较大的空间	技术复杂 价格较贵	价格较贵 维护要求相对较高	有效荷载有限 重量轻 抗风性弱

（3）应用领域

目前，物流行业配送领域以多旋翼无人机为主，主要为四旋翼或八旋翼式，飞行高度在 1000 米以下，飞行半径在 10 千米左右，承重在 10 千克以内。支线无人机运输和无人机末端配送是目前无人机在配送行业的主要应用领域，如图 6-23 所示。

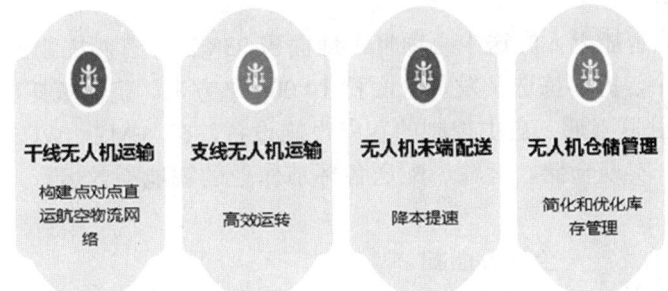

图 6-23　无人机在配送行业的应用领域

物流无人机具备三大应用优势，如图 6-24 所示，它能有效节省成本、提高效率、突破物理限制。物流无人机不是颠覆传统物流业的发明，而是对物流业的有效补充。

图 6-24　物流无人机具备三大应用优势

6.7　行业实践

1. 日日顺：行业首个"黑灯"大件智能无人仓

（1）实施背景

日日顺物流有限公司成立于山东青岛，是国家 5A 级物流企业和 3A 级信用企业，其发展先后历经了企业物流、物流企业、生态企业 3 个阶段，依托先进的管理理念和物流技术整合全球一流网络资源，搭建了一个开放的科技化、数字化、场景化物联网场景物流生态平台。日日顺物流的定位是颠覆传统物流服务模式，成为行业引领的物联网场景物流生态品牌。目前，日日顺物流通过"科技化"基础物流能力、"数字化"SCM（Supply Chain Management，供应链管理）定制方案、"场景化"社群服务平台三大差异化竞争力，成为居家大件物流领域的引领者。

（2）实施方案

在消费升级的新趋势下，大件物流自动化市场需求增加，但长期以来产品非标化、体积重量大、流通环节长等问题是大件家居物流行业难以突破的课题。加之劳动力日渐紧缺，企业迫切需要降低成本，进行标准化和自动化建设，以提高供应链水平和客户满意度，最终实现企业核心竞争力的强化。

智能配送解决方案：是为配送中心提供综合性物流系统规划，涵盖配送中心分拣规划、输送规划、仓储规划、软件信息规划等一体的综合性解决方案，为客户提高工作效率，改善流程，降低人工成本。

日日顺大件物流智能无人配送中心项目占地面积 238 亩，有两栋物流仓库，其高度为 22 米，总货位 14 000 个，拆零拣选及发货区面积 10 000 平方米。整体依托自动化立体库、机器人、AGV 等一系列互联互通、自主控制的智能设施设备，在 WMS、WCS、TMS 等业务运作智能系统的调度下，实现仓储、运输、配送各环节作业的智能高效运行，助力大件物流智能自动化转型升级。

① "鹰眼侦察兵"——全景五面扫。

采用全景五面扫的线性工业相机配备高灵敏度 CMOS 图像传感器，在物体高速运动的状态下也能通过五面全景扫描提供超高清晰度的图像，将信息采集效率稳步提高 80% 以上。每天 2.4 万件大商品经过它扫描入库，在提高进仓速度的同时，还为运营分析提供了出色的平台，顺利实现数据智能化。

② "先锋麒麟臂"——关节机器人。

"靠着雷霆万钧之臂，将繁重的码垛压力一肩扛起"，产品到达分支线上，实现仓内高效码垛的强大支撑——关节机器人就亮相了。它可以结合 2D 和 3D 视觉技术实现场景实时定位，而多种算法的控制也保障了关节机器人动作起落间的自主避障。在关节机器人的运作下，产品被安全放至对应托盘，完成码垛。

③ "自驱精算师"——自动立体库堆垛机。

自动立体库堆垛机是入库的最后一环，也是一眼就让人觉得空间可以无限延伸的存在。自动立体库堆垛机利用激光导航和条形码导航完成托盘自动上下架，同时，通过大数据分析对订单和库存进行预测，倒逼营销及时调整，并根据预测结果对库区进行冷热区调整。此外，它所实现的密集存储，可以在简便操作的基础上最大限度地挖掘空间存储能力。

④ "精英投掷手"——龙门拣选机器人。

在出库环节，大件物流领域首次使用龙门机械手对产品订单进行全自动分拣的尝试，并实现了。龙门拣选机器人借助 3D 机器视觉识别产品在库内运动造成的位移并对其进行视觉补偿，通过算法解析位置，再反馈到控制系统，进而打破空间桎梏，快速锁定目标。

⑤ "英勇护卫团"——AGV 激光导引。

凭借超高的灵活性，AGV 地面控制系统在接收指令后可以对车辆进行自由调度和任务分配，接收指令的 AGV 再通过算法控制和监控平台计算任务最优路径，实现路径的实时优化、变更和避障，保证运输效率与安全。

⑥ "中枢智慧大脑"——数字孪生。

无人仓的黑科技核心——集监控、决策、控制于一体的数字孪生。它可以根据实时数据对全仓进行调配安排，充分发挥设备的集群效应，保障运行效率最优。

（3）效益分析

大件物流领域的首个智能无人仓，不仅率先集中应用全景智能扫描站、关节机器人、龙门拣选机器人等多项智能设备，还采用了视觉识别、智能控制算法等人工智能技术，充分展示了日日顺物流有限公司布局"新基建"的最新成果。首先，实现作业流程标准化，整体物流效率得到大幅度提升；其次，打通信息流，订单履行速度加快。与此同时，无人化作业大量节省人力成本，试运营以来，平均每天处理的订单能达到 3000 单，装卸货等待时间为 24 分钟，缩短了交付时效，提升了用户体验。

2．西井科技：全局化人工智能港口整体解决方案践行者

（1）实施背景

上海西井信息科技有限公司（以下简称西井科技）最初以类脑芯片业务为起点，之后以市场为导向，主动将芯片与算法技术结合，为客户提供涵盖从硬件到软件端的工业及物流业的全局化智能解决方案。西井科技将 AI 技术应用于垂直行业的各个环节，从底层 AI 芯片及算法，到行业端应用层开发，再到整体系统架构，嵌入 AI 的智能化产品。目前，西井科技的整体方案已涵盖集装箱物流链智能识别、港口机械智能化改造、无人驾驶（包括无人驾驶跨运车和无人驾驶集卡）三大产品线。

(2) 实施方案

① 集装箱物流链智能识别。

码头运营最核心的内容之一是动态掌握物流链的核心数据。其中，集装箱数据是码头线下业务快速转为线上业务的关键。西井科技的集装箱物流链智能识别系统已涵盖港口场景中的主要节点（闸口、场桥、岸桥），可全时、高效地对港口集装箱进行识别，将数据结构化，帮助用户实时获取集装箱数据。

中远海运港口阿布扎比码头的 AI 智能理货系统可同时识别岸桥剪式上下架两个 40 英尺集装箱（或 4 个 20 英尺集装箱），已实现全时段、全天候、多功能的同步高识别准确率，大大降低了施工及维护成本。同时该系统无须触发装置，可大幅减少因无法启动触发装置造成的影响，提高了岸桥对船舶装卸集装箱的准确率。

② 港口机械智能化改造。

在无人垂直运输环节，西井科技主要利用人工智能技术聚焦港机的智能化改造，并配合港口无人集卡水平运输、人工智能集装箱识别等生产环节，真正提高人工智能码头的生产效率，满足智慧港口建设的需求。

- 无人集装锁孔对位系统：自主锁孔对位，省去了远控操作岸桥及设备等步骤。
- 集卡防吊起：利用激光和传感器检测集装箱起吊过程中毫秒级的重量变化情况。
- 轮胎吊大车防撞及行驶轨迹纠偏：通过对轮胎吊安装传感器，基于自主研发的底层算法，实时监测轮胎吊大车行走方向的情况。

③ 无人驾驶。

西井科技凭借在人工智能底层处理器与人工智能算法及应用的优势，逐步搭建了一个由设计生产、落地部署到交付运维的多维度的全栈无人驾驶产品组合。

目前，西井科技的两大无人驾驶产品线如下。

一是西井科技助力振华重工共同打造的无人驾驶跨运车。该车除了自主行驶，还能自主探测集装箱，并完成厘米级精度的抓箱、跨箱和放箱，首批无人驾驶跨运车已在 2019 年 12 月底发运瑞典码头。

二是全时无人驾驶重卡 Q-Truck。该车搭载了视觉摄像头、激光雷达、毫米波雷达等多套工业级传感器，覆盖周边环境并帮助相互校验覆盖区域，并于 2019 年 8 月实现小批量量产。

(3) 效益分析

目前，在无人驾驶集装箱水平运输环节，西井科技已正式推出两大自动驾驶产品，实现了场景中多套用户设备与无人系统之间的联合打通，达到了深度耦合码头实际作业的效果。通过无人驾驶产品，西井科技大概可以帮助客户每车每年节省 45 万元的人力成本、10 万元的燃油费及车辆维护费。

思考与练习

1. 名词解释

（1）智慧物流

（2）智慧仓储
（3）智慧包装

2．简答题

（1）列举智慧包装的应用场景。
（2）分析物流选址智慧决策模型的技术特色。
（3）智慧城配路径规划。
（4）列举无人机在配送行业的应用领域。

3．讨论题

（1）智慧城配路径规划的意义。
（2）智慧化作业涉及的先进技术。

4．图解分析题

根据图 6-25 分析智慧云仓模式的组成。

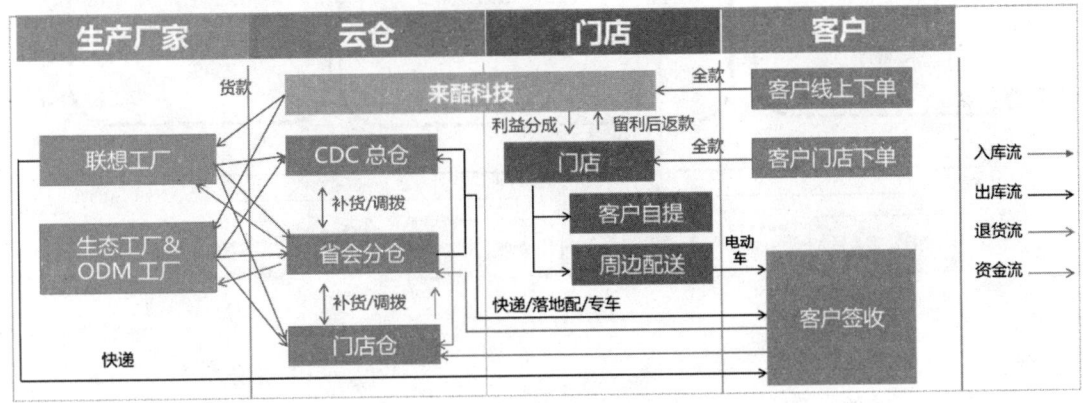

图 6-25　智慧云仓模式

5．案例分析题

北斗卫星导航系统

北斗卫星导航系统是中国着眼于国家安全和经济社会发展需要，自主建设运行的全球卫星导航系统，是为全球用户提供全天候、全天时、高精度的定位、导航和授时服务的国家重要时空基础设施。

2020 年 6 月 23 日，北斗三号全球卫星导航系统最后一颗组网卫星顺利升空，北斗全球组网就此完成。中国成为继美国、俄罗斯后第三个拥有自主卫星导航系统的国家。从 2000 年 10 月 31 日发射第一颗北斗导航试验卫星，到 2020 年 6 月发射第 55 颗北斗导航卫星，中国陆续攻克星间链路、高精度原子钟（北斗"心脏"）等 160 余项关键核心技术，新型氢原子钟、甚高精度星载铷钟及原子钟的无缝切换技术让北斗卫星导航系统的测速精度优于 0.2 米/秒、授时精度优于 20 纳秒，突破 500 余种器部件国产化研制，实现北斗三号卫星核心器部件国产化率 100%。

2011 年 10 月，中华人民共和国交通运输部和中国人民解放军原总装备部在北京联合开启了"重点运输过程监控管理服务示范系统"实施工作，它成为第一个启动的北斗卫星导航系统民用示范工程。该项目涉及"两客一危"运输车辆（包括旅游包车、长途班线客车和危险化学品运输车）、应急保障车辆、重载普货车辆等重点营运车辆，通过北斗卫星导航系统可以提高对运输过程超速、疲劳驾驶、非法运营等违法违规行为的监控能力，提升管理水平，减少交通事故，提高经济效益，同时验证北斗卫星导航系统性能指标。该项目被称为"示范中的示范"，承载着探索北斗"军民共建共管共用共赢"新思路的厚望。

在中华人民共和国交通运输部、中华人民共和国公安部、中华人民共和国应急管理部的推动下，"全国道路货运车辆公共监管与服务平台"（以下简称全国货运平台）于2013年1月投入使用，如图6-26所示。

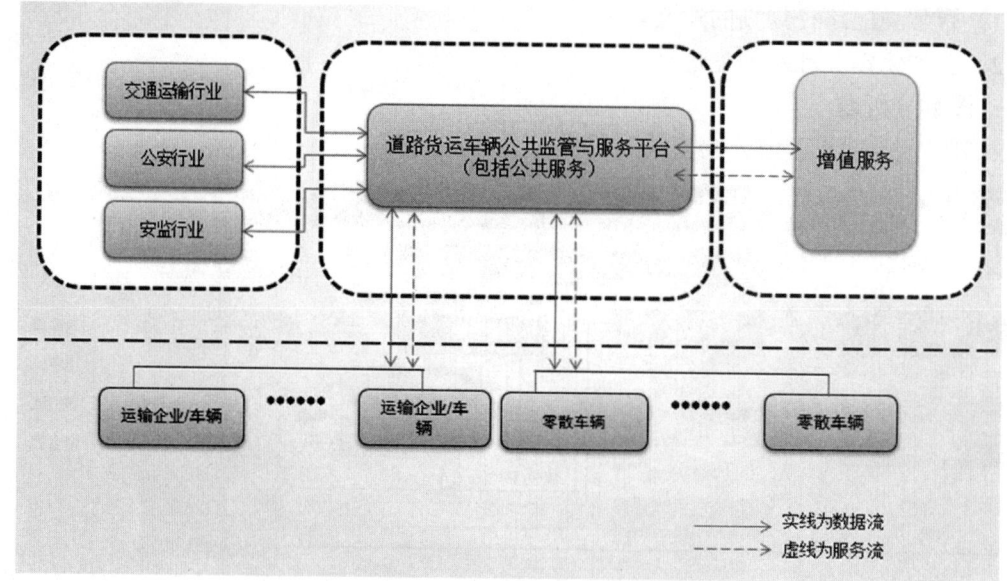

图6-26　全国道路货运车辆公共监管与服务平台

全国货运平台是12吨以上重载货车的国家级监管平台，具备3个自动功能，融合北斗技术，针对超速、疲劳驾驶等情形及时向司机或有关部门提供自动提醒、自动转发、自动报警等服务，有效提升道路安全水平，如图6-27所示。

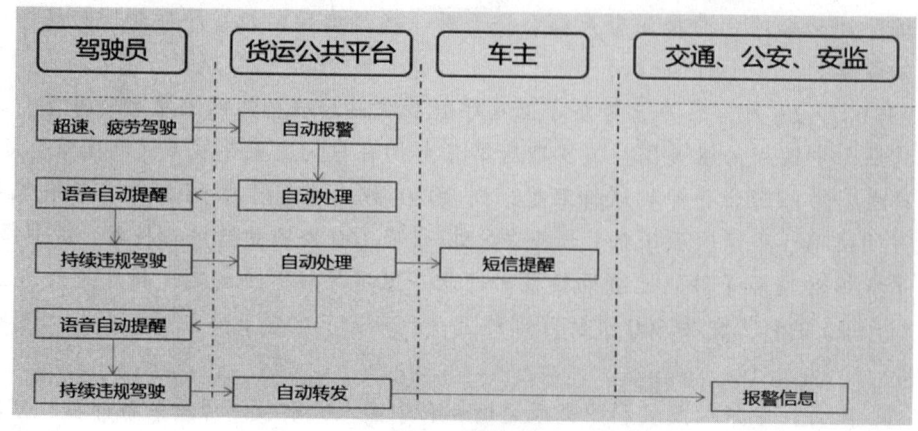

图6-27　自动提醒、自动转发、自动报警

截至目前,全国货运平台已经累计提供驾驶风险提醒服务超过80亿次,对超速的纠正率超过96%,对疲劳驾驶的纠正率达到41%。中华人民共和国公安部的数据显示,从2012年到2019年,重大交通事故数下降了92%,重载货车万车事故数下降了36%,万车死亡人数下降了40%。以北斗为"芯"的货运平台,积极促进了我国道路安全的持续改善。

随着北斗技术的持续创新,北斗行业应用也在不断拓展。目前,全国已有800多万辆道路营运车辆、4万辆邮政和快递车辆、36个中心城市的8万辆公交车、3200座内河导航设施、2900座海上导航设施使用北斗卫星导航系统。全国4万余艘渔船安装北斗卫星导航系统,累计救助渔民上万人;借助北斗卫星导航系统,突发重大灾情上报时间缩短至1小时内,应急救援响应效率提升两倍;基于北斗卫星导航系统的物流数字化体系,助力我国货车空驶率下降5%,年均节省上千亿元的燃油损耗,减少1000多万吨碳排放;基于北斗卫星导航系统的高精度服务已应用于精细农业、危房监测、无人驾驶等领域。

分析:

(1) 查阅相关资料,了解北斗卫星导航系统与全球定位系统GPS的区别。

(2) 分析北斗卫星导航系统及其应用推广的国家意义。

6. 课程思政题

"十四五"建设现代物流体系

《中华人民共和国国民经济和社会发展第十四个五年规划和2035年远景目标纲要》提出,建设现代物流体系,加快发展冷链物流,统筹物流枢纽设施、骨干线路、区域分拨中心和末端配送节点建设,完善国家物流枢纽、骨干冷链物流基地设施条件,健全县乡村三级物流配送体系,发展高铁快运等铁路快捷货运产品,加强国际航空货运能力建设,提升国际海运竞争力。

我国各省、市智慧物流发展路径如下。

上海:完善供应链物流支撑体系,加快智慧物流基础设施建设和绿色发展,提高流通标准化应用水平,优化物流仓储规划布局和城乡配送网络体系。

北京:大力发展航空科技、航空物流等航空核心产业,打造国家物流枢纽、智慧物流示范区。

广东:推广集约高效的智能物流设施,推动货、车(船、飞机)、场等物流要素数字化,支持物流园区和仓储设施智慧化升级。发展流通新技术新业态新模式,推动构建新型物流营运平台和信息平台,积极发展无人机(车)物流,支持无接触交易服务。

山东:聚焦增强全产业链优势,提高现代物流、采购分销、生产控制、运营管理、售后服务等发展水平。统筹现代流通体系硬件、软件、渠道和平台建设,构建与新发展格局相适应的融合化、标准化、智慧化现代物流网,推动全社会流通大幅降本增效。

福建:完善物流产业体系,推进交通与物流融合发展,优化物流枢纽设施布局,大力发展多式联运、网络货运等,做大做强港区物流,发展冷链物流、电商物流、智慧物流、保税物流,逐步降低物流成本。

天津:拓展京津冀港口智慧物流协同平台应用,推行电子运单、网上结算等互联网服务,

智/慧/供/应/链

持续优化港口作业单证"无纸化"、全程服务"一站式"流程。

重庆：统筹物流信息平台建设，推动物流设施数字化升级，发展智慧物流新业态新模式。推进跨境融资通道、多式联运示范基地、智慧物流等重点项目，引导和支持新加坡企业在渝投资兴业。

陕西：推动地基增强技术覆盖，加大在自然资源利用、勘察测绘、交通运输、应急管理、现代农业、智慧物流等领域应用，积极构建泛在、融合、智能的北斗卫星应用服务体系。

辽宁：推进数字产业化和产业数字化，推动数字经济和实体经济深度融合，加快发展智慧政务、智慧教育、智慧医疗、智慧物流、智慧交通、智慧金融，深植"数字基因"，加快辽宁"数字蝶变"。加快建成一批智慧物流配送中心。

江西：拓展数字技术应用场景，重点推动智慧交通、智慧物流、数字金融、数字设计等领域发展。实施智慧物流、智慧交通、数字金融、智慧旅游、智慧健康、智慧教育等系列提升工程。大力培育冷链物流、智慧物流、共享物流、应急物流等新业态，发展壮大现代物流企业和产业集聚区，构建"通道+枢纽+网络"的现代物流体系，加快建设中部地区现代物流中心。

江苏：大力推动电商物流、冷链物流、大件运输等专业化物流发展，培育一批智慧物流平台，有效降低流通环节中的交易成本。

吉林：建设智慧物流产业园，推广应用智能化物流设施装备，大力发展"互联网+"车货匹配、运力优化、运输协同、仓储交易等物流新模式，提升物流信息化、智能化、集约化、绿色化发展水平。

湖北：着力推进生产性服务业数字化发展，壮大智能设计、智慧物流、数字金融等新服务业态，培育发展共享经济。

黑龙江：构建农产品现代流通体系。推动农村流通产业创新跨业融合发展，建成覆盖全省的农村现代流通网络体系。加快构建冷链物流体系，推动农产品批发市场信息化平台建设和基础设施升级改造，大力培育特色农产品专业批发市场。

河南：实施"互联网+农产品出村进城"工程，建成一批智慧物流配送中心。

贵州：推进西南粮食城、遵义黔北物流新城、盘州红果经济开发区中心物流园、中国物流黔中物流中心、贵州安顺·黔中城投智慧物流园、毕节金海湖新区竹园物流中心、大方特色农产品物流园、黔东北冷链物流中心、黔东智慧物流园、"遵义—东盟"国际自由贸易物流集散中心、六盘水智慧物流中心、贵定南铁路物流基地等省级枢纽物流园建设。加快建设国家交通物流平台贵州区域交换节点（分平台），推动数据互联互通，围绕车货匹配、物流管理、车辆调度等发展形成一批智慧物流服务产品，提升物流业智能化服务水平。

安徽：推动智慧物流服务外包、医养结合、远程医疗、远程教育等新业态加快发展，引导平台经济、共享经济、体验经济等新模式有序发展。实施芜湖（京东）航空货运枢纽港、黄淮海（宿州）智慧物流产业园、合肥派河国际综合物流园、阜阳北铁路物流基地、蚌埠智慧物流小镇等项目。

河北：推动数字技术与交通物流、港口及设计咨询等生产性服务业深度融合，培育数字物流新模式，开展工业和建筑数字设计，积极发展数字文化创意，大力发展数字金融，推进组织形式、商业模式、管理方式创新。

广西：构建"通道＋枢纽＋网络"现代物流大格局，推动国家物流枢纽承载城市建设，优化物流园区布局，建设智慧物流配送中心，完善市、县、乡三级城乡双向的现代商贸流通网络。提升智能绿色安全水平，推动交通基础设施智能化建设，加快"智慧港口""智慧高速"、多式联运物流信息平台建设。

山西：运用"物联网＋"推动物流枢纽、物流园区、货运场站等传统物流基础设施转型升级和互联互通，有效降低物流综合成本。开展智慧物流园区建设试点，提高在线调度、全流程监测和货物追溯能力。引入国内外龙头物流企业，发展"无接触智能配送"。依托高速公路和普通国省道等干线公路网，布局一批区域性、智慧型物流园区。建设山西智慧物流公共管理服务平台，促进物流管理行业标准化、数字化、可视化。

青海：推进智慧物流发展，实施"邮政在乡""快递下乡进村"工程，探索设立"移动仓库"，建设快递电商融合示范基地。

宁夏：促进人工智能、物联网、区块链等新技术研发及其在服务领域的转化应用，培育发展智慧物流、旅游民宿、电子商务、智慧商圈、数字文化、互联网医疗等新兴业态，加快产业更新，提升服务功能。建设银川国际公铁物流港保税仓储、检疫检验设施和多式联运智慧物流平台等。

甘肃：促进物流信息化、标准化建设，大力发展电商物流、智慧物流、港口物流、冷链物流、绿色物流，降低物流成本，推动物流业提质增效。

云南：重点布局建设一批新型物流基础设施，推动大数据、区块链、人工智能、5G等新技术在运输、仓储、搬卸装运等物流环节中的应用，促进物流基础设施与数字化平台协同发展，优化整合物流资源，促进协同化、组织化，打通物流基础设施运行服务全链条，提升物流基础设施营运效率。

7. 二十大报告关键词

扎实推进共同富裕

【报告原文】

我们要实现好、维护好、发展好最广大人民根本利益，紧紧抓住人民最关心最直接最现实的利益问题，坚持尽力而为、量力而行，深入群众、深入基层，采取更多惠民生、暖民心举措，着力解决好人民群众急难愁盼问题，健全基本公共服务体系，提高公共服务水平，增强均衡性和可及性，扎实推进共同富裕。

【解读】

推动经济社会发展，归根结底是要实现全体人民共同富裕，不断实现人民对美好生活的向往。

报告提出，中国式现代化是全体人民共同富裕的现代化。"富裕"的前提是发展，要求把

"蛋糕"做大做好;"共同"体现公平,要求把"蛋糕"切好分好。做大做好"蛋糕"和切好分好"蛋糕",体现的是增长和分配、效率和公平的辩证关系。就现实国情而言,我国仍然是世界上最大的发展中国家,发展仍然是我们党执政兴国的第一要务。只有推动经济持续健康发展,才能筑牢扎实推动共同富裕的物质基础。因此,只有紧紧抓住经济建设这个中心,通过全国人民共同奋斗把"蛋糕"做大做好,才能厚植共同富裕基础,最终实现共同富裕。

(选自《人民日报》)

第 7 章
智慧供应链的逆链和溯源

开篇案例：跨境商品供应链溯源

跨境商品的供应链与国内商品的供应链相比，更加复杂。跨境商品要从原产地工厂到代理商，再到海外仓、原产国海关、国际物流、国内保税区、保税区海关，经过国内物流或快递配送，才到消费者手中，中间经过了许多环节，参与方众多，流程长，信息不对称的情况更加严重，这就造成了跨境商品造假、供应链效率低等突出问题。

蚂蚁区块链帮助天猫国际搭建跨境商品供应链网络，跟踪进口商品全链路，将众多海外品牌商、海外质检机构、中国检验认证（集团）有限公司、跨境电子商务检验检疫产品质量安全风险国家监测中心等引入，汇集生产、运输、通关、报检、第三方检验等信息，给每个跨境进口商品打上"身份证"。只要消费者扫描商品上的二维码，就可以查询跨境商品的完整信息，包括商品详情、质检报告、供应链溯源等信息，从而确保消费者买到的商品是正品，买得放心。目前，天猫国际的跨境商品供应链已覆盖奶粉、保健品、化妆品、汽车用品等品类，未来将覆盖全球 63 个国家和地区、3700 个品类、14 500 个海外品牌。

跨境商品供应链网络是蚂蚁区块链搭建的一个跨境联盟链网络，其中境外的共识节点部署在澳大利亚。联盟链的参与方包括原产地企业、海外质检机构、海外仓、保税仓、国内质检机构、天猫国际、菜鸟物流等。海外商品经过张贴或印刷定制的二维码，实现对商品"一物一码"的唯一标识，同时将商品的二维码与质检的检查单位和物流运输单位进行关联。通过防伪标签或芯片等手段对商品进行唯一标识，将商品在原材料过程、生产过程、流通过程、营销过程的信息，由各对应主体使用标明身份的"私钥"进行数字签名并附上时间戳，写入区块链，一旦写入区块链，相关数据就不可篡改。消费者收到商品后，使用手机扫描包装上的二维码，收到提示后刮开二维码上的暗码并输入，即可查询跨境商品的全流程溯源信息。

经过"一物一码"的标识，商品全过程流转的信息将写入区块链。区块链上的信息不能随意篡改，商品从生产到运输再到最后销售，每个环节的信息都被记录在区块链上，这样可以确保商品的唯一性。造假商品很难具备合乎特定规则的商品标识和全流程溯源信息。

区块链上的数据高效地在跨境商品供应链不同参与主体之间进行共享，达到统一凭证、全程记录、及时高效，能够有效解决多方参与、信息碎片化、数据流通难等问题，从而降低供应链成本，提高效率。

7.1 循环供应链

1. 基本概念

循环供应链（Closed Loop Supply Chains，CLSC）是在追求循环经济和重视环保的社会思潮中孕育而生的，又被称为闭环供应链。在传统的正向供应链的基础上，考虑社会环保要求和企业自身受经济利益驱使而产生的一种逆供应链方向的物流链，它与正向供应链紧密结合，循环再造，以求最大限度地节约资源。

循环供应链不仅包含传统的正向供应链，还包含废弃品回收再利用的逆向供应链，重要的是两条链上的物流并不是相互独立的，而是呈现"从源到汇，再由汇到源"的闭环特征。

2. 循环供应链的类型

（1）一般再循环网络

再循环是指从废弃物中提取有用的物质并加以重新利用，是循环供应链中应用最为广泛的一种模式，典型的例子是电池、废纸、废旧轮胎等产品的再循环过程。一般再循环网络的运作流程，如图7-1所示。

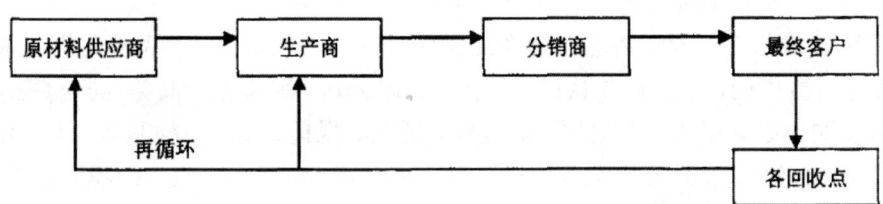

图7-1 一般再循环网络的运作流程

一般再循环网络的运作流程比较简单，集中回收的产品一般都作为原料直接返给原料供应商或生产商，可再循环的产品一般直接作为原材料进入再循环系统，整个产品是一个整体，往往具有不可拆分性，产品生命周期一结束，对使用者来说就不具有任何价值了。一般再循环网络处理的材料大都是一些低价值产品，然而这些产品的处理过程被要求使用先进的处理技术和设备，故投资费用很高，这意味着一般再循环网络需要大批量地处理，以形成规模经济，才使回收有意义、有价值。

一般再循环网络多是集中型网络型结构，网络构建的各个节点之间紧密结合以使得大规模、大批量处理得到保证。由于回收方式有限且材料再循环技术的可行性并不严格依赖回收物的质量，所以一般再循环网络比较简单，层次较少。

（2）基于再利用的循环供应链网络

再利用的循环供应链网络包含两层含义：一是回收物经过简单清洗或者再包装就能够使用；二是回收物分拆后的零部件通过简单处理（如润滑等）就能够再利用。再利用的典型案例有包装物或托盘的循环使用、一次性相机的回收利用等。包装物的再利用循环供应链网络如图 7-2 所示。

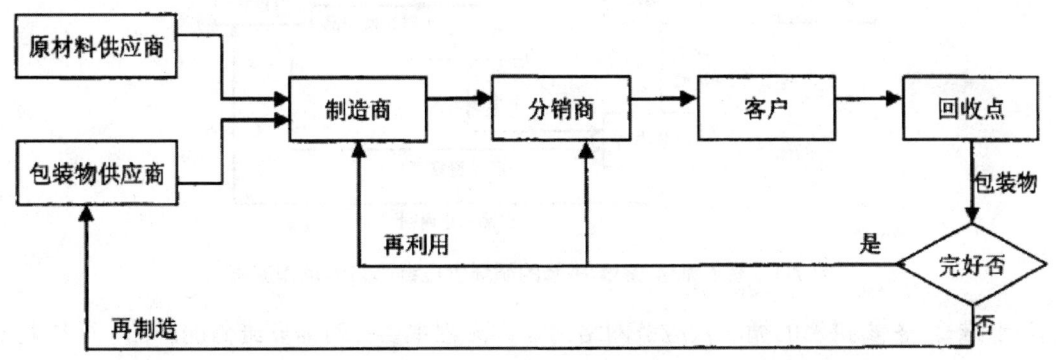

图 7-2　包装物的再利用循环供应链网络

基于再利用的循环供应链网络主要回收可直接再利用的产品，可再利用的包装在循环供应链网络中回收，一旦包装物返回制造商，就可以直接被再次利用。在整个过程中，时间是最大的不确定因素，可再利用品只需要简单地再处理，如清洗、检查，所以再利用的循环供应链网络结构简单、层次少，此外，由于再利用和原始利用之间不存在区别，所以该网络自然形成闭合环状结构，多用于多种类型包装的回收。

（3）再制造循环供应链网络

再制造循环供应链网络的运作流程，如图 7-3 所示，先从客户处获取废旧产品，在回收中心进行检测，将可继续使用的产品直接返还给分销商后进入销售市场，或返还给制造商进行简单维修再利用后进入销售市场，对不可继续使用的产品进行拆卸，将不可使用的零件进行废弃处理，可再利用的零件返还给供应商进行再制造，使其继续发挥价值。

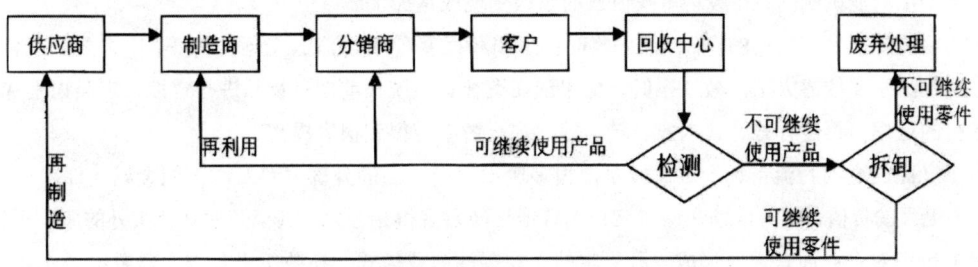

图 7-3　再制造循环供应链网络的运作流程

再制造是所有产品价值恢复模式中比较复杂的一种模式，价值恢复后的产品一般被当作新产品来看待。再制造广泛用于汽车、航空、机械设备等行业，所涉及产品的价值一般比较高。

（4）基于维修/整修/拼修的循环供应链网络

维修是把使用过的产品或零件回复到工作状态。整修是把产品回复到一种特定的质量形式。拼修是把从某种产品上分拆的零件用到其他产品中去。基于维修/整修/拼修的循环供应链网络的运作流程，如图 7-4 所示。

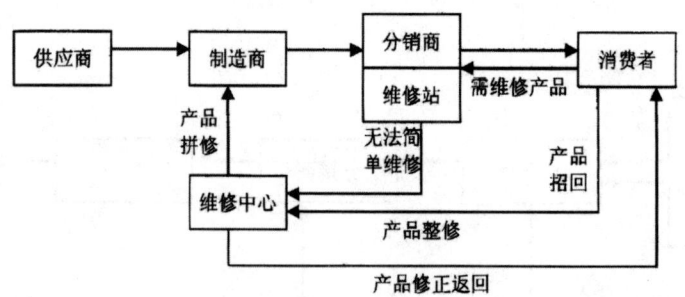

图 7-4 基于维修/整修/拼修的循环供应链网络的运作流程

基于维修/整修/拼修的循环供应链网络的运作流程主要针对需要维修的产品,而非废弃产品,对于产品的集体缺陷,通过从消费者处集体召回的形式将产品集中回收到维修中心进行批量维修,然后再批量返回。对于零星的产品维修,通常是消费者主动将产品返给分销商或厂商设立的维修站,如果是能马上解决的简单维修问题,则可在就地解决后返给消费者,如果是比较严重的问题,则把产品送往维修中心维修或送往制造厂进行再制造加工等深层作业,再将产品返给消费者,此过程耗时比较长。

> **焦点讨论**
>
> 在电商时代,随着 7 天无理由退货的商品越来越多,这些商品是被销毁,还是废物利用或低价售出呢?在整个行业数智化、低碳化的加速布局下,未来不合格物品回流形成的逆向物流业务是一个值得探索的新市场。
>
> 逆向物流最早开始于服装领域和图书领域。服装销售通常在销售 3 个月后进入疲软期,由于大量库存的回流成本太高,商家往往会将服装直接销毁或者卖到农村去。过去一直存在的个体户"废品回收"是逆向物流的一个商业机制——在废物里找值钱的东西变现或是加工。
>
> 正向物流体系是标准化的,而回流的物品由于损坏程度、归类方式、处理方式不同,需要个性化处理。过去逆向物流主要依靠人工,效率很低,如果现在有智慧系统在前期对物品进行定性、定类识别和分拣,形成各自的处理,再进行修补、销毁、转卖等,那么效率会得到很大提高。
>
> 电子产品的逆向物流市场发展比较早,很多废旧电子产品的外部材料及内部的金属元件都可重新利用,产生更大的价值,这一市场在珠江三角洲等地已经发展得相当好,甚至开始处理国外的废旧电器。逆向物流的市场对企业而言需要形成一种稳定的、完善的商业模式,在政策引导方面需要给予企业一些补贴,比如无息贷款等。
>
> 讨论:逆向物流的应用领域。

7.2 智慧供应链的逆向物流

1. 基本概念

逆向物流是指商家客户委托第三方物流公司将交寄物品从用户指定的所在地送达商家客户所在地的过程。逆向物流是指由商家来推动,从客户手中回收用过的、过时的、损坏的产品和包装,由供应链下游向上游运动的过程。物流费用采取商家客户与第三方物流公司统一集中结算的方式。整个过程需要商家客户与物流公司双方强大的 ERP 对接系统支持。逆向物流在运营模式、分销、运输管理等方面与正向物流有较大差别。

逆向物流的表现是多样化的，比如从使用过的包装到经过处理的电脑设备，从未售商品的退货到机械零件等。逆向物流包含来自客户手中的物资、包装品和产品。简而言之，逆向物流就是从回收客户用过的、过时的或损坏的产品和包装开始，直至最终处理环节的过程。

2．逆向物流的特点

① 逆向物流的目的是重新获得废弃产品或有缺陷产品的使用价值，或是对最终的废弃物进行正确的处理。

② 逆向物流的流动对象是产品、用于产品运输的容器、包装材料及相关信息，它们从供应链终点沿着供应链的渠道反向流动到相应的各个节点。

③ 逆向物流的活动包括对流动对象的回收、检测、分类、再制造和报废处理等活动。

④ 尽管逆向物流是物品的实体流动，但同正向物流一样，它也伴随资金流、信息流及商流的流动。

3．基于 RFID 和 GPS 技术的跟踪管理

RFID 是自动识别技术的一种，通过无线射频方式进行非接触双向数据通信，利用无线射频识别技术对记录媒体（电子标签或射频卡）进行读写，从而达到识别目标和数据交换的目的。

GPS 是由美国建立的一个卫星导航定位系统，它不仅可以在全球范围内实现全天候、连续、实时的三维导航定位和测速，还能进行高精度的时间传递和高精度的精密定位。

（1）物流追踪系统的设计方案

利用 RFID 和 GPS 技术实时采集物流过程中物品的具体信息，比如地理位置信息、物品变动信息。利用 GPRS（General Packet Radio Service，通用无线分组业务）模块并借助现在已经存在的成熟的移动通信网络，将 RFID 采集到的物品变动信息和 GPS 采集到的实时地理位置信息，通过 GPRS 传输方式传输到监管平台的数据库中，同时如果车辆上的物品出现异常变动、物流车所走线路没有按照平台的命令行驶，车载物流追踪设备会向平台实时报警。顾客可以通过网络或手机访问监管平台的服务器，查询自己物品的详细物流信息。物流追踪系统的设计方案取代了现在物流中落后的手持扫描传输物流动态信息的方式，既节省了人力、物力，又确保了物流信息的准确性，更重要的是能够防止贵重物品的丢失和调包，减少危险品出现事故的危害程度。

（2）物流车上装有车载终端

物流车上装有车载终端，车载终端集成了 GPS 模块、RFID 读写器、GPRS 模块。当带有电子铅封或者电子标签的物品装车时，RFID 读写器对所有装车的物品进行扫描，扫描完成后将物品的基本信息和 GPS 地理位置信息通过微控制器进行数据处理，处理后的信息通过 GPRS 传输方式传输到监管平台的服务器，监管平台的服务器将采集的物流信息存入数据库，此时，客户和物流监管平台可以通过访问数据库对物流信息进行查询。物流车在行驶过程中，RFID 读写器会不断地扫描车内物品，如果物品没有异常变化，就定时将 GPS 地理位置信息上传到服务器，如果物流车内的物品需要进行合法变动，监管平台就会通过移动无线网络把要变化的信息传输到车载终端,车载终端将根据命令信息允许带有电子标签的物品进行合法变动。如果中途出现异常变动,车载终端将立刻向监管平台的服务器发送报警信息。逆向物流管理云平台,如图 7-5 所示。

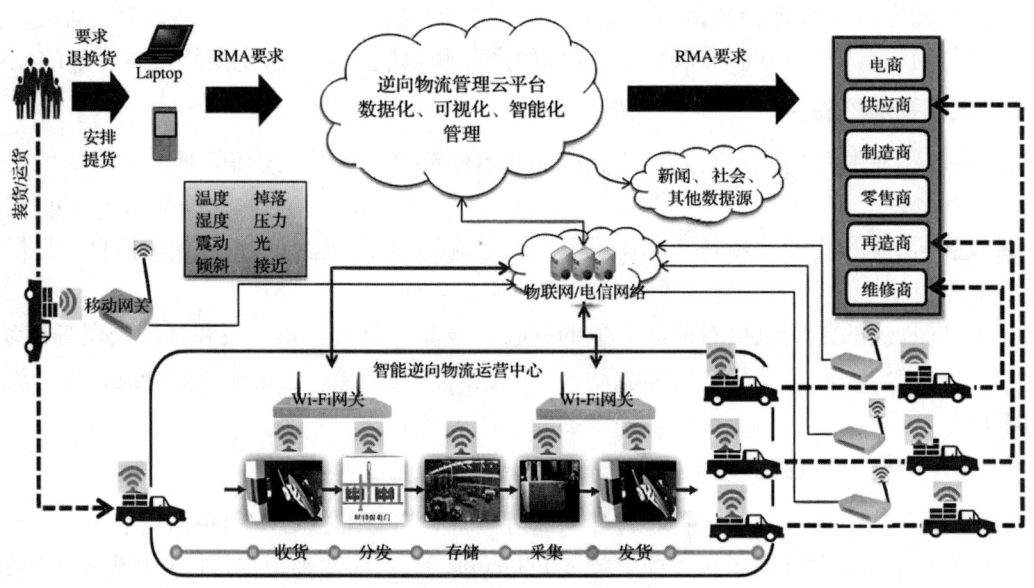

图 7-5　逆向物流管理云平台

4．基于大数据分析的逆向物流

（1）存在于逆向物流中的大数据

随着网络购物的数量逐年增长,换货、退货等问题产生了大量数据,而逆向物流中大数据主要包括以下 5 种类型。

① 产品数据。

生产者信息：包括公司类型、生产企业名称、法人代表、联系电话、通信地址等。

产品信息：是指有关产品的消息、数据和知识等,包括产品的名称、类型、原材料、使用方法、功能信息、价格、产地信息、注意事项、生产日期、保质期等。

② 运营数据。

运营数据主要是指对前面各期订单的下单转化率、付款转化率、总销售额、利润、库存等。

③ 财经数据。

逆向成本分析：在产品生产制造、装配等正向物流活动过程中产生的废弃物料,在回收时会产生一定的存储成本和运输成本。

在售利润分析：通过产品回收、维修再售给消费者,会涉及回收成本、维修成本,从而影响产品的利润,就需要对在售过程的成本数据进行集成和加工。

逆向资金分析：产品回收到在售这一过程可能会出现资金流动问题,资金的流动可以根据企业的会计统计得到相应数据。

④ 消费者数据。

用户分析：是指对用户需求、用户偏好、用户习惯、网上购物的数据等进行深入调查。

旧货交易分析：通过二手商品交易平台收集旧货交易的各种信息。

⑤ 退货数据。

逆向物流中比较有价值和意义的数据是退货数据，它主要来自电商平台、商家、电商物流、消费者等。

（2）数据应用

在互联网和大数据的时代背景下，要想使企业更好地发展，增强企业的核心竞争力，对逆向物流中的大数据的分析和应用是必不可少的。逆向物流中的大数据不仅能为企业带来关于自身、顾客、物流等的相关信息，构建完整的逆向物流系统，降低企业的运营成本，还能对市场和消费者的行为进行预测，创造企业新的利润增长点。

① 数据全面采集。

互联网和大数据时代的到来，不仅推动了许多信息或数据的收集、存储、分析、处理、挖掘，以及应用的全新技术体系的产生，也催生了很多物流大数据分析工具，数据分析和工具的合理利用有助于电商企业构建逆向物流信息系统，实现数据和信息的及时有效的转化与利用，让企业更加了解逆向物流的状态，以采取有力措施解决问题，起到监控逆向物流顺利完成的作用。逆向物流的特性使其需要依靠大数据云计算、物联网等来搭建多方参与的逆向物流共享信息平台，以便对逆向物流涉及的各种数据进行采集、加工和处理，实现逆向物流系统协同发展。

② 需求分析实现物流增值。

通过运用区块链、物联网和云计算等先进的现代信息技术，能够有效地记录消费者在网络购物及退货过程中的各种数据，为逆向数据库的建立提供技术保障和数据基础。通过数据库的建立、对大数据的处理，结合相关性分析能够有效地掌握消费者的心理特点、消费习惯。不同消费者对运费价格、时间、物流和配送模式的需求不同，筛选出消费者的个体差异和需求特征等，并据此对消费者的物流需求进行细分，依据细分需求和所能提供的物流服务水平，为差异性的物流服务和增值服务提供了依据和可能，真正实现物流增值。

③ 精准计算。

在逆向物流过程中会产生各式各样的数据，丰富的数据资源形成了逆向物流完整的数据平台，有了逆向物流大数据做重要支撑和依据，电商物流企业就可以利用产品数据、运营数据和财经数据等计算出企业的逆向物流成本，以及通过逆向物流企业所节省的成本和获得的收益。

7.3 供应链溯源

1. 基本概念

（1）溯源

溯源是指对产品的原材料、生产加工、储存、物流到销售的溯源，目的是实现来源可查、去向可追、责任可究的全链条可溯源体系，蔬菜溯源体系如图7-6所示。而当对产品进行溯源时会涉及原材料和零部件的来源、加工的历史、产品交付后的分布和所处位置。溯源行业包括食品溯源、鉴伪、艺术品溯源、奢侈品溯源等，消费者对产品的安全性、真伪和质量等特性有着严苛的要求，所以溯源技术是消费者迫切需要的。

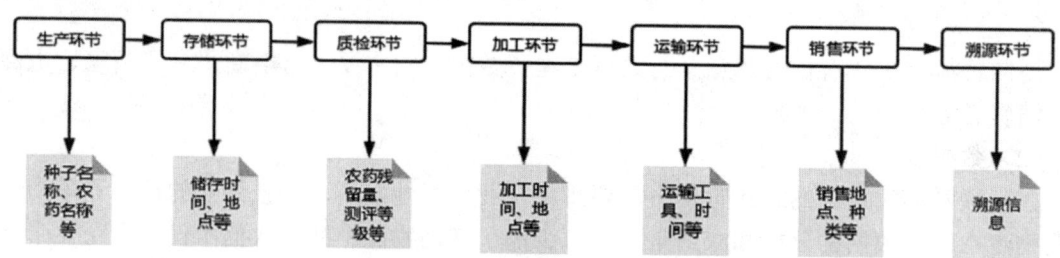

图 7-6 蔬菜溯源体系

（2）供应链溯源系统

供应链溯源系统，以一物一码技术贯穿生产源头到消费终端，对原料、生产、仓储、流通、销售和服务环节进行全链路数字化管理，与企业原有的 MES、ERP、WMS 进行数据对接，把产品全生命周期管理整合串联起来，打造从生产到消费端的全程追溯，实现"来源可查、去向可追、责任可究"，而消费者通过扫描产品上的"溯源码"，就能了解此件产品的"前世今生"，放心购买。简单来讲，有了溯源系统后，企业可正向追踪（生产源头—消费终端）、消费者可逆向回溯（消费终端—生产源头），如图 7-7 所示。

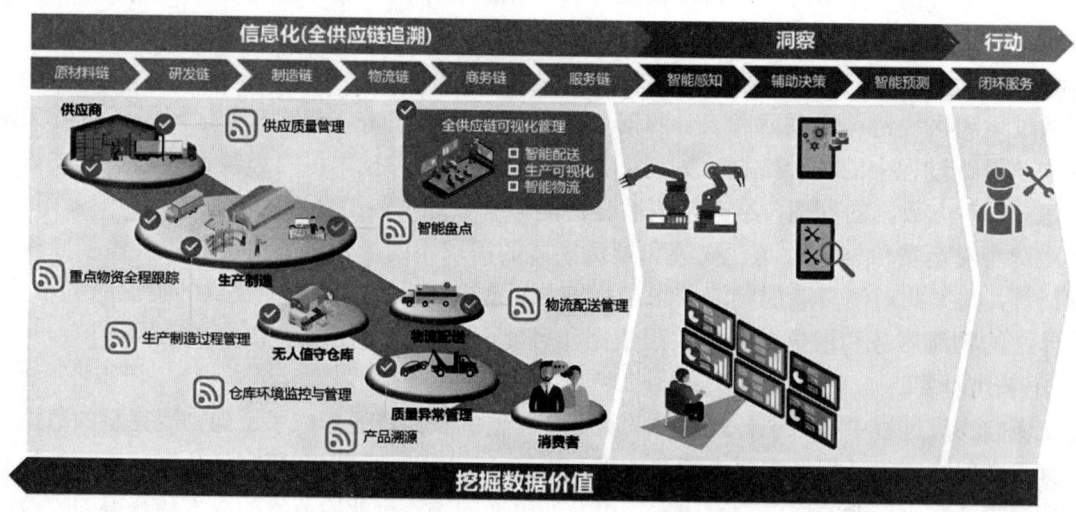

图 7-7 供应链溯源系统

（3）供应链溯源的目标

供应链溯源可以实现所有批次产品从原料到成品、从成品到原料 100% 的双向溯源功能。溯源最大的特点之一就是数据的安全性，每个人工输入的环节均被供应链溯源系统实时备份。

供应链溯源系统建立后，一旦发生相关事故，监管人员就能通过该系统判断企业是否存在过失行为，企业内部也可以借助该系统知道哪一环节或步骤出现了问题、责任人是谁，避免了因资料不全、责任不明等给事故处理带来的困难，使问题得到更快解决。

2. 基于 RFID 的智慧供应链溯源

> **焦点讨论**
>
> 　　基于物联网的先进技术和解决方案，通过实时收集并分析现场数据及部署指挥机制的方式，达到提高运营效率、增加收益、降低损耗的目的。智慧农业、智能产线等多种基于物联网的应用将推动溯源流程改进。物联网技术可用于解决溯源领域的特有问题，打造基于物联网的智慧溯源，实现产品质量和产量双丰收。物联网有望成为促进溯源普及、实现市场透明的关键技术。
>
> 　　物联网主要涉及电子标签、传感器、芯片及智能卡等三大领域，而在对传感网技术的开发和市场拓展中，最关键的技术之一是 RFID 技术。物联网的实质是利用 RFID 技术并结合已有的网络技术、数据库技术、中间件技术等，构筑一个由大量联网的阅读器 Reader 和无数移动的标签 Tag 组成的比互联网更为庞大的物联网，因此 RFID 技术成为物联网发展的重点。
>
> 　　讨论：RFID 技术的意义。

供应链管控以原料、半成品和成品为管控对象，其流程涉及原料采购入库、生产领料退料、产成品入库、销售出库、物料盘点、装箱装车关联等。

供应链溯源系统可以带来如下效益：

- 库存管理的可视化："什么""哪里""多少"等通过供应链模块可以准确体现。
- 库存管理的实时化：销售、生产、采购、管理等部门都能看到即时库存。
- 仓库管理的履历化：可以实现成品批次追踪，详细记录每批次产品发给了哪些客户。
- 物料管理的可溯源：可以实现原料批次追踪，详细记录每批次原料用于哪批产品。
- 物料管理的智能化：对于 SMT（Surface Mounted Technology，表面贴装技术）上料，可通过 PDA（Personal Digital Assistant，掌上电脑）扫码核验，规避上错料。
- FIFO（First Input First Output，先入先出）：确保原料、半成品、产成品的先入先出。
- 高效无差错的盘点：通过 PDA 扫码盘点，节约大量人力，且避免人工失误。

（1）供应链管控——采购入库

图 7-8 所示为供应链管控——采购入库的工作流程，产品需要先检验，检验合格方能入库。对于按 PCS（件）入库的产品，一个订单产生一个批号标签，产品检验合格后直接读取标签数据入库；对于按包入库的产品，一包产生一个批号标签，检验员通过 PDA 扫描被抽检包的标签，记录该包被抽取数量。当管控对象入库时，系统会自动核算准确的入库数量。

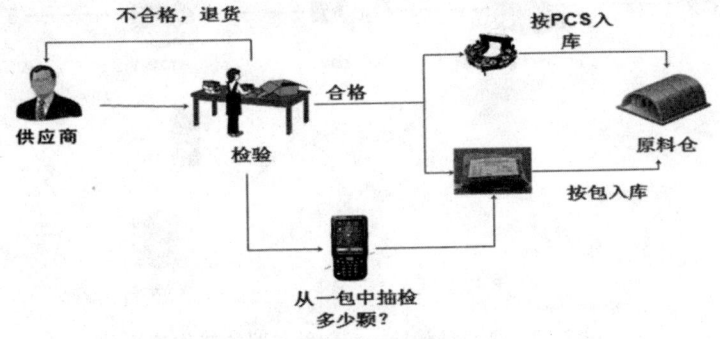

图 7-8　供应链管控——采购入库的工作流程

（2）供应链管控——领料退料

图 7-9 所示为供应链管控——领料退料的工作流程，均通过 PDA 对原料批次号进行扫码并录入数量；完工入库的半成品和成品也都通过 PDA 扫描标签进行入库记录，并且通过倒冲领料，实现生产现场原料实际消耗量的核算。

效益：通过 PDA 扫码和 Wi-Fi 实时传输，替代人工领料退料，既提高操作效率，也避免人为误差，确保各类仓库账物一致。

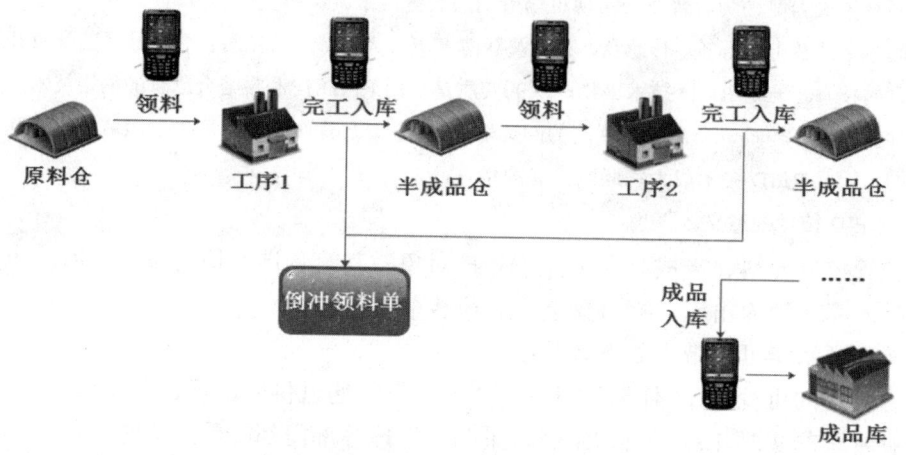

图 7-9　供应链管控——领料退料的工作流程

（3）供应链管控——包装关联

- 图 7-10 所示为供应链管控——包装关联的工作流程。
- PDA 扫码出库，确保产品溯源码与销售订单和出库单关联，为将来的质量溯源铺平最后一程。
- 总仓、分仓货物调拨通过 PDA 扫码进行出入库核验，确保调拨账物一致。
- 多层包装赋码绑定，装车仅需扫描最高包装级别条码，实现高效装车。
- 严谨的生码赋码逻辑，通过溯源码对多层包装进行层层反溯源。

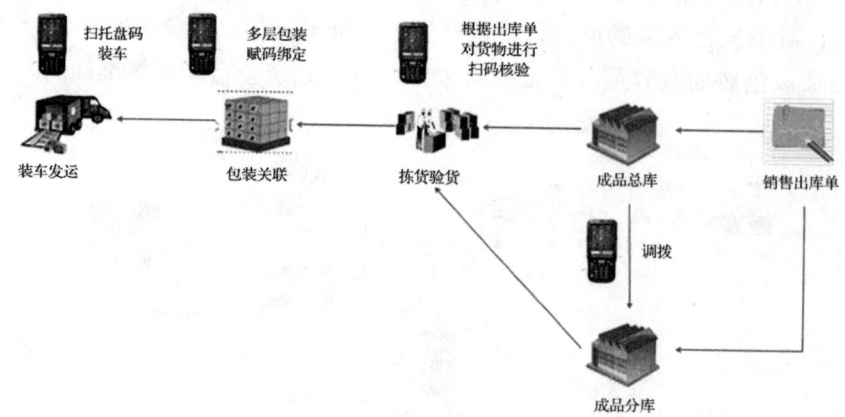

图 7-10　供应链管控——包装关联的工作流程

(4)供应链管控——包装装箱

控制器 ECU、蜂鸣器、显示器、传感器 4 个单品组成一个小箱,打印机打出箱码标签,工人贴标并扫箱码,然后对单品进行装箱和扫描录入,待装完一箱,PDA 绑定、上传数据。包装关联现场,通过 PDA 扫描录入和绑定子母包装码,如图 7-11 所示。

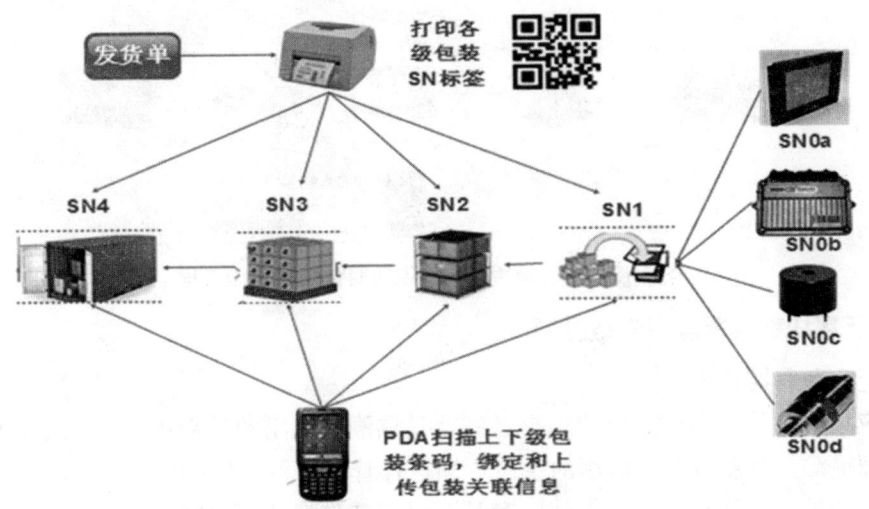

图 7-11 供应链管控——包装装箱的工作流程

(5)供应链管控——盘点

PDA 关联后台系统的盘点计划,对各类型仓库进行扫码盘点,记录实盘数量,并上传到系统后台,系统将自动对账目数量和实盘数量进行核算比对,算出盘赢或盘亏差额。通过定期盘点,确保公司的账实一致,保障财务核算准确,如图 7-12 所示。

图 7-12 供应链管控——盘点的工作流程

(6)供应链管控——供应商管理

供应链管控——供应商管理模块为核心供应商提供 RFID 电子标签打印和 PDA 扫码管理功能,其工作流程如图 7-13 所示。

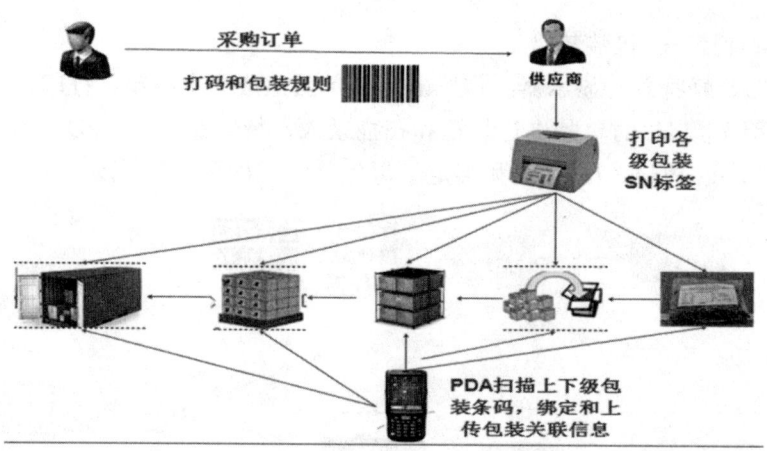

图 7-13 供应链管控——供应商管理的工作流程

3．基于区块链的智慧供应链溯源

（1）全生命周期管理

溯源应用业务从开始到结束的整个过程就是该溯源应用的生命周期。想正确地对业务应用进行溯源追踪，就要对溯源应用的生命周期进行管理。

在现在的供应链体系中，一个特定商品的供应链包括从原材料采购到制成中间产品及最终产品，最后由销售网络把产品送到消费者手中，将供应商、制造商、分销商、零售商、最终用户等串成一个整体。

比如在大米溯源案例（见图 7-14）中，大米链的整个过程包括选种、播种、收割、销售，最后到消费者食用，这些阶段的信息都被记录在溯源的应用系统中，当需要查询或追踪时，消费者或其他人可以从其中任何一个阶段进行数据查询和追踪，当消费者拿到粮食时，可以根据粮食身份证在"区块链大农场"上查询是否存在相关信息，真实存在的粮食身份证会展示一袋粮食的品种信息、种植农户的信息、详细的田间作业信息、每个关键生长阶段的数据信息、收割检验信息、加工过程信息、物流信息等，真正做到信息的溯源和防伪。

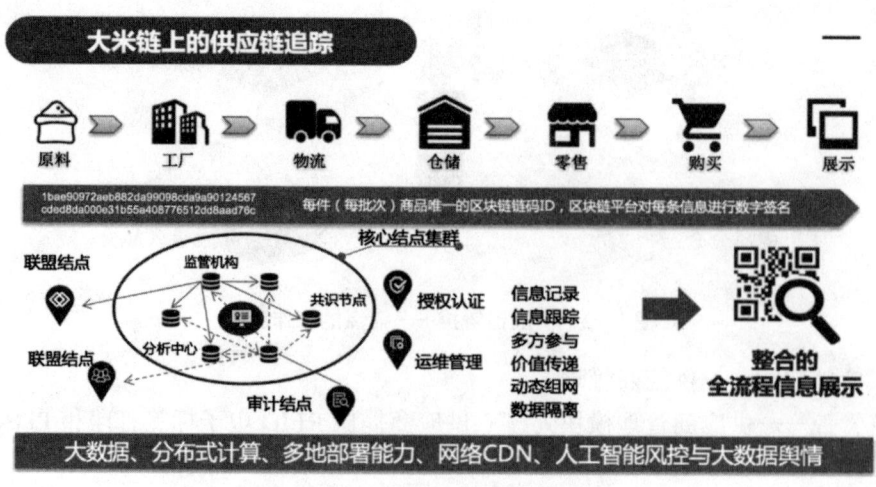

图 7-14 大米链的全生命周期管理

（2）溯源系统的总体架构

溯源系统的总体架构分为 5 个层级结构，描述了溯源应用中典型的功能模块，溯源系统的总体架构如图 7-15 所示。

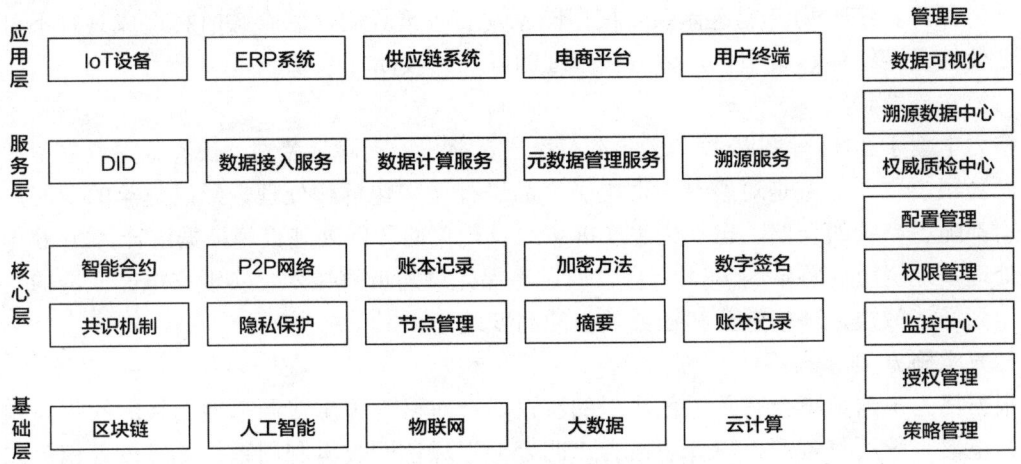

图 7-15　溯源系统的总体架构

- 应用层：它可以是溯源数据的来源端，也可以是溯源服务的接收端。从线下到线上，数据一直都存在风险，需要物联网设备作为可信的信息化数据手段。同时应用层还有相应企业与个人涉及的前端应用。
- 服务层：为溯源应用提供核心区块链相关服务，保证了服务的高可用性、高便捷性。可信的分布式身份服务包括作为物或人的标识认证、可靠的数据接入、精准的数据计算、安全的元数据管理，这些服务是溯源应用提供能力的保证。
- 核心层：它是区块链系统最重要的组成部分之一，将影响整个系统的安全性和可靠性。共识机制与 P2P 网络传输是区块链的核心技术，保证了网络的安全性和分布式一致性。因为在溯源场景中有许多企业商业数据，所以隐私保护是溯源架构中必不可少的一环。
- 基础层：它提供了基本的互联网基础信息服务，主要为上层架构组件提供基础设施，保证上层服务可靠运行，物联网设备决定了数据来源的可靠性，区块链保证了数据的真实性，最后为数据的安全存储、分析和计算提供高效且精准的服务。
- 管理层：它是溯源应用落地过程中必不可少的重要组件。权威质检中心不仅为溯源应用数据提供了比较权威的信用背书，认证了实物的可用性，也为对应的数据赋予相符的价值。溯源数据中心收集整个溯源信息流并将其作为数据"原料"，监控中心监控数据在流转中的异常，确保了流转数据过程的可靠性。最后，通过可视化展示的溯源信息是全流程的真实的由区块链作为价值背书的数据。管理层还有一些辅助功能，包括配置管理、权限管理、监控中心、策略管理等，保障了溯源应用的生产可用。

7.4　行业实践

1. 格力绿色：以增值服务置换废弃电器电子产品

格力"四合一"绿色回收再利用系统是针对格力再生资源基地面临的回收问题而设计的，

系统整合格力电器系统所有资源。格力O2O电商平台+格力线下销售渠道+格力绿色再生处理+格力绿色生态再生设计组成了格力"四合一"绿色回收系统不可或缺的一部分，以格力线下销售渠道为核心，依托线上互联网O2O回收平台，以格力绿色再生处理和格力绿色生态再生设计为保障，统一物流配送体系，根据国家发展政策导向，联合政府打造成具有不可替代性、专业性及网络化、集中化、体系化管理的静脉回收闭环系统。

（1）实施背景

格力电器于2011年投资数十亿元在石家庄、郑州、天津、芜湖、长沙分别设立了5个再生资源公司，主要业务是对废弃电器电子产品进行无害化拆解处理。经过几年的发展，各基地公司都配备完善的仓储、自动化生产拆解线及相关的环保处理设施，据统计，2016年格力绿色处理基地资质拆解量为684万台。通过环保先进的拆解技术，实现家电产业链的生态循环，做到经济效益、环境效益和社会效益的高度统一。

（2）实施方案

根据格力电器董事会有关绿色环保的决议，针对格力再生资源基地面临的回收问题，整合格力电器系统所有资源，设计了格力"四合一"绿色回收再利用系统，经过各相关方面的可行性评估，此系统评估运行良好。

① 格力O2O电商平台。

随着再生资源行业发展日渐成熟，互联网也为再生资源行业发展提供了新的破格思路。格力电器自建回收人员体系+上门服务模式、共享经济模式的全品类"O2O废品回收平台"，各类电商平台桥接回收窗口。网络回收平台利用互联网技术为用户及回收人员提供便捷的回收体验，深度整合线下资源，改善再生资源回收模式，建立废品回收到废品处理的完整产业链交易。

● 格力商城

消费者通过格力商城或格力商城App可以参与格力商城"以旧换新"的活动，提交废旧家电回收单，格力派工系统会派回收人员上门回收，回收人员已经经过公司的严格培训，包括礼仪、着装、质检标准、计价方式等，回收人员与销售者约定回收时间，并达成回收意愿，完成回收，回收人员把旧机送至指定仓库。消费者可以选择兑换现金、商城积分、清洗服务等，如图7-16所示。

● 格力回收平台

格力回收平台专注于回收废旧家电，消费者注册并登录回收平台，按照"傻瓜"式操作指导，完成网上提交回收流程；格力绿色回收站回收人员接到格力派工系统指令，与消费者预约上门回收时间，达成回收意愿，完成回收。废旧家电被运输至格力绿色回收站。格力回收平台自成立之初，就致力回收废旧家电，为绿色环保事业兢兢业业，奋斗不止。

● 与京东商城等网络平台的战略合作

电商发展如火如荼，大放异彩，格力在注重自我网上回收平台建设的同时，积极与现有的各大商城合作，整合电商行业资源，拓展"以旧换新"活动范围。每个电商平台都拥有固定的客户群体，充分发挥"互联网+回收"的优势，既为回收渠道探索增加动力，也增加各大商城的销量，取得双赢的局面。

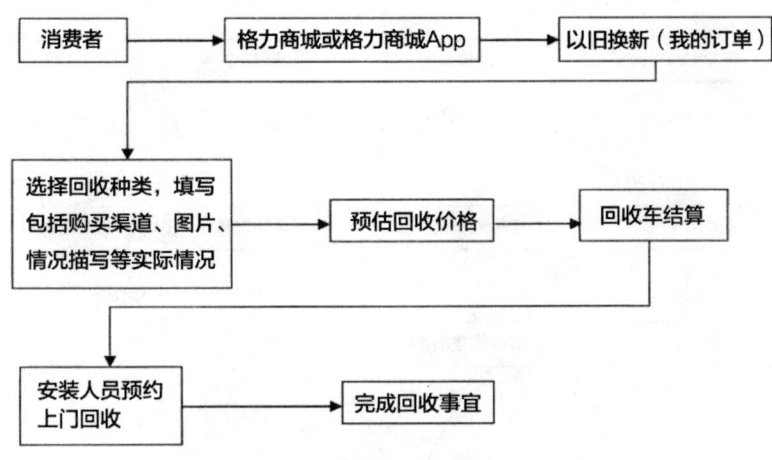

图 7-16 格力商城或者 App 的回收流程

② 格力线下销售渠道。

格力电器专卖店遍布中国各大城市中，销售系统流程完善且能量强大，结合珠海格力倡导"让天空更蓝，大地更绿"的理念，格力销售网点有责任参与回收废旧家电的伟大事业中。格力销售网点对消费者宣贯"绿色环保"的理念，通过增值服务及"以旧换新"的活动增加废旧家电回收量，拓宽回收的渠道，有助于减轻格力再生资源的回收压力。格力电器经销商和格力绿色再生基地合作举办"以旧换新"活动，五大再生资源基地与格力经销商开展"以旧换新"活动 20 余场；共回收废旧家电 20 000 余台，换出格力生活电器 1000 余台，查干湖大米 10 余吨。

格力绿色再生基地共同参加了国家高科技研究发展计划（863 计划）"退役家电产业逆向物流关键技术研究与示范"项目，建立了统一逆向物流信息管理系统。在实践"以旧换新"活动的同时，格力绿色再生基地研究了销售系统的正向流系统，结合目前以旧换新的成果，构建销售逆流系统。通过销售体系逆向回收系统，用户可以通过销售系统直接交接旧机给终端处理厂，省去中间环节，消费者能得到更多利益，更避免了因用户处理旧机不当造成的环保问题，终端处理中心以较低价格取得生产原料，实现了三方兼顾、三方共赢的局面。合作开展过程中共计回收各类废旧家电 10 000 余台。销售体系逆向回收体系初步形成，格力绿色逆向回收系统流程如图 7-17 所示。

（3）价值分析

根据"四合一"格力绿色逆向回收系统的方式，将有效地整合格力销售及售后和市场回收站的资源，通过"七统一"方式，进行规范化、标准化的整合。通过科学管理，绿色环保的运输方式，从消费者手里回收废旧家电，从回收产业链条的源头把控家电的二次污染，杜绝了存在安全隐患的二手家电在市场上流通。

"四合一"格力绿色逆向回收系统整合现有行业资源，充分调动了行业的积极性，从绿色物流、始端回收、绿色仓储、绿色处理等环节严格把控，相比传统回收更加专业化、透明化、环保化，规范整合后的回收渠道，废弃电器电子产品回收量将进一步提升。

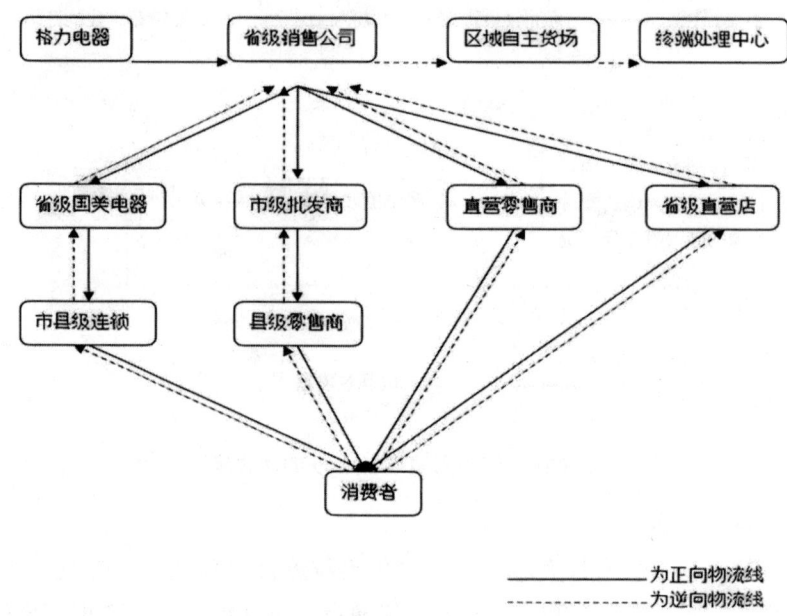

图7-17 格力逆向回收示意图

2. 中链科技：区块链冷链溯源公共服务平台

（1）实施背景

冷链是特殊的供应链系统，泛指冷藏冷冻类食品和药品在生产、储藏、运输、销售等各个环节中始终处于特定的低温环境，以保证物品质量的一套系统工程。

中链科技有限公司（以下简称中链科技）和某大型肉类协会、某大型冷链公司合作，根据冷链溯源业务的定制化需求分别提供针对各自业务特点的解决方案，打造基于区块链技术的全程冷链溯源平台。由于区块链具有打破信息垄断、实现数据共享的特点，所以它解决了传统的溯源技术中标准不一致、无法体系化，原材料提供商、生产厂家、物流方等多方彼此隔离且难以互信的难题，打造多方参与的生态。系统通过智能合约实现资源的整合和各方效益的最大化，构建新型合作共赢的生态场景。

（2）实施方案

中链科技冷链溯源解决方案如图7-18所示，采用区块链、RFID和传感技术，以及云计算、大数据等技术手段，打造冷链物流环境监测及溯源平台，平台主要包括以下功能。

可信溯源：中链科技区块链冷链溯源解决方案打造冷链溯源生态体系，将冷链关键环节的各方作为节点，实现原料、生产、仓储、批发、零售等各个环节的生产数据、产品数据、卫星定位数据、冷链物流数据，以及物流运输过程中温度、湿度、光线等数据经哈希后全程入链存证，打造可信存证基础设施平台，为溯源提供可信数据支撑。

① 实时监控：在冷链商品的流通过程中，平台可对流通领域内的温度、湿度等信息进行全天候的实时监控，严格保障冷链商品的环境参数在规定范围内。

② 预警管理：在冷链商品的运输过程中，一旦发现环境中的温度、湿度等参数超标，系统就会自动对异常情况进行预警，及时采取有效的防范措施。

③ 查询服务：平台面向各方用户提供高效的查询服务，可面向生产商、经销商、零售商、终端消费者等提供不同类型的信息查询服务，让经销商实时掌握冷链商品在运输过程中的状态，让终端消费者买到放心商品。

除了以上功能，平台还提供运输过程中的冷链商品交接管理、实时 GPS 定位、报表分析及管理、用户管理、资产管理、产品档案管理、人员身份管理等功能。

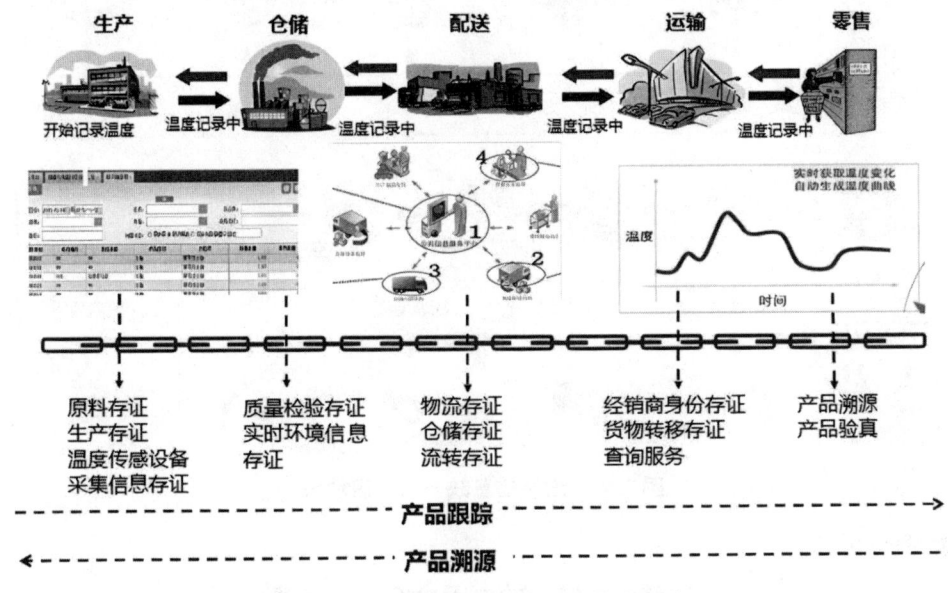

图 7-18 区块链冷链溯源公共服务平台

（3）价值分析

基于区块链的冷链溯源系统将生产企业、冷链物流公司、监管部门、冷链仓储机构、监测机构等纳入联盟网络，通过区块链网络进行数据共享和传输，保障各方信息实时同步，打造各方互信共享的可信冷链溯源生态。

思考与练习

1．名词解释

（1）循环供应链

（2）逆向物流

（3）溯源

2．简答题

（1）循环供应链有哪些类型？

（2）逆向物流有哪些特点？

（3）分析供应链溯源的目标。

3．讨论题

（1）讨论基于 RFID 和 GPS 技术的跟踪管理的实现方法。

(2) 讨论基于大数据分析的逆向物流的实现方法。

(3) 分析基于区块链的智慧供应链溯源总体架构。

4．图解分析题

根据图 7-19 分析如何实现智慧供应链上下游企业数据的信息共享。

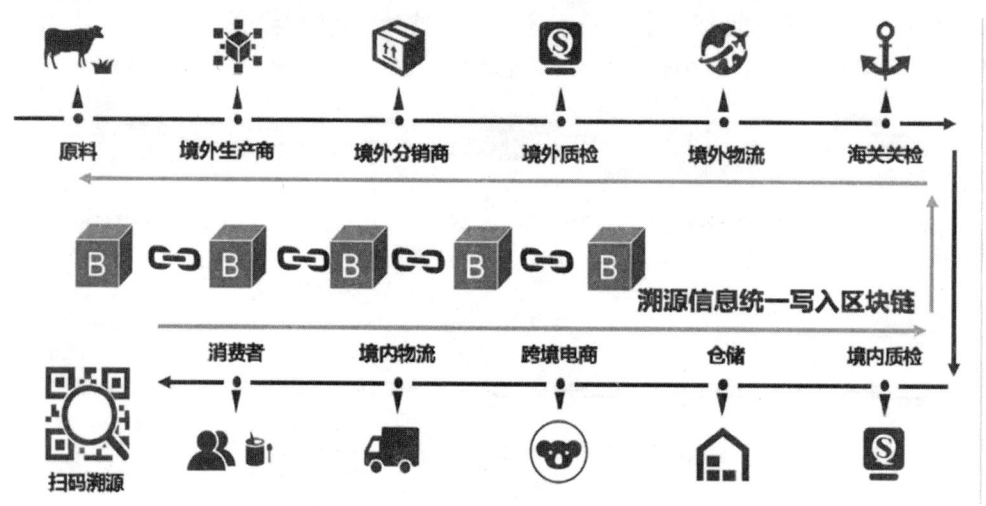

图 7-19　溯源信息统一写入区块链

5．案例分析题

智慧供应链下的电网废旧物资管理

在电网领域，废旧物资管理被纳入企业设备资产全寿命周期管理之中，以更加集约化、精益化的方式推进处置管理，提高废旧物资业务效率与价值。近年来，随着电网企业资产装备大范围的升级与更新，废旧物资业务处置需求与专业处置能力的矛盾日益凸显，更合规、高效、增值地推进废旧物资业务成为电网企业的实践热点。随着信息技术与现代供应链理论的发展进步，电网企业开始逐步推进智慧供应链在企业的实践与落地，不断挖掘供应链全量数据，提升业务效能。废旧物资管理作为供应链管理闭环的关键环节，要求电网企业以废旧物资联网数据为驱动，提高废旧物资业务效率与价值，降低企业废旧物资的浪费和流失。

（1）建立废旧物资足量回收管理策略，防止资产流失

建立以拆除计划为牵引、以过程监督为手段的回收量管控机制，实现拆除回收量全过程透明，防止资产无效流失。

推动废旧物资回收与处置全流程的数据信息贯通，提升资产全寿命周期管理价值。注重现场拆除与移交环节数据的采集与记录，保证废旧物资全过程数据全量化，落实应回收量与实回收量的可溯源管控，如图 7-20 所示。

在智慧化应用上，以 ERP 贯通辅助工具实现业务数据信息的有效共享与应用，以 App 应用便捷化拆除现场监督核查，现场资料可及时记录与归档。

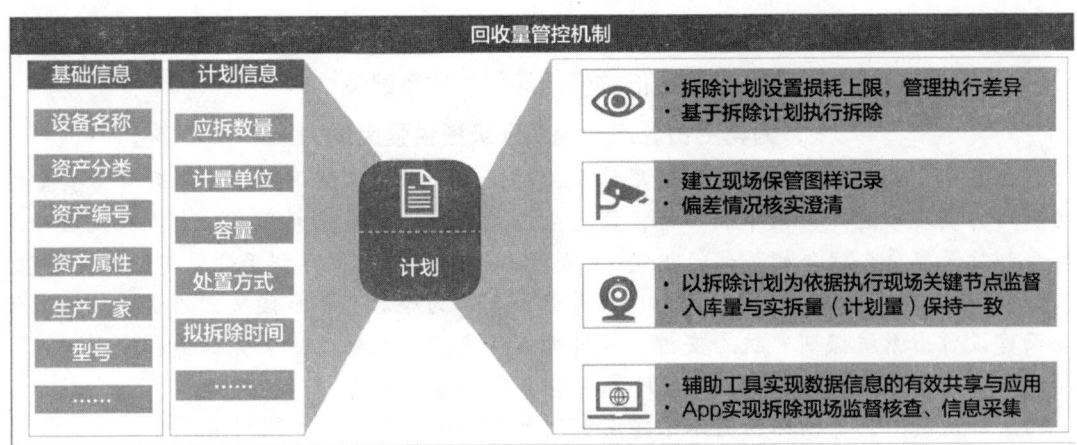

图 7-20 回收量管控机制

（2）应用"拆—储—拍"一体化废旧物资实物处置模式，推进精细化、绿色化废旧实物处置

为提升废旧物资业务的合规性与处置价值，逐步推进废旧物资"拆—储—拍"一体化模式应用，即以废旧仓库为载体实现拆解、储存、拍卖等业务的一体化实物管理。在整体上，以废旧仓库为载体建立电网废旧物资智能化拆解破坏中心，标准化配置拆解暂存区、拆解作业区、拆解材料分类区。针对废旧物资的特性，功能化配置拆解作业区，围绕废旧物资类型优化拆解装备装置。对于重型废旧变压器应用行车等起重装置进行辅助拆解；对于变压器油，明确拆解顺序，保证油污最小化；对拆解地面做特殊化处理，对于拆解后的材料部件进行油污清滤，防止二次污染。同样对于废旧电缆，配置专业线缆拆解机械，配置相应的起重装置、油污处理装置，如图 7-21 所示。

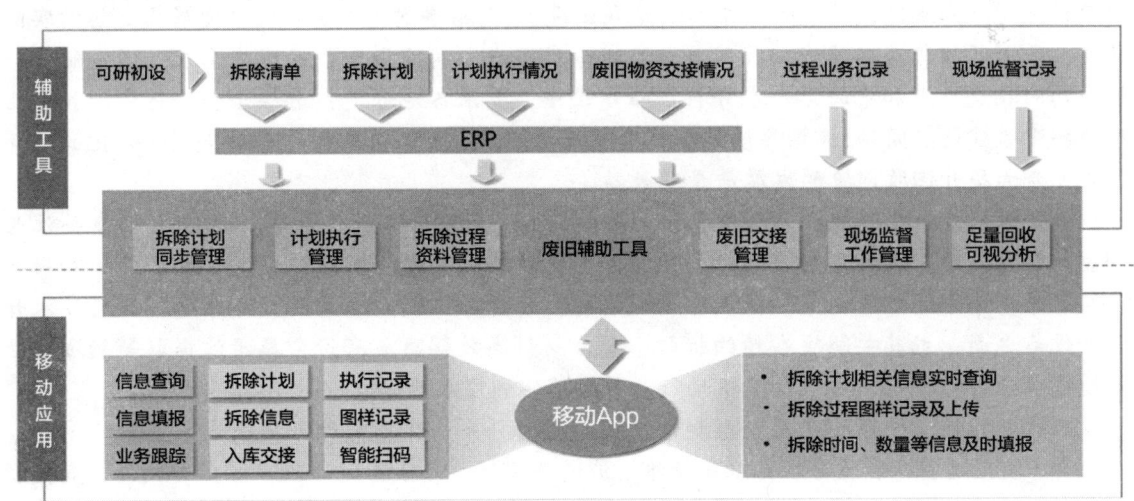

图 7-21 废旧物资足量回收管理策略智慧应用框架

分析：

对废旧物资足量回收管理策略智慧应用方案进行价值分析。

6. 课程思政题

聚焦废旧物资循环利用体系建设

为再生资源产业提质升级提供强大动力

建立健全完善的废旧物资循环利用体系，对提高资源循环利用水平、提升资源安全保障能力，助力实现碳达峰、碳中和目标，促进生态文明建设具有重大意义。中华人民共和国国家发展和改革委员会联合相关部门印发了《关于加快废旧物资循环利用体系建设的指导意见》（发改环资〔2022〕109号，以下简称《指导意见》）。为今后5年我国废旧物资循环利用体系的全面建设作出系统谋划、统筹安排，是贯彻落实党的十九届五中全会精神和"十四五"规划《纲要》及推进"十四五"循环经济高质量发展的重要举措。

（1）加快废旧物资循环利用体系建设有利于全面提升全社会资源利用效率

《指导意见》任务清晰。《指导意见》提出以"政府引导、市场主导；统筹推进、因地制宜；创新驱动、分类指导"为工作原则推进废旧物资循环利用体系建设；明确了完善废旧物资回收网络、提升再生资源加工利用水平、推动二手商品交易和再制造产业高质量发展三大任务，并统筹考虑不同地区、不同阶段、不同品类的实际情况，对废旧物资回收、分拣、再生利用、二手交易和再制造等工作进行了具体部署。

《指导意见》目标明确。《指导意见》提出，到2025年建设1000个绿色分拣中心，废钢铁、废有色金属、废塑料、废纸等主要再生资源循环利用量达到4.5亿吨，全国60个左右大中城市率先建成基本完善的废旧物资循环利用体系。可以预见，届时社会各界普遍关注的再生资源加工利用行业"散乱污"的状况将明显改善，行业发展"集聚化、规模化、规范化、信息化"水平将大幅提升，二手商品、再制造产品流通秩序和交易将更加规范。

（2）加快废旧物资循环利用体系建设有利于促进行业高质量发展

一是以完善废旧物资回收网络建设为支撑，提高前端资源回收水平。回收站点、分拣中心建设是回收网络建设的核心。在回收站点建设中，《指导意见》要求从方便居民交售的实际角度，从深入推进废旧物资回收网点与垃圾分类网点"两网融合"的现实需求，因地制宜合理布局回收交投点和中转站。在分拣中心建设中，要求各地分类推进综合型分拣中心和专业型分拣中心建设。同时，《指导意见》鼓励规范化、专业化、信息化、全链条、一体化的运营方式，着力提升回收网络的发展质量和效益。

二是以提升再生资源加工利用水平为突破，提高后端资源利用效率。《指导意见》关注长期制约再生资源加工利用水平提升的瓶颈问题，从推动集聚化发展、提高技术水平、加强行业监管等多个方面精准施策。强调推动现有再生资源加工利用项目的提质改造，开展技术升级和设备更新，尤其要解决在精细拆解、复合材料高效解离、有价金属清洁提取等领域共性关键技术亟待突破的问题，切实推动行业贯彻落实新发展理念。

三是以推动二手商品交易和再制造产业发展为补充，提高循环利用效率。当前二手商品在交易、使用过程中，还存在标准不清晰、流通不规范、评估鉴定争议多等诸多问题，直接影响了行业的发展壮大。《指导意见》对建立健全二手商品交易管理制度，完善二手商品鉴定、评估、分拣等标准体系，培育权威的第三方鉴定评估机构，规范二手交易秩序提出了具体要求。同时首次提出完善计算机类、通信类和消费类电子产品信息清除标准规范，逐步解决二手商品转售及翻新等服务涉及的知识产权问题，严厉打击二手商品交易中的诈骗及非法交易等问题，为相关二手商品的交易和使用清除了障碍。此外，《指导意见》提出通过推广再制造共性关键技术等方式推进再制造产业高质量发展。

（3）加快废旧物资循环利用体系建设保障政策针对性强

一是明确提出加强用地、路权等要素保障。将交投点、中转站、分拣中心等废旧物资循环利用相关建设用地纳入国土空间总体规划，并将其作为城市配套的基础设施用地，保障合理用地需求。加大对再生资源加工利用产业基地、二手交易市场的用地支持。明确保障废旧物资回收车辆进城合理路权。

二是投资财税金融政策支持力度大。提出鼓励有条件的地方政府对低附加值可回收物回收利用制定支持政策。统筹现有资金渠道，加强对废旧物资循环利用体系建设重点项目的支持。要求依法落实和完善节能节水、资源综合利用等相关税收优惠政策。鼓励金融机构加大对废旧物资循环利用企业和重点项目的投融资力度，鼓励各类社会资本参与相关产业。强调要加大政府绿色采购力度，积极采购以再生资源为原材料的产品。

三是加强行业监督管理。明确实施废钢铁、废有色金属、废塑料、废纸、废旧轮胎、废旧纺织品、废旧手机、废旧动力电池等废旧物资回收加工利用行业规范管理。加强对再生资源回收加工利用行业的环境监管。打击非法拆解处理报废汽车、废弃电器电子产品等行为。

四是完善统计体系。明确提出健全废旧物资循环利用统计制度，推进企业、行业协会与政府部门数据信息对接，建立并完善再生资源回收重点联系企业制度，推动解决行业长期存在的数据范围不明晰、指标不完善、口径不一致、统计核算方法不完整等问题。

"十四五"时期是实现废旧物资循环利用由量变到质变的关键时期，是全面提升全社会资源利用效率的关键阶段，《指导意见》的贯彻落实将为再生资源产业提质升级提供强大动力。

（资料来源：中华人民共和国国家发展和改革委员会资源节约和环境保护司 作者：潘永刚 中国再生资源回收利用协会秘书长）

7. 二十大报告关键词

推进文化自信自强

【报告原文】

全面建设社会主义现代化国家，必须坚持中国特色社会主义文化发展道路，增强文化自信，围绕举旗帜、聚民心、育新人、兴文化、展形象建设社会主义文化强国，发展面向现代化、面向世界、面向未来的，民族的科学的大众的社会主义文化，激发全民族文化创新创造活力，增强实现中华民族伟大复兴的精神力量。

【解读】

社会主义文化强国建设必须坚持举旗帜、聚民心、育新人、兴文化、展形象。只有坚持以人民为中心的创作导向，才能用心、用情、用功书写生生不息的人民史诗；推进文化自信自强，方能守正创新，创作出精品佳作。

铸就社会主义文化新辉煌，不仅有利于高质量满足人民日益增长的精神文化需求，巩固全党全国各族人民团结奋斗的共同思想基础，增强实现中华民族伟大复兴的精神力量，而且有利于讲好中国故事、传播好中国声音，展现可信、可爱、可敬的中国形象，推动中国文化更好走向世界，不断提升国家文化软实力和中华文化影响力。

（选自《人民日报》）

第 8 章
智慧供应链的脱碳

开篇案例：供应链的碳足迹

一个完整的供应链应该是一个循环供应链。供应链中的所有活动都可能存在一系列的碳足迹，无论是食品生产，还是家电、计算机、手机生产，从原材料采购、处理、产品制造、交付运输、使用，到产品生命终结的整个生命周期都伴随着碳足迹，如图 8-1 所示。

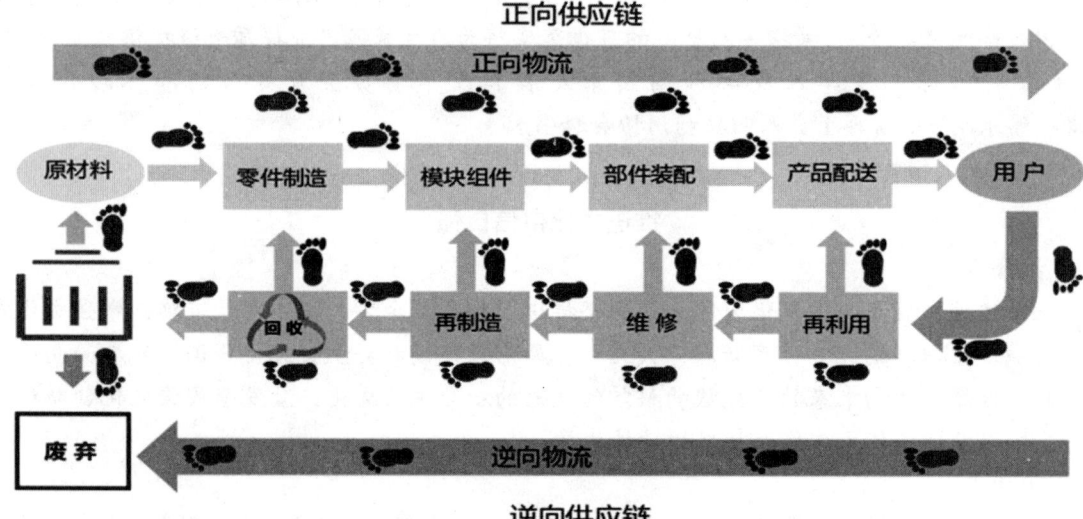

图 8-1 循环供应链的碳足迹

碳信托基金会是全球政府、企业和各类组织的专业合作伙伴，它致力支持减少碳排放，为实现可持续发展做出贡献。图 8-2 所示内容展示了生产一罐可乐的供应链及其碳足迹比例。

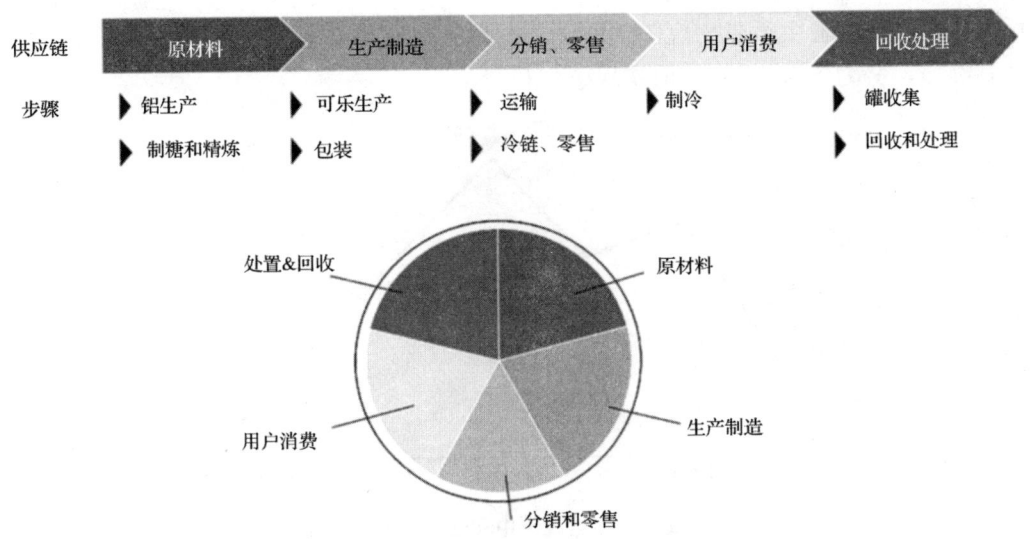

图 8-2 生产一罐可乐的供应链及其碳足迹比例

8.1 "双碳"目标

1. 基本概念

（1）碳达峰

它是指在某一个时点，二氧化碳的排放不再增长并达到峰值，之后逐步回落。碳达峰是二氧化碳排放量由增转降的历史拐点，标志着碳排放与经济发展实现脱钩，碳达峰目标包括达峰年份和峰值。

（2）碳中和

它是指国家、企业、产品、活动或个人在一定时间内直接或间接产生的二氧化碳或温室气体排放总量，通过植树造林、节能减排等形式，以抵消自身产生的二氧化碳或温室气体排放量，实现正负抵消，达到相对"零排放"。

为了应对气候变化，197 个国家于 2015 年 12 月 12 日在巴黎召开的缔约方会议第 21 届会议上通过了《巴黎协定》，旨在大幅减少全球温室气体排放，将 21 世纪全球气温升幅限制在 2℃以内。2021 年 11 月 1 日，第 26 届联合国气候变化大会在英国格拉斯哥开幕，缔约方将对加速实现《巴黎协定》和《联合国气候变化框架公约》设定的目标进行进一步讨论。

世界资源研究所（The Word Resources Institute，WRI）报告显示，2010 年前，全球共有 49 个国家已实现碳达峰，其二氧化碳排放量占全球二氧化碳总排放量的 36%。已有 130 多个国家和地区提出了"零碳"或"碳中和"的气候目标，其中已实现碳中和的有 2 个国家，已立法的有 6 个国家，处于立法中的包括欧盟和其他 5 个国家。另有 20 个国家（含欧盟国家）发布了正式的政策宣示，100 个国家和地区提出了目标但尚在讨论中。主要经济体达成碳中和任务的预期速率（百万吨/年）对比，如图 8-3 所示。

2020 年 9 月 22 日，习近平主席在第 75 届联合国大会一般性辩论上发表重要讲话时指出，中国将提高国家自主贡献力度，采取更加有力的政策和措施，二氧化碳排放力争于2030年前达到峰值，努力争取2060年前实现碳中和。

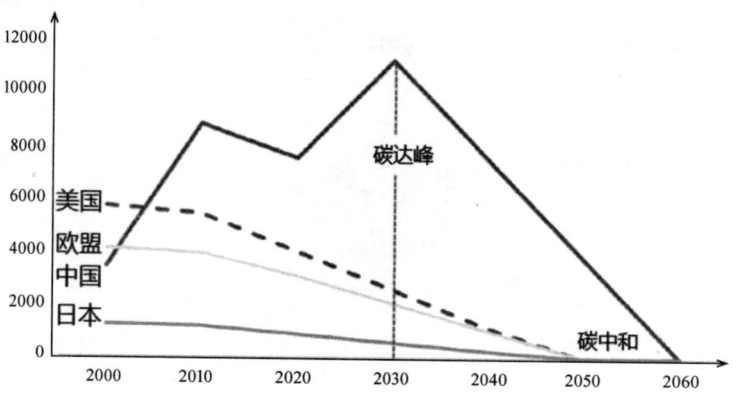

图8-3 主要经济体达成碳中和任务的预期速率对比

（3）碳交易

它是指把二氧化碳排放权作为一种商品，买方通过向卖方支付一定金额从而获得一定数量的二氧化碳排放权，从而形成关于二氧化碳排放权的交易。

碳交易市场是由政府通过对能耗企业的控制排放而人为制造的市场。通常情况下，政府确定一个碳排放总额，并根据一定规则将碳排放配额分配至企业。如果未来企业的二氧化碳排放量高于配额，需要到市场上购买配额。与此同时，部分企业采用节能减排技术，使碳排放量低于其获得的配额，这时企业可以通过碳交易市场出售多余配额。双方一般通过碳排放交易所进行交易，如图8-4所示。

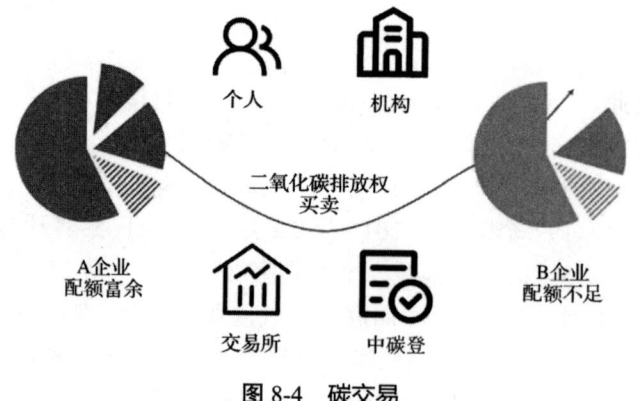

图8-4 碳交易

（4）碳税

它是针对某些造成二氧化碳排放的商品或服务，依照排放量来征收的一种环境税。

碳税是通过税收手段，抑制企业向大气中排放过多的二氧化碳，从而减缓气候变暖的进程。碳税在交通运输部门和能源部门比较常见。

碳税主要由国家内部征收。而碳关税是指主权国家或地区对高耗能产品进口征收的二氧化碳排放特别关税，它本质上属于碳税的边境税收调节。

2. 智慧供应链的脱碳路径

（1）管理对象从"局部"拓宽至"全体"

在碳达峰与碳中和的背景下，欧美国家对碳排放的关注点已经从单个企业转向产品全生命周期，不少国家和地区使用或计划使用的碳交易、碳税、产品生态设计、碳标签等制度，都体现了产品全生命周期碳管理的要求。一些欧美跨国企业更是先行先试，在供应链管理工作中，开始对供应商提出节能减碳的要求，并将这一要求从一级供应商向上游逐级延伸，实现了供应链上所有供应商的全覆盖。目前，越来越多的欧美跨国企业已经提出供应链碳中和目标，比如苹果公司在 2020 年实现自身运营的碳中和后，提出将在 2030 年实现供应链和产品碳中和的目标；施耐德电气有限公司提出 2025 年前实现运营碳中和、2040 年实现供应链碳中和、2050 年实现供应链净零排放；西门子股份公司提出 2030 年实现全球供应链减排 20%的目标，到 2050 年实现供应链碳中和。

在欧美企业积极行动的同时，部分中国企业也开展了相关探索。华为技术有限公司计划在 2025 年前推动 TOP100 供应商制定碳减排目标；隆基绿能科技股份有限公司在 2021 年度供应商大会上发布《智慧供应链减碳倡议》，150 余家供应商积极响应；联想集团计划到 2025/26 财年实现全球运营活动 90%的电力来自可再生能源，推动全球供应链减少 100 万吨温室气体排放。

（2）管理要求从"浅绿"走向"深绿"

多数绿色供应链是"浅绿色"的，核心企业关注的点多停留在环保合规上，而对于节能、节水、减碳及产品良品率、耐用性、再利用率等更广义层面绿色的关注显然不够。在特定历史时期，由于多数国家的环境管理并不到位，企业环境违规问题一度频发，企业开展的智慧供应链管理工作若能将上游违规企业推向环境合规，大幅减少供应链上的环境违规行为，其绿色供应链管理的成效是显著的。现阶段，随着各国环境立法加强和执法加严，违规企业几乎已无生存空间，若再以环境合规与否作为评价核心企业绿色供应链管理水平的唯一标准，则评价标准太低了。企业只有在环境合规的基础上，对上游企业提出更为严格的脱碳要求，比如更高的污染物减排、节能、节水、减碳等直接的绿色要求，或者绿色设计、高良品率、高回收利用率等其他广义的绿色要求，推动整个供应链从环保合规的"浅绿色"向着环境绩效持续提升的"深绿色"迈进，才称得上是一家优秀的绿色供应链管理企业。

在从"浅绿"走向"深绿"的实践中，部分公益机构进行了积极探索。2014 年，公众环境研究中心与美国自然资源保护协会合作开发了全球首个基于品牌企业在华供应链环境管理表现的评价体系——《绿色供应链（CITI）指数》，评价指标涵盖透明与沟通、合规性与整改行动、延伸绿色供应链、节能减排和责任披露 5 个方面的内容，以路线图的形式引导企业由浅入深地完善供应链环境管理机制，最终形成最佳实践。结合前期的探索，2021 年 10 月，公众环境研究中心发布了《企业气候行动 CATI 指数》，立足企业碳减排问题，重点围绕治理机制、测算与披露、目标与绩效、减排行动，对石化、电力、钢铁、建材、汽车零部件、光伏产业等 30 个行业的 662 家企业进行了评价。2016 年，阿拉善 SEE 生态协会联合中城联盟、全联房地产商会、朗诗集团股份有限公司和万科企业股份有限公司共同发起"中国房地产行业绿色供应链行动"，依据对供应商环保合规状况评价后形成的"白名单"和"黑名单"，以联合采购方式，大力支持环境合规的"白名单"企业，推动钢铁、水泥、铝合金、木材等行业的大量供应商改善了环境绩效。随着实践成熟，在原有"白名单"和"黑名单"之外，推出了具有行业引领性的"绿名单"，对环境绩效表现优异的"绿名单"企业进行优先采购。

与此同时，一些欧美企业提出的零碳供应链承诺，已经对供应商产生了新的压力，随着低碳供应商管理工作的推进，整个供应链势必会在环保合规的基础上从高碳走向低碳甚至零碳，由"浅绿色"逐步转变为"深绿色"。

（3）管理方式从"封闭"走向"透明"

环境信息只有公之于众，广泛接受社会监督，才能保证其真实性和可靠性。在传统的智慧供应链管理实践中，除法律强制要求进行环境信息公开的大企业之外，大多数企业的环境信息是不公开的。虽然一些企业开展了智慧供应链管理工作，要求上游企业提供环境信息，但这些信息多是封闭的点对点流动，仅有提出要求的少数企业才可以获取，公开范围极为有限。

在环境信息公开方面，苹果公司的案例具有里程碑式的意义。2011年8月，自然之友、公众环境研究中心等环保组织曝光苹果公司的27家疑似供应商存在严重的环境违规问题。对此，苹果公司及时整改，开始加强对供应链的脱碳管理，广泛公开环境信息，于2012年发布的《供应商责任2011年进展报告》首次公布了156家供应商和生产合作伙伴名单，从"封闭"的供应链转向了"透明"的供应链。截至2018年年底，苹果公司连续5年在公众环境研究中心发布的《绿色供应链CITI指数》中排名在华企业第一，并在2019年、2020年和2021年连续3年荣获绿色供应链CITI卓异品牌企业。从苹果公司供应链的"绿色蝶变"中，我们可以看出信息公开的重要性。

在碳达峰和碳中和的背景下，一些企业已经提出了全供应链的碳中和甚至净零排放目标，引领着供应链低碳转型的新趋势。这不是政府的强制要求，也不是企业简单喊喊口号，而是以企业信誉进行担保的自愿性减排行动。这将推动以往环境信息单向流动和封闭管理方式转向公之于众。不少核心企业已经将供应链碳中和的时间表、各时间节点的减排量、供应商名录等环境信息进行公开，广泛接受政府、同行和社会公众的监督，正在向着可测量、可核实、透明的智慧供应链迈进。

8.2 "双碳"目标下智慧供应链的技术

焦点讨论

自2014年以来，中华人民共和国商务部在我国商贸流通领域相继开展了"商贸物流标准化专项行动""流通领域供应链体系建设""城乡高效配送专项行动"等一系列试点工作，着力推动符合GB/T 2934-2007《联运通用平托盘主要尺寸及公差》要求的 1200mm×1000mm 标准托盘及其循环共用，并要求从全球统一编码标识（GS1）商品条码切入，推动托盘条码与商品条码、箱码、物流单元代码关联衔接，实现商品和集装单元的源头信息绑定，并沿供应链顺畅流转，提高供应链标准化、信息化水平。在国家政策的推动和试点企业及各部门的努力下，我国标准托盘应用及循环共用取得了较快发展，主要表现为托盘标准化率和带板运输率大幅提高、托盘租赁量大幅增加、托盘循环共用体系逐步建成等，在提高物流效率和降低物流成本方面成效显著。

讨论：我国标准托盘为什么引入全球统一的编码标识（GS1）？

1. 单元化载具共享

单元化载具共享的供应链服务商拥有比较广泛的单元载具共享平台，产品包括托盘系列、可折叠周转筐系列、塑料周转箱系列及金属容器系列，多元化的产品组合为快速消费品、零售、生鲜农产品、工业制造、零部件生产及门店配送，以及化工行业客户提供单元化载具的最佳使用或应用方案，如图8-5所示。

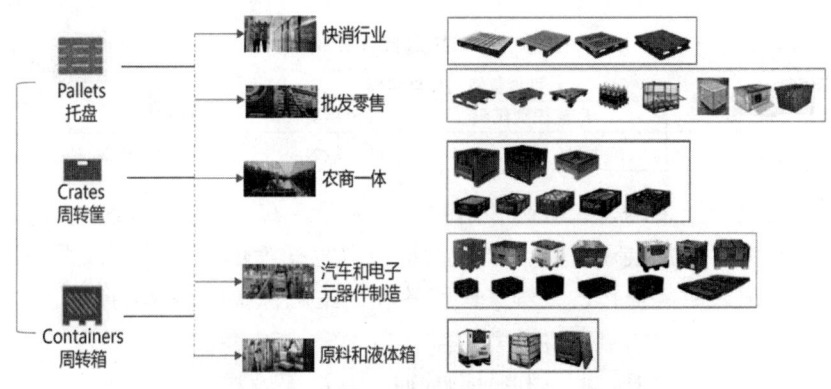

图 8-5　单元化载具

（1）托盘

它是物流系统中最基本的单元化载具之一，广泛应用于生产、运输、仓储、配送、流通等环节。

（2）托盘循环共用系统

它是统一使用标准托盘，实行托盘作业一贯化，托盘随同货物一起流转，中途不更换托盘，始终保持托盘货物单元状态，并在终点进行回收，经检验和适当维修后再进入共用系统网络进行循环使用的体系。推广标准托盘及循环共用，是降低物流成本、提高物流效率、节约社会资源的有效途径和重要抓手。

（3）托盘循环共用运作模式

托盘循环共用运作模式主要分为两种：封闭式托盘循环共用系统和开放式托盘循环共用系统。

① 封闭式托盘循环共用系统：通常由一家托盘运营服务企业运作，它拥有大量托盘，并建设托盘租赁、回收服务网点和运营管理系统，采用租赁制运作模式，托盘在运营企业统一管理下封闭流转和循环共用，整个系统不接受其他托盘进入。

② 开放式托盘循环共用系统：通过搭建平台，统一并严格认证托盘标准，面向所有企业开放，以标准和平台为核心，采用交换制运作模式，实现托盘在不同企业之间的流转和同级别托盘之间的交换，托盘所有权随着流转而变化，这是一个开放的系统。

（4）基于GS1系统的托盘循环共用

国际物品编码组织（Globe Standard 1，GS1）是一个中立的、非营利性国际组织，制订、管理和维护应用最为广泛的全球统一标识系统，有效促进全球商贸流通和供应链效率的提升。

随着托盘循环共用及供应链上下游带板运输的不断推广，如何推动物流各个节点之间信息交换及托盘的精细化管理，是行业发展面临的现实问题。通过研究 GS1 系统在托盘中的应用，提出了以下应用方案。

托盘代码结构以国际物品编码组织的 GRAI 作为标准代码结构，该代码结构由商品条码应用标识符（AI）、可重复使用托盘编码（包括填充位、厂商识别代码、托盘种类代码和校验码）、系列号组成。托盘代码具体采用 GB/T31005-2014《托盘编码及条码表示》中的代码结构三，如表 8-1 所示。

表 8-1　托盘代码结构

结构类型	应用标识符（AI）	可重复使用托盘编码				系列号
		填充位	厂商识别代码	托盘种类代码	校验码	
结构三	8003	0	$N_1 N_2 N_3 N_4 N_5 N_6 N_7 N_8 N_9$	$N_{10} N_{11} N_{12}$	N_{13}	$X_1 X_2 X_3 X_4 X_5 X_6 X_7 X_8 X_9 X_{10}$

托盘编码可采用一维条码、二维码和射频标签表示，在完成托盘 GS1 编码之后，将带有一维条码、二维码的标签加装于托盘，通过扫描条码将托盘信息自动录入系统，线上完成托盘的租赁、回收、出入库等操作，一维条码标签和二维码标签如图 8-6 所示。

图 8-6　一维条码标签和二维码标签

将 GS1 系统应用于托盘管理，对托盘进行统一的 GS1 编码，并实现托盘码与商品条码、箱码等信息的绑定对接，推动托盘由运载单元向信息单元的应用延伸，对于促进托盘循环共用、提高物流供应链运行效率具有重要意义。

① 实现托盘数字化管理。采用 GS1 系统对托盘进行统一编码，并将载有编码信息的标签安装在托盘侧面容易扫描的位置，借助信息管理系统，对物流作业过程中流转的托盘进行在线扫描，及时更新托盘信息，实现托盘流转的实时跟踪，清楚掌握托盘的实际状态，及时进行维修，实现托盘数字化、精细化管理，可有效减少托盘丢失、损坏等现象，为企业节约成本。托盘芯片—网关—基站整体交互流程，如图 8-7 所示。

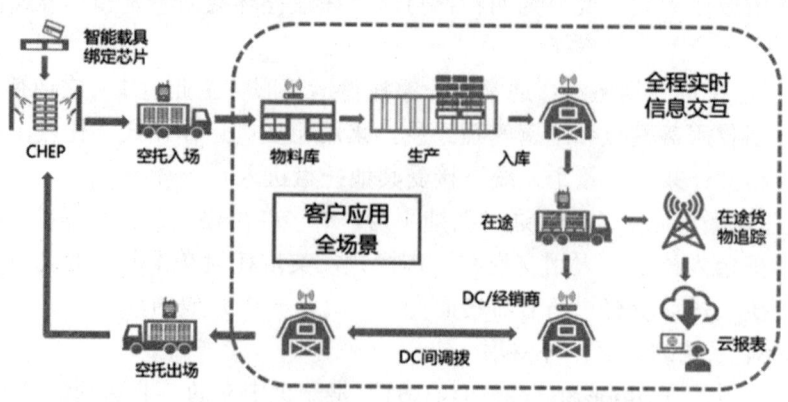

图 8-7　托盘芯片—网关—基站整体交互流程

② 促进托盘循环共用。采用 GS1 编码对托盘进行管理，可对托盘的尺寸、材质、使用年限、托盘等级等信息进行系统化、数字化管理，交易双方通过扫描标签上的 GS1 编码可以识别托盘的信息，从而有助于托盘的顺畅交接和流转，促进托盘循环共用顺利发展。

③ 提高仓储运营管理效率。将 GS1 系统应用到仓储管理的每个环节，做到托盘码、商品码、库位码、订单码"四码合一"，管理人员或自动化设备根据系统提示即可完成货物入库、上架、下架、出库等物流作业，有助于实现仓储机械化、信息化作业，提高仓储运营管理效率。

④ 推动供应链模式创新。借助 GS1 系统将托盘由载货单元变为信息单元，推动供应链上下游企业进行商业流程优化，实行整托盘订货和交接货的单元化作业模式，推动带板运输，简化作业流程，提高供应链运行效率，不断推动供应链运作模式的创新发展。

GS1 系统在托盘领域的应用为每个托盘赋予了"唯一身份证"，将托盘由运载单元变为信息单元，实现托盘数字化管理及循环共用顺畅运行。

2．数智城配

（1）新能源物流车

新能源物流车是指用非化石燃料作为主要驱动力来源的公路货运载具。按照动力类型分类，新能源物流车主要包括纯电动物流车、增程式电动物流车、插电混合动力物流车、燃料电池物流车。鉴于纯电动物流车是目前新能源物流车行业的绝对主流，下面主要以纯电动物流车为研究对象。按照车辆形式分类，新能源物流车主要由卡车、轻客和微面构成，其中卡车是用于公路货运的专门载具，轻客和微面则不是专业载具，而是物流行业内通过改装且具有一定公路货用能力的载具，新能源物流车类型如图 8-8 所示。纯电动物流车带有物联网属性，在运行过程中产生的大量数据均可以被有效采集，可对车辆运行数据的挖掘与分析提供有益指导。

图 8-8　新能源物流车类型

（2）数智城配算法

物联网、业务场景、决策算法与人工智能技术贯穿物流全链条业务场景，可以实现业务流程的提质增效与节能减排。数智城配算法与硬件、软件无缝融合，为物流行业提供绿色低碳的供应链创新解决方案。

顺丰供应链与逗号科技（广东）有限公司联合研发的数智城配算法，在充分吸收现有人工配载与线路规划经验的基础上，可根据每日波动的订单变化动态优化干货、冷藏、冷冻 3 类货品的最大化装载；通过构建动态城市路网实现波峰波谷期的最优配送路线，最小化配送里程；根据送货及卸货时长回归分析计算单条路线配送门店上限及卸货时长，100%满足客户履约时效、最小化二次配送成本；在满足客户"无接触配送"要求下实现路线较高的稳定性；智能匹配熟悉的司机，实现邻线支援、就近支援和轮转支援，维持门店较高的满意度。

在数智城配算法的支持下，调度耗时由 3 小时缩减至 30 分钟，优化比达 83%；车次减少 5.8%；满载率增加 6.4%；车辆总行驶里程缩短 5.5%。

从减排效果上看，深圳区域可实现碳排放减少 43 千克，相当于种树 2.4 棵；推演到全国，可实现碳排放减少 17 吨；相当于植树 977 棵，如图 8-9 所示。

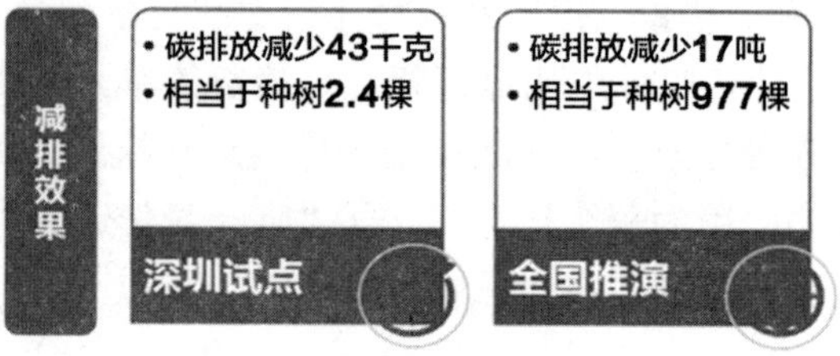

图 8-9 减排效果

除了智慧餐饮，顺丰供应链与逗号科技（广东）有限公司联合研发的数智城配算法还应用在零售连锁、医药物流、3C 电子、生鲜到家等物流业务场景。根据主要客户统计测算结果，预计每年可实现综合减排 332 吨，相当于植树 1216 棵，如图 8-10 所示。

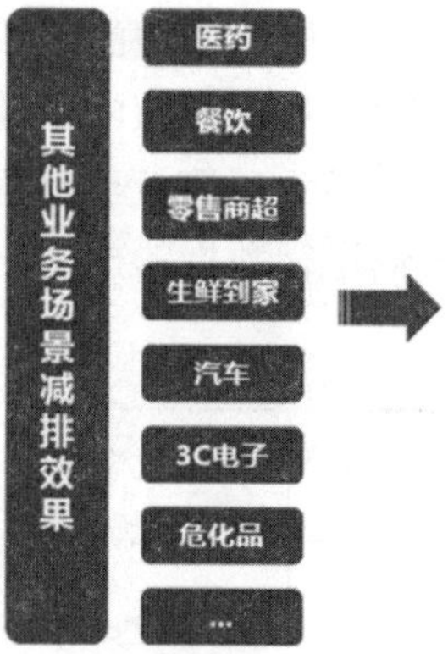

项目	单位	手工排线	智能算法
车次数	台	475	437
总里程	公里	41112	38992
总重量	吨/年	383250	383250
吨公里	10^4t.km	667715	626408
道路运输排放因子	$tCO_2e/10^4$t.km	0.53	0.53
相当于碳排放量	公斤	353889	331996
相当于种植树木	棵		1216

图 8-10 其他业务场景减排效果

8.3 行业实践

1. 华为：数字通信行业的绿色先驱行动

（1）实施背景

华为创立于 1987 年，是全球领先的 ICT（Information and Communications Technology，信息与通信技术）基础设施和智能终端提供商。华为设立了自身的低碳发展愿景，与全球产业伙伴共同努力，通过技术创新，推进绿色低碳和节能环保，实现联合国可持续发展目标，把数字世界带入每个人、每个家庭、每个组织，构建万物互联的智能世界，图 8-11 所示为绿色低碳可持续发展道路。

图 8-11　绿色低碳可持续发展道路

（2）实施方案

塑料是电子产品领域不可或缺的材料，然而传统塑料是最难回收利用的材料之一。秉持"让科技与自然共生"的环保理念，华为从 2013 年开始，逐渐在终端产品中采用在环保方面较传统塑料更具优势的生物基塑料，如 P 系列手机、Mate 系列手机和华为手表等。生物基塑料在环保方面具有传统塑料无法比拟的优势，其原料从植物中获取，无须消耗生产传统塑料使用的不可再生资源——石油，因此可以在很大程度上减少对环境的污染和破坏。

华为采用的生物基塑料，其蓖麻油含量超过 30%，相比传统塑料可减少 62.6%的二氧化碳排放量。截至 2020 年年底，一共使用了 1223 吨生物基材料，相当于减少二氧化碳排放约 6238 吨。

在绿色包装方面，华为长期贯彻"6R1D"策略，即以适度包装（Right Packaging）为核心的合理设计（Right）、预先减量化（Reduce）、可循环周转（Returnable）、重复使用（Reuse）、材料循环再生（Recycle）、资源回收利用（Recovery）和可降解处置（Degradable），如图 8-12 所示。

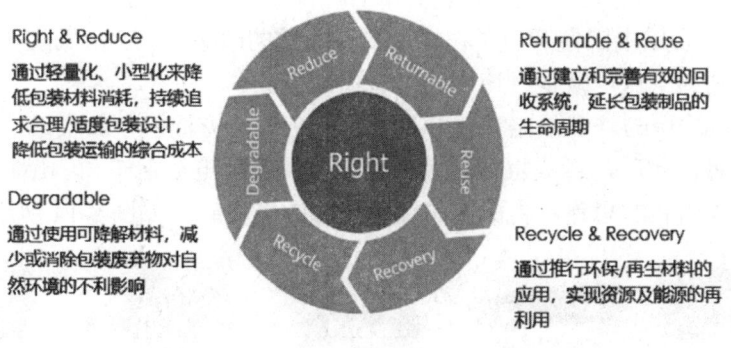

图 8-12　绿色包装"6R1D"策略

Mate 系列手机和 P 系列手机是华为终端的旗舰产品。2020 年，华为的归一化包装设计使 HUAWEI Mate 40 系列旗舰机的包装实装率比 HUAWEI Mate 7 系列的包装实装率提升了 68%，每部手机包装重量减少 55 克，每千万台手机可以减少纸张使用约 550 吨，相当于种植 9350 棵树；HUAWEI P40 系列手机的塑料包装改为纤维材质，让包装材料更容易被"消化"。包装材料塑料含量相比上一代的降低了 17%，每千万台手机减少使用塑料约 17 500 千克，相当于减少使用 180 万个超市中号塑料袋,如图 8-13 所示。

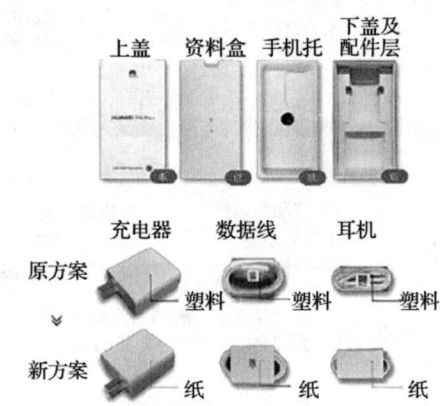

图 8-13　HUAWEI P40 系列手机环保包装

(3) 价值分析

作为全球领先的 ICT 基础设施和智能终端提供商,华为秉持着"让科技与自然共生"的理念,打造"绿色比特",在攀登创新巅峰的旅程中,坚持以科技创新保护环境,重点围绕"减少碳排放、加大可再生能源使用、促进循环经济"3 个方面,为人类的可持续发展贡献力量。

2．百威中国:用科技赋能绿色物流

(1) 实施背景

氢能被视为 21 世纪最具发展潜力的清洁能源之一。氢燃料电池车不同于传统的电动车,通过氢和氧气结合,氢燃料电池只产生电能和水,其中电能输出供车辆使用,水则排出车外,没有任何碳排放。作为目前市场上最新的技术,氢燃料电池车在可持续发展方面潜力巨大,将成为未来能源发展的方向之一。

(2) 实施方案

自 2014 年起,百威中国便开启了在绿色物流领域的改革之路,以低能耗仓储、低碳运输、高效的供应链计划为重点,减少物流中的二氧化碳排放。

2018 年,百威中国与许多战略伙伴开始了在绿色物流方面的创新实践,其中包括比亚迪、飞驰、轻程物联等。此后,百威将与更多车企合作,扩大电动卡车和氢燃料电池车的试用规模,为节能减排提供新的思路,百威中国绿色物流的里程碑,如图 8-14 所示。

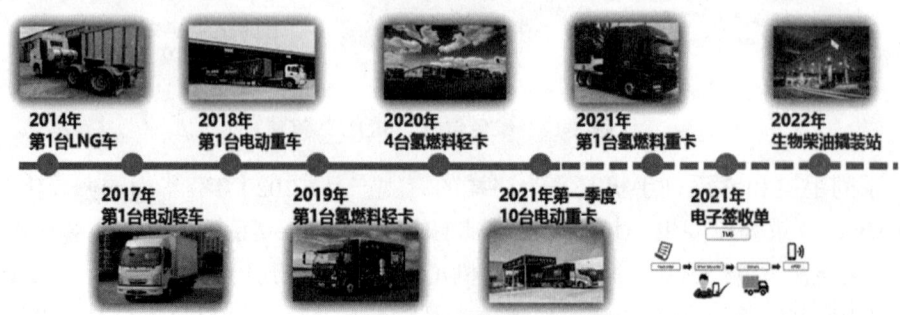

图 8-14　百威中国绿色物流的里程碑

截至 2020 年，百威中国已经试投入使用超过 200 辆绿色车辆，主要包括液化天然气（LNG）卡车、电动卡车及新部署的氢燃料电池车。

2021 年，百威中国计划部署超过 260 辆绿色车辆，其中包括 30 辆重型电动卡车与近 30 辆中小型电动卡车（30 辆重型电动卡车上线后，全年预计减少二氧化碳排放 1690 吨），8 月投入百威全球第一台氢燃料重型卡车加入绿色车辆队伍，持续深入布局低碳运输。

（3）价值分析

百威中国积极拥抱创新，探索实现绿色物流的新方式，积极使用新科技驱动碳减排，推动清洁能源的发展，让氢燃料电池车这一先进技术成为现实。可持续发展不仅是"企业情怀"，还是"业务本身"。百威中国正在将实力付诸产业链中的每个细节，不遗余力地践行着具有正能量的价值观与理念，并将其作为行业领导者的影响力号召更多的人加入其中。

思考与练习

1. **名词解释**
（1）碳达峰
（2）碳中和
（3）碳交易
（4）碳税

2. **简答题**
（1）描述供应链的碳足迹。
（2）托盘循环有哪些共用运作模式？
（3）分析数智城配算法的功能。

3. **讨论题**
（1）讨论智慧供应链的脱碳实践路径。
（2）讨论基于 GS1 系统的托盘循环共用的意义。

4. **图解分析题**

根据图 8-15 描述触发电子签章流程。

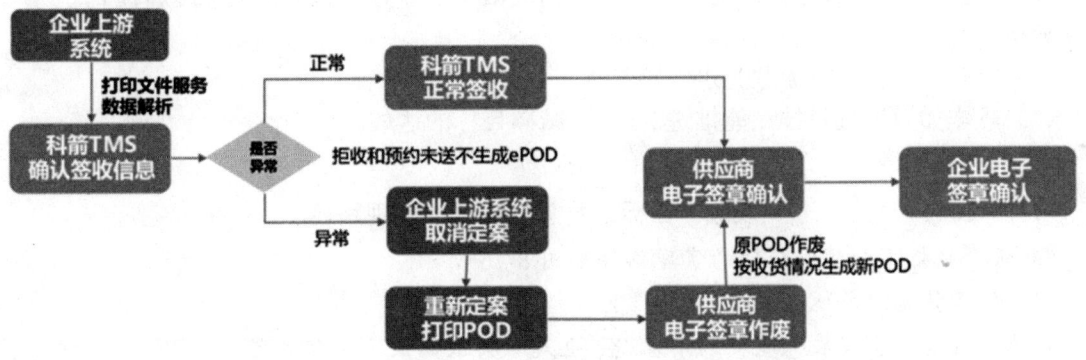

图 8-15　触发电子签章流程

5. 案例分析题

低碳科技服务鄂州花湖机场

2022年7月17日上午9时07分,在历经107分钟飞行后,顺丰的一架从深圳宝安国际机场出发的波音767-300全货机平稳降落在鄂州花湖机场,并接受了"水门"仪式洗礼,标志着该机场正式投运。作为全球第四个、亚洲首个专业货运机场,鄂州花湖机场由顺丰与湖北省出资共建。经分析认为,鄂州花湖机场运营后将有效提升顺丰的国际业务支持能力,降低航网运行成本,并增加时效件的竞争力。

鄂州花湖机场从项目设计伊始就已经涵盖了碳减排的理念。顺丰在鄂州花湖机场搭建了智慧能源管控平台,在机场投入运营后,智慧能源管控平台可以实现能源从源端到末端的全程管控,利用算法模型实现不同能源形式(光伏、充电桩、能源站、外购电力等)的能源协调和优化,可将机场综合能耗效率提高10%,属行业内首例。

顺丰预测,机场通过光伏发电设施每年可提供电能3531千瓦时,减少碳排放9605吨;地源热泵装机负荷12 362千瓦,每年可减少碳排放1063吨,加之地面电源替代飞机尾部动力辅助装置,机场整体地面高达80.35%的交通电动化比例,鄂州花湖机场运营后,其可再生能源率可达25.6%,每年碳减排超过26 200吨。

按照规划,鄂州花湖机场可满足年旅客吞吐量150万人次、货邮吞吐量330万吨的使用需求。鄂州花湖机场被定位为国际航空物流核心枢纽,将接入地面高速公路、高铁,有助于顺丰构建中枢辐射式航线网络体系,打造覆盖全国、辐射全球的物流网络。

以下4个转变,成为鄂州花湖机场的机遇。

① 从"重客轻货"到"客货并重"的转变。改变以往重点支持客运的政策导向,实施"客货并重"发展策略。

② 从"场到场"到"门到门"的转变。传统航空货运服务主要提供"机场到机场"的运输服务,难以满足"门到门"的运输需求,缺乏最先一公里的揽货能力与最后一公里的地面配送能力。

③ 从单一业态到全局生态的转变。着力推动航空物流企业与快递、跨境电商、生产制造企业的深度合作。

④ 从行业管理到融合治理的转变。打造精准治理、多方协作的社会治理新模式。

分析:

(1) 鄂州花湖机场有哪些先进经验?

(2) 顺丰如何通过科技赋能推进2030年减碳目标的达成。

6. 课程思政题

"双碳"目标下智慧供应链的实现路径

"双碳"目标下智慧供应链的实现路径如图8-16所示。

(1) 实现能源绿色低碳发展

能源是经济社会发展的重要物质基础,也是碳排放的最主要来源之一。要优化能源结构,构建清洁低碳安全高效的能源体系,在保障供应的前提下,努力控制化石能源总量,推动煤炭消费尽早达峰；合理发展天然气，安全发展核电，大力发展水电、风电、太阳能、生物质能等非化石能源，实施可再生能源替代行动，努力以非化石能源满足新增能源需求、替代存量化石能源消费量；改善能源供给、转化和利用方式，形成少排碳、不排碳的新模式；深化电力体制改革，构建以新能源为主体的新型电力系统，积极发展"新能源+储能"、源网荷储一体化和多能互补，实现能源管理数字化、智能化。要逐步提升非化石能源消费比重，坚持安全降碳，坚持节能优先，降低二氧化碳等温室气体排放强度，实现能源的安全、高效、清洁、低碳、可持续发展。

图 8-16 "双碳"目标下智慧供应链的实现路径

（2）推进产业结构转型升级

从发达国家的发展经验来看，减碳曲线与一个国家的产业结构及城市化水平密切相关。要深化供给侧结构性改革，推进存量优化和增量提质，推动钢铁、有色、建材、石化等行业碳达峰。工业既为人民群众的衣食住行用提供丰富的产品，也是碳排放的主要领域之一。要把坚决遏制"两高"项目盲目发展作为重中之重，加快产业绿色低碳转型和高质量发展。切实减少工农业生产过程中的碳排放，加快发展战略性新兴产业，推动服务业低碳发展；大力推行绿色设计，完善绿色制造体系，建设绿色工厂和绿色工业园区，优化产能规模和布局，促进石化化工与煤炭开采、冶金、建材、化纤等产业协同发展；推动新一代信息技术与绿色低碳产业深度融合，引导钢铁、有色、建材等行业向轻型化、集约化、制品化转型，推动产业结构由高碳向低碳、由低端向高端转型升级。

（3）巩固提升生态系统碳汇能力

推进山水林田湖草沙一体化保护和修复，优良的生态环境具有高质量的固碳能力，可将大气中自由运动的"动碳"转化为内嵌于生物圈、水圈、岩石圈的"静碳"，从而减轻大气温室效应。发展富碳农业，依据自然界植物生长规律，遵循生态环境学、能源经济学、土壤学、植物学等基本原理，运用系统工程和现代科技成果，将工业生产活动中产生的大自然不能自然消纳的巨量二氧化碳用于农作物生长，同时减少化肥、农药使用，提高土壤有机质含量，提高农作物品质和产量。发展光伏发电不仅不需要水资源，还能增加低碳能源供应。持续推进生态系统保护修复重大工程，着力提升生态系统质量和稳定性，为巩固和提升我国碳汇能力筑牢基础。以森林、草原、湿地、耕地等为重点，科学推进国土绿化、实施森林质量精准提升工程、加强草原生态保护修复、强化湿地和耕地保护，不断提升碳汇能力。加强与国际标准协调衔接，完善调查监测核算体系，鼓励试点探索。

7. 二十大报告关键词

推动绿色发展

【报告原文】

大自然是人类赖以生存发展的基本条件。尊重自然、顺应自然、保护自然，是全面建设社会主义现代化国家的内在要求。必须牢固树立和践行绿水青山就是金山银山的理念，站在人与自然和谐共生的高度谋划发展。

【解读】

报告提出，加快发展方式绿色转型。这充分说明，促进人与自然和谐共生，必须坚持以习近平生态文明思想为指引，推动经济社会发展全面绿色转型，形成人与自然和谐发展的现代化建设新格局。全面绿色转型需要各方主体综合施策、协同发力。在价值观念上，继续在全社会牢固树立生态文明理念，增强全民节约意识、环保意识；在生活方式上，反对奢侈浪费和不合理消费，倡导简约适度、绿色低碳的生活方式；在生产方式上，狠抓绿色低碳技术攻关，以绿色低碳技术创新和应用为重点，推动新能源和节能环保产业发展壮大，积极推进统一的绿色产品认证与标识体系建设，促进绿色消费蔚然成风。

（选自《人民日报》）

第 9 章
智慧供应链的韧性

开篇案例：疫情反复难测，提升供应链韧性有章可循

2022年春，受新冠疫情影响，长江三角洲地区的制造业活动陷入大范围的停滞状态，尤其是位于上海和昆山两地的多家苹果公司供应商的停工，让全球供应链的稳定性再次成为热议话题。

从过去一段时间的情况来看，供应链的稳定性已直接关系部分企业的生死存亡。如何应对突发情况带来的供应链波动，成为大部分企业必须解决的经营难题。

在生产制造高度全球化的今天，任何一个环节的风吹草动，都可能引发严重的"蝴蝶效应"。从公开报道来看，苹果公司因多家供应商停工承受了较大压力。2022年4月12日，苹果公司供应商和硕联合科技股份有限公司表示，受新冠疫情影响其位于上海和昆山的两家工厂停产。这两家工厂是和硕唯一的 iPhone 生产基地，其产能大约占公司全部产能的 20%～30%。2022年4月13日，负责生产 MacBook 的广达电脑股份有限公司停止其上海松江区工厂的生产，而该厂占广达笔记本电脑总产能的 20%。

《日经亚洲》杂志提供的信息显示，在苹果公司的 200 家顶级供应商中，有一半在上海及其周边地区设有工厂。位于上海和昆山的苹果公司供应商的停工，将影响 iPhone 和 MacBook 的产量，同时也会打乱苹果公司新品的上市计划。

除了苹果公司，欣兴电子、南亚印制电路板、BizLink 等数十家公司的供应商及部分车企也因停工受到影响。2022年4月14日晚，小鹏汽车 CEO 何小鹏发文称："如果上海和周边的供应链企业还无法找到动态复工复产的方式，可能5月份中国所有的整车厂都要停工停产了。"

虽然后来部分工厂已在政府指导下有序复工，但由于新冠疫情反复的不确定性，以及国际形势的不断变化，全球供应链依旧面临严峻的挑战，也为制造业领域带来较大考验。

有专家指出，为避免再次出现因新冠疫情及国际形势变化等突发情况造成的供应链紧张状况，不少企业正在研究多种方案，比如在供应基地上尽量选择靠近核心企业的地方采购物料和生产设施，甚至寻找多种采购途径，将供应商分散到全球不同地区。

另外，研究机构 BCI Global 进行的一项全球企业制造工序流向研究显示，超过 60%的欧美制造企业有意在未来 3 年把部分生产工序由亚洲地区迁至本国或是靠近本国的地区。但美国麻省理工运输和物流中心主任 Yossi Sheffi 认为，供应链的布局要经过数十年的投资才能形成，撤离代价高昂且后果难以估计。

9.1 柔性供应链和韧性供应链

焦点讨论

企业在构建供应链 3.0 体系时，除了确保高效及时、质量可靠、低成本，还应将供应链的韧度提升到战略关注的层面上来。只有这样，才能确保企业在不同运营场景下实现高效模式和稳健模式的无缝切换，灵活应对不同场景的不同要求，尤其是在新冠疫情或其他外部突发事件发生时。

比如，家乐氏战略性地从内部韧性、数据分析、可预见性和合作伙伴 4 个方面全面提升其供应链的抗风险能力，如图 9-1 所示，其中尤其强调内部韧性对非常时期供应链维稳的重要性。在新冠疫情发生后非常短的时间内，家乐氏的主要产品供应体系强势恢复稳定水平，不仅可以满足日常销售所需，还能为奋战在疫情一线的医务人员和后勤保障人员捐赠 13 吨家乐氏麦片，供 2000 人食用 130 天。

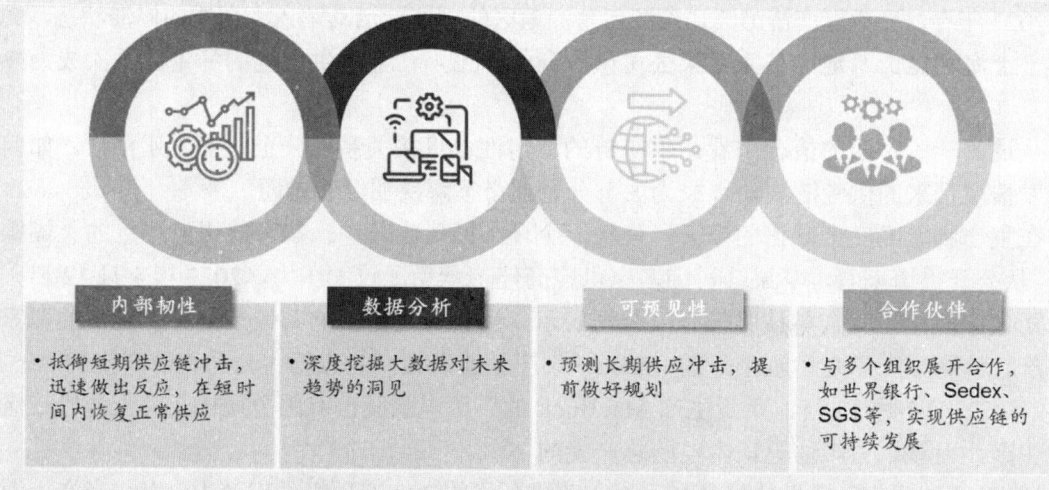

图 9-1 家乐氏的供应链转型战略

家乐氏对各类不确定性的从容甚至超常应对正是来自其日复一日地对自身供应链韧度的锻造。企业在面向未来更加不确定的经营环境下，应借鉴家乐氏的成功经验，将增强供应链韧度提升到企业战略地位，并通过量化指标系统地评价、追踪，进而持续提升供应链韧度。通过在日常业务管理过程中不断强化供应链的韧度，企业在应对突发事件时能够展现出比其他企业更强的应对能力，从而确保业务的稳健和连续性。

讨论：家乐氏韧性供应链的成功经验。

1. 基本概念

（1）柔性供应链

柔性供应链是指具有柔性的供应链。供应链的柔性是指供应链的弹性，即灵活性，也就是供应链适应市场需求变化的能力。关于供应链柔性，斯赖克认为供应链柔性是指整个供应链系统对顾客需求变化做出反应的能力，包括生产柔性和交货柔性。其中，生产柔性是指改变生产批量的能力，可用生产能力的富余指标来衡量；交货柔性是指改变计划交货的能力，可用提前期的富余指标来反映。

（2）供应链 3.0

供应链 1.0 的典型特征是封闭的、单向分段式，其主要为企业解决基本货物的供给问题；供应链 2.0 以 IT 技术为支撑，具备集成化和链条式的主要特征，其主要为企业解决降本增效的问题；而供应链 3.0 则是在全球化及新技术进入下一个新阶段的时代背景下，为企业解决效率、稳健、成本、风控兼顾的问题，使其在面对不确定性时具备缓冲、快速应对及适应的能力。一般认为，供应链的韧性是供应链 3.0 的典型特征之一。

从供应链 2.0 向供应链 3.0 进化，既是企业重塑体系竞争力的新机会，也是企业管理者必须面临的一个巨大挑战。从应对新冠疫情的表现来看，企业需要重新思考如何进行供应链转型。

在综合考虑供应链 3.0 要帮助企业实现的目标和所处的运营背景之后，一个健全的供应链 3.0 应该具备 Reliable（强固）、Resilient（韧度）、Risk-proof（抗风险）、Responsive（敏捷）4 个特性。即一个以数字化为基础的智能化技术手段赋能的多层次网状供应链，引入风险平衡机制，以柔性工作流在多种运营模式之间灵活切换，成为高效、低成本与稳健并存的供应体系。

面对风险和突发事件，企业能把被动应对变为主动防御，从而将竞争对手眼中的危险视为自己的机会。具备 4R 框架的供应链意味着企业具备综合性解决方案，涵盖从战略、运营、技术到组织多个层面的规划与布局，实现供应链效率、强度和韧度的最佳组合。

2. 供应链 3.0 与传统供应链的对比

供应链 3.0 与传统供应链相比具有 4 方面的主要差异，如表 9-1 所示，主要体现在考量范畴、价值评估、技术手段及实现方式方面，在变幻莫测的新时代它们将更好地助力企业敏捷、从容地应对挑战，实现可持续发展。

表 9-1 供应链 3.0 与传统供应链的主要差异

不同方面	传统供应链	供应链 3.0
考量范畴	短期局部调整	中长期全局考量
价值评估	成本、时间、效率等即期收益	综合考虑近期及远期利益、平衡抗风险能力
技术手段	量化、结构化数据	结构化和非结构化数据
实现方式	单向/线性结构，单点接触/沟通	网状结构，实现多方协同合作

3. 供应链的柔性和韧性的差异

一般来说，在遭受巨大冲击的环境下，供应链依然能够"转得动、产得出、送得到"，帮助企业度过危机，这就是供应链的韧性。

近年来，在供应链领域提及较多的"柔性"，是指供应链基于变化进行调整的能力。韧性和柔性从字面来看有相同之处，那么两者是否为同一个概念？韧性是否为柔性的"加粗版本"？

下面通过两者在不同方面的对比，进一步理解供应链韧性的内在含义。

主要目标的差异：柔性以赢得市场竞争为目标，更偏重客户的需求满足；韧性以扛住冲击为目标，更偏重供应和生产能力的保障。

关注点的差异：柔性促使供应链在与消费者相关的需求变化和行为变化、交付的灵活性、质量和成本层面的关注度比传统供应链更强；韧性促使供应链在国际局势、政策、经济、大事件、大趋势等方面的关注程度比传统供应链更强。

价值的差异：柔性注重成本、效率等即期收益；韧性综合考虑近期和远期的持续利益。

信息的差异：供应链的柔性需要具备强大的结构化数据收集和处理能力（这里包含能够转化为结构化数据的非结构化信息）；韧性需要具备强大的非结构化信息收集和处理能力。

定位的差异：柔性从"小链主"定位出发，关注相邻上下游供应链的灵活协同；韧性从"大链主"定位出发，关注多级供应网络的整体掌控。

总的来说，柔性和韧性属于供应链的不同维度，两者同时存在且各有侧重。供应链的韧性程度反映了供应链抵抗风险和冲击的能力。

9.2 智慧供应链的韧性程度诊断

打造具备韧性的供应链，首先企业要确保自身在供应链管理的理念、架构、体系等基础方面是与时俱进的，然后从3个角度快速诊断智慧供应链的韧性程度，如图9-2所示。

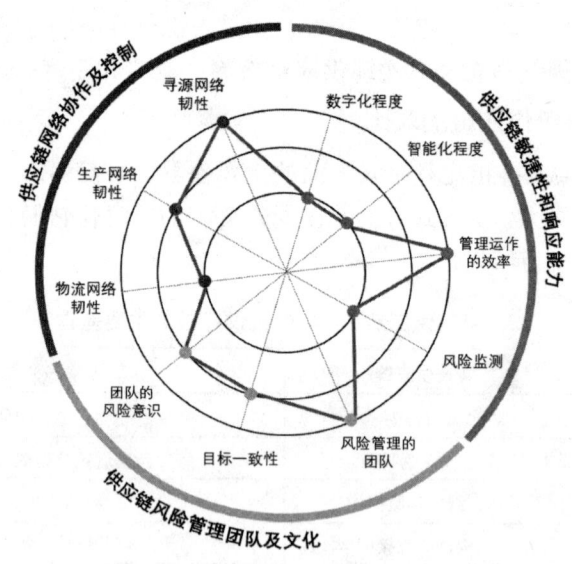

图 9-2 智慧供应链的韧性程度诊断

1. 供应链风险管理团队及文化

供应链风险管理的团队、目标和意识是构建韧性能力的前提。

① 风险管理的团队：是否具备风险管理的实体或虚拟团队，团队是否职责明晰，是否有效执行风险管理工作。

② 目标一致性：不同团队之间是否具备一致性的目标，员工是否明确知晓并深刻理解目

标，子目标的设定是否有助于总体目标的达成。

③ 团队的风险意识：团队成员具备的风险意识程度，是否进行定期的风险压力测试。

2．供应链敏捷性和响应能力

① 数字化和智能化程度：供应链管理的数字化和智能化水平、覆盖程度，是否全链路可视，数据是否透明、畅通。

② 管理运作的效率：信息流、业务流的畅通度，是否存在无价值的冗余流程，是否存在沟通壁垒及其阻塞程度。

③ 风险监测：是否具备人员与系统有效协同的风险监测预警机制和途径。

3．供应链网络协作及控制

如果供应链风险管理团队及文化、供应链敏捷性和响应能力是打造供应链韧性的基本条件，那么供应链网络协作及控制则是关键和重点所在，下面从寻源、生产、物流3个方面对其进行阐述。

（1）寻源网络韧性

寻源网络指的是提供原材料和物资来源的网络，其韧性重点体现在供应商的数量及分布（包括进口依赖情况）、关键原材料或物资的库存水平、手头库存是否得到充分利用。作为供应链韧性能力构成的核心，寻源网络韧性的影响最为突出。

供应商：如果把原材料和物资类比成"水源"，那么供应商就相当于上游的"水龙头"，足够韧性的供应链在大环境突变的情况下还能提供源源不断的稳定的供应。在供应商的布局上，应当选择稳定性更高、实力更强的一级供应商，并了解和掌握二级供应商（即供应商的供应商）的信息，尽可能要求一级供应商分担关键资源的供应风险，以推动其对二级供应商甚至三级供应商的管控。一项涉及23个行业的调查显示，半数以上的企业对一级以外的供应商是没有进行清晰了解的。

与此同时，拥有能够快速顶上的"备胎"、多区域的供应商分布，也将给企业的供应带来直接影响。企业拥有更多可选供应商、分布区域更广的物资和原材料，其断供的风险将随之降低，如图9-3所示。

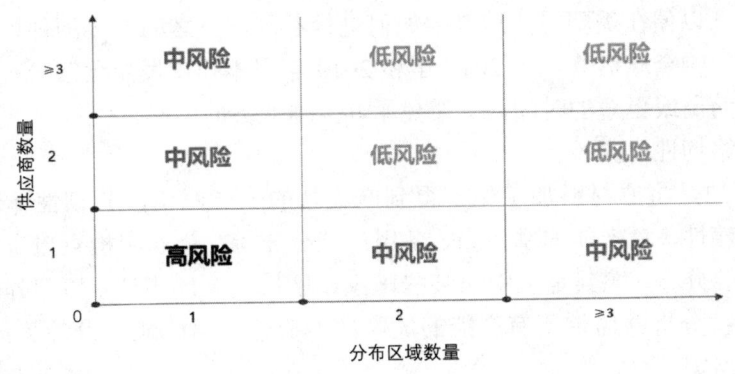

图9-3 供应商分析

需要注意的是，供应商数量、分布区域数量的增加将使企业的议价能力降低、管控难度加大,最终成本会上升,因此供应商的数量和区域并不是越多越好,要基于实际情况进行评估,哪些原材料和物资需要供应商"备胎",哪些不需要,需要哪些地区的分布等。

库存:库存相当于蓄水池的水量,库存储备的种类和数量越多,安全性、抗冲击性越高,韧性就越强。面对突如其来的灾难,安全的库存水位是给企业喘息的关键机会。

需要注意的是,库存成本作为供应链成本的重要构成部分,存储越多,成本越高,给企业带来的负担也就越大,因此库存并不是越多越好,而是需要优化的库存结构,如图9-4所示。

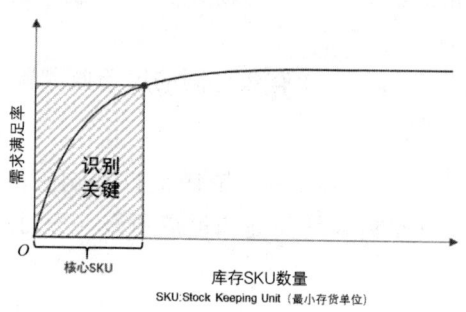

图 9-4　库存分析

利用率:在水源的比喻中,利用率取决于水的使用模式,比如是漫灌、喷灌还是滴灌,是独立分配还是共享使用等,核心是将已有的水资源用到极致。同理,在供应链中将已储备的物资和原材料利用到极致,可以在有效控制成本的同时,提升供应链的整体韧性。

为了提高寻源网络的韧性,企业可以考虑从两个方面入手:一方面,通过数字化大脑实现库存信息的全面掌控,实时获取精准数据,保障账实相符,知道有多少、在哪里、谁负责、如何取;另一方面,内部联动机制,比如联储共备,通过建立共享的物资库,实现多级不同主体间的物资信息共享,并建立实体物资流转机制,实现物资的高效利用。

对于寻源网络的建设,丰田汽车公司的案例值得参考。2011年3月11日,日本东北部海域发生9.1级地震并触发特大海啸,丰田汽车公司在日本的所有业务关闭了近两个月的时间。由于零件短缺,其在美国的产能下降了30%。当时那一季度的净收入同比下降了77%。为了使供应链变得更有韧性,丰田汽车公司梳理并建立了一个由数千名供应商和数十万个零件组成的综合数据库,以便在需要时快速确定如何进行不同站点之间的零配件调拨,使得单个区域的冲击不至于影响全球运营。当2016年和2019年日本再次发生地震时,丰田汽车公司将停产时间保持在两周或更短的时间内,避免了其全球业务的中断。

(2)生产网络韧性

生产网络指的是将原材料加工生产得到产成品的产能网络,其韧性体现在内部的协同性、对外界的依赖性、对产能的掌控力、备用产能分布等。企业应检查自身内部联动是否通畅,梳理自身产能分布,尤其是集中在某些国家或区域的产能占比;梳理外包公司的产能占比及其区域分布;分析并监控所有产能的风险性,梳理备用产能、设备及备用设备的情况。

(3)物流网络韧性

物流网络是供应链运转过程中进行实物移动所需的能力网络。物流网络韧性体现为具备多重物流资源的储备,如陆运、空运、自有车队、快递、整车、零担等;能够实现不同物流资源之间的灵活交替切换；与掌握更多资源的平台型供应商建立合作；能够在不同资源之间进行畅通的信息交互。

对于物流网络的建设，沃尔玛的案例值得参考。新冠疫情期间，蔬菜食品的配送需求远超原来的备货峰值，同时沃尔玛的重要物流枢纽——武汉被封，这给物流配送带来了双重挑战。面对这一困境，沃尔玛利用前期储备的丰富物流资源，迅速调整原有物流网络，在48小时内联通了40条省内运输线路，保障了周边地市的物流配送。

提升韧性不等于不计成本。与传统的供应链管理相比，现代先进的科技和业务模式创新有助于在合理的成本范围内提升供应链的韧性，如图9-5所示，同时避免陷入高库存误区。

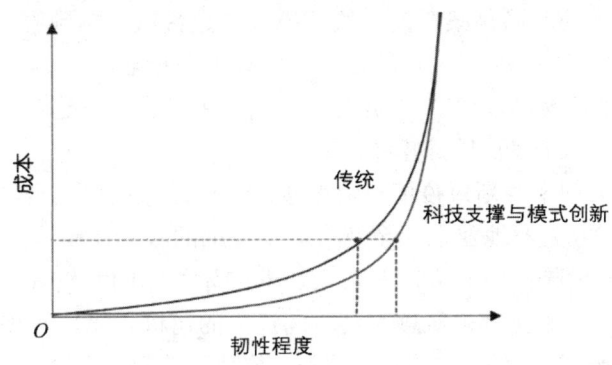

图9-5　供应链的韧性程度

但无论何种形式，当韧性达到较高水平时，再要提升，其所需成本可能呈指数级递增。需要注意的是，企业在构建供应链韧性能力目标时，应考虑未来至少5～10年相关成本的投入。

9.3　行业实践

1. 华为：数字化智慧供应链韧性建设

（1）实施背景

华为成立于1987年，是一家由员工持有全部股份的民营企业，目前有20.7万余名员工，其中研发员工超过总员工人数的50%。华为坚持围绕客户需求持续创新，加大基础研究投入。华为作为全球领先的ICT基础设施和智能终端提供商，致力于把数字世界带入每个人、每个家庭、每个组织，构建万物互联的智能世界。

华为公司的业务遍及170多个国家和地区，为了更好地服务客户，华为公司需要进行全球采购、全球订单履行和全球物流。华为在墨西哥、印度、巴西和匈牙利建立了4个供应中心，在迪拜、荷兰等国建立了区域配送中心，既快速响应了市场需求，又降低了物流运作成本，基本完成了全球供应网络的布局。在各个国家成功实施ERP系统以后，华为着手建立了全球化的智慧供应链。

当前，"黑天鹅"事件和"灰犀牛"事件频发，对供应链的韧性提出了挑战。台风和洪水等自然灾害，塞港和断航等突发事件，以及新冠疫情等，都给华为公司在原材料采购、生产制造、物流运输、订单履行等方面带来了巨大风险，极易导致供应链中断。

（2）实施方案

华为供应链已建设了较为完备的数据底座和服务化系统，实现风险实时感知、影响自动分析、预案智能推荐、任务自动下达，当供应链中断风险发生时，系统能够快速反应，有效应对，构建供应链的韧性，支撑供应连续性，将一场场危机化于无形。

① "海贝思"台风事件。

2019年10月4日，第19号台风"海贝思"在太平洋海面上形成。华为供应链灵鲲智能运营中心集成台风风险数据、订单数据、发货计划数据，在收到预警信息15分钟内完成台风轨迹和车船GPS模拟仿真，识别出在台风路径上将有22个发货批次、25种物料运输受到影响。

华为在1小时内启动台风预案，向一线代表处发送台风影响预警，8小时内完成备份船期和航班的调整。同年10月12日，台风在日本伊豆半岛登陆，中心附近风力达到14级。预案执行之后，实际仅1种物料、12个发货批次受到影响，且物流延误控制在1天内。

② 意大利米兰新冠疫情期间的物流保障。

2020年3月，意大利米兰新冠疫情形势严峻，周边国家陆续出台防疫政策，阻断了物流路径。同年3月6日，经克罗地亚上船至意大利安科纳的驳船停航；3月12日，匈牙利对意大利返回的司机执行入境隔离14天政策，禁止非匈牙利籍的司机入境，市场卡车运能骤降80%；3月14日，斯洛文尼亚禁止从意大利方向过来的司机入境，常规卡车回程线路中断。

华为供应链集成全球海、陆、空的物流资源，构建多路径、多梯次的物流资源备份，实现物流路径的动态调整。当供应商、代工厂或物流路径主用资源不可用时，备用资源可迅速启用和切换，实现供应网络的自愈自优。从匈牙利到意大利的运输方案切换为经科佩尔到安卡纳的铁海联运方案，回程路线则绕过斯洛文尼亚，途经奥地利返回匈牙利。华为构建的韧性供应网络，保障了新冠疫情期间不停产、不断货。

（3）价值分析

华为公司基于数字化供应链的建设成果，构建了供应链的韧性，经受住了各类自然灾害、突发事件和新冠疫情的极限考验，有效支撑了公司的供应连续性。华为公司2019年的销售收入为8588亿元，同比增长19.1%；2020年的销售收入为8914亿元，同比增长3.8%。

韧性智慧供应链能够敏捷识别和响应供应中断风险，快速恢复，并在恢复后重建供应链能力，从而获取可持续的竞争力。面向未来，新冠疫情的冲击将形成"新常态"，对供应链的韧性构成长期严峻挑战。华为供应链将持续开展数字化和智能化能力建设，持续打造韧性供应链，为客户提供更好的供应服务体验。

2．航天云网：基于产业数字孪生的国资布局与全产业链分析监测

（1）实施背景

国资布局与全产业链分析监测平台面向国家部委，基于大数据的知识图谱产业分析服务，从宏观角度对区域产业数据开展全面感知、深入洞察、科学决策和智慧监管，构建基于产业链、创新链、空间链的产业景观图谱，实现产业链治理、产业链服务等可视化分析，发现产业瓶颈、优势赛道，增强政府数字化治理能力，促进地区经济的发展。

国资布局与全产业链分析监测平台面向地方政府，以园区云、区域云为基础，形成"工业互联网+产业聚集区+产业人才培养"的区域经济高质量发展数字赋能模式，绘制产城地图，研判供应链安全及"卡脖子"环节，按图索骥，精准招商补链、固链，赋能地方产业集群转型升级。

国资布局与全产业链分析监测平台面向细分行业链主企业，以工业互联网、智能制造、5G等新一代信息技术为基础，开展链上风控雷达、链景洞察等服务，支撑链主企业数字化转型、降本增效，带动中小企业业务创新，推动细分产业链上下游协同发展，驱动细分产业转型升级。

（2）实施方案

① 基于产业数字孪生，赋能产业链供应链要素全面感知。

以产业大数据为基础，以工业互联网平台为底座，利用"产业数字孪生"技术，融合专家知识、标准知识、互联网公开产业大数据，通过产业发展指数建模和产业关联关系建模，应用知识图谱构建涵盖我国全行业、全地域、全国资企业的产业链图谱，实现产业链供应链要素的全面感知，构建产业分析的基础数据体系，支撑产业链资源协同、问题识别、风险预判等各类应用场景，是产业链分析的重要基础。

② 基于产业分析模型，赋能产业链供应链安全稳定。

通过产业要素的实时感知，基于图模型构建的产业链传导孪生体，能够对微观经济活动中企业之间的空间关联关系（空间链）、供需关联关系（供应链）、价值关联关系（价值链）进行监测。基于复杂网络分析和图计算的推演技术，建立跨领域、跨企业的传导分析模型，实现大数据驱动的供应链产业链安全预警，赋能产业链供应链安全稳定。为政府掌握突发事件对产业链影响范围、价值增长波及幅度、应对事件出台的政策提供辅助支撑；企业基于风险推演，提前预判供应体系风险，做好应对措施的准备，增强产业链供应链的敏捷性、稳健性和风险应对能力。贸易摩擦（突发事件）对产业链供应链产生传导风险。

③ 盘活供应链上下游资源，赋能供应链的韧性调度能力。

通过工业互联网构建网络化协同生产方式，利用产业数字孪生关联建模，盘活不透明的数据资源，融通大中小企业供应链，促进上下游产业链快速重组及其相关产业发展，有效实现各种生产和服务资源更大范围、更高效率、更加精准的优化配置，保持供应链韧性。同时，通过以云边协同的方式实现云端管理、边缘执行的全链路服务，辅助企业实现快速转产，从而实现应急状态下的快速反应。

④ 挖掘识别产业链断点堵点，赋能产业链供应链自主可控。

识别产业链断点堵点，分析所在行业现有的专家、技术成果、产品等资源，凝聚龙头企业，组织相关优势资源开展协同创新，推动上下游协同。政府侧有针对性地精准施策，加快布局可能形成产业高地的高潜力行业。面向"单向冠军"、专精特新"小巨人"企业等，开放市场、创新、资金等产业要素，有助于尽快解决一批"卡脖子"的问题。全力打通上下游关键环节，加强研发投入，超前布局前沿技术。

（3）价值分析

国务院国有资产监督管理委员会通过基于产业数字孪生构建的国资布局与产业链分析监测平台，实现覆盖16.7万家国企、20多个行业门类、1382个行业小类、26万种产品的产业布局和空间布局,以及产业链水平分析。平台汇聚1200多条产业链数据并构建相关产业链图谱。在大国重器、战略新兴产业、工业"四基"、国计民生等重点产业链覆盖产品达50%。精准识别1200多条产业链数据中的200多个薄弱环节,识别"卡脖子"产品400多项。为科学编制规划提供依据,提升科学决策水平;引领国有资本聚焦断点、薄弱环节、"卡脖子"问题科学布局,提升产业链、供应链自主可控能力;及时反映我国各行业领域在供给侧结构性改革、结构优化升级等方面的发展趋势,实现数字化布局、数字化监管。

思考与练习

1. 名词解释
  (1) 柔性供应链
  (2) 供应链 3.0
2. 简答题
  (1) 一个健全的供应链 3.0 具备哪些特性?
  (2) 供应链的柔性和韧性的差异。
3. 讨论题
  (1) 如何诊断智慧供应链的韧性程度?
  (2) 阐述产业数字孪生技术实现智慧供应链韧性的意义。
4. 图解分析题
  根据图 9-6 所示的内容分析供应链韧度测试工具 KRT(Kearney Resilience Test,Kearney 弹性实验)的 3 个评测维度。

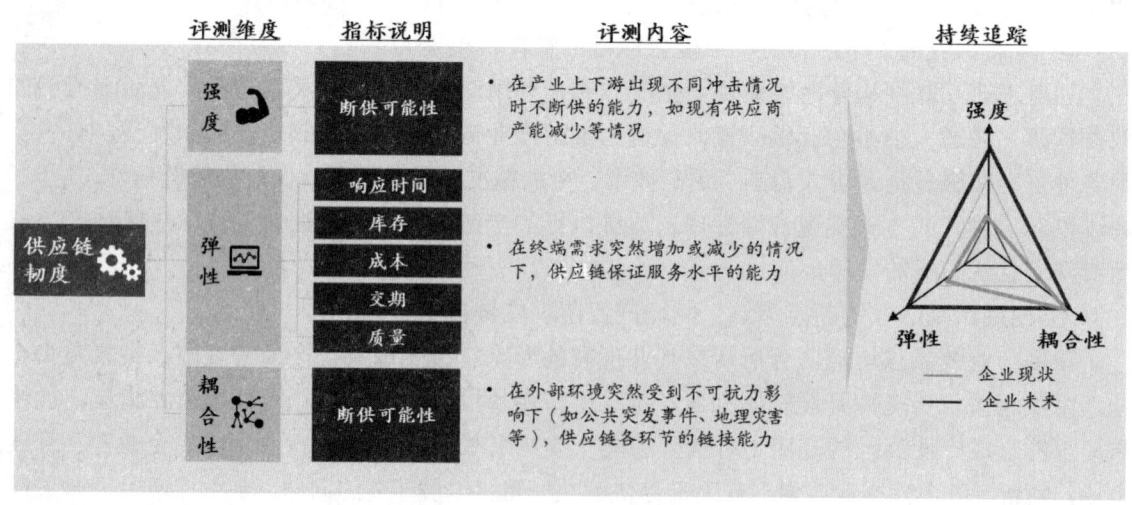

图 9-6　供应链韧度测试工具 KRT

5. 案例分析题

中欧班列扬帆远航,彰显国铁运输韧性与担当

作为中欧间除海运、空运外的第 3 种物流方式,中欧班列运输正受到国内外越来越多的

企业和货主的认可。2023年3月16日上午，北京开行了首趟中欧班列，满载着各类货物驶向莫斯科。中国国家铁路集团有限公司相关数据显示，截至2023年1月，中欧班列累计开行数量突破6.5万列大关，运送货物超604万标准箱，货值达3000亿美元，通达欧洲25个国家的208座城市，共建"一带一路"朋友圈继续扩大，战略通道作用愈发凸显。

　　古有丝绸之路，连接着东西方的贸易和文化，让东西方的发展源远流长；今有"一带一路"，搭起中国与欧亚大陆各国的发展舞台，让世界看到中国力量。中欧班列作为我国"一带一路"的重要运输渠道，是连接全国各大省会城市和数十个欧亚国家的贸易"大动脉"，我国在对外贸易上具有举足轻重的地位。特别是中欧班列以其高性价比、高质量运输，让世界在艰难的国际贸易环境下共享中国发展红利，感受中国力量的温暖。

　　中欧班列是实现互利共赢、共同发展的重要渠道。

　　2021年3月23日，远洋货轮"长赐号"在航运枢纽苏伊士运河搁浅，上演了"一船当关、万船莫开"的世纪大堵船，不到72个小时就已经造成200多艘船只滞留。华为供应链灵鲲智能运营中心迅速识别出装载着华为货物的28艘船共400多个货柜已经堵塞或即将驶向苏伊士运河，这会影响几十个国家、100多个客户的项目交付，是一个重大风险事件。华为团队不仅要在空/海/铁等数万条路径、百万级组合中选择最佳路径和解决方案，还要预判事件持续发酵可能带来的塞港、铁运挤兑等风险。通过实时监控船舶、航速、经纬度变化、运河通行能力影响等信息，应用大数据分析和预案模拟，决策启动中欧班铁方案并锁定专列资源，将欧洲工厂收货和生产能力提升30%以上，4000多个客户订单紧急补货、优先排产并及时与客户保持沟通，最终将80%的订单延误控制在2周内，客户基本没受影响。这正是华为供应链数字化转型带来的需求实时感知、资源实时可视、过程实时可控，在"灰犀牛"事件和"黑天鹅"事件频发的复杂供应网络中，一场场危机被化于无形。

　　路通则发展通。中欧班列拉近了中国与世界的距离。在全球新冠疫情的前提下，中国铁路运输独树一帜，中欧班列强势增长，中国经济贸易稳步前进。可以说，中欧班列是我国对外经济贸易的风向标，在世界范围内，中欧班列为保障产业链供应链稳定、推动中欧贸易发展、促进国际抗"疫"合作提供了重要支撑。

分析：

（1）查阅相关资料了解中欧班列的覆盖范围。

（2）中欧班列的运行在实现智慧供应链韧性方面的意义。

6. 课程思政题

补链强链为工业强基赋能

　　产业链供应链的安全、稳定日益成为各方高度关注的重大问题。党的二十大报告指出，要着力提升产业链供应链的韧性和安全水平。对此，要进一步增强忧患意识、机遇意识，强化底线思维、极限思维，主动识变、应变、求变，承压而上。

　　党的十八大以来，党中央高度重视统筹发展和安全，通过不断调整完善产业链供应链，有效应对外部环境变化和潜在风险冲击。随着多年的发展积累，当前我国产业链供应链有着鲜明的优势。一是覆盖广、链条长。我国是唯一拥有联合国41个全部工业门类的国家，强大的制造能力奠定了产业链的基础地位。二是应用场景丰富而广泛。我国市场庞大而又层次分明，为新技术、新产品提供了良好的试验场，避免了国际上出现的由于缺乏应用场景而失去创新迭代的情况。三是效率与活力日益凸显。我国每年为市场供应大量年轻劳动力，一些科技配套产业具有很大的潜力。

同时也要看到，我国产业链供应链也存在一些短板，需不断提高国际竞争力。与发达国家相比，我国制造业仍处于价值链的中低端，一些关键"卡脖子"技术受到制约，亟待补链强链。应多措并举，稳妥施策，为工业强基赋能。

第一，推动专利标准化制定，提高产业链供应链"链主"控制力。对专利标准化的掌握就是对产业链供应链根基的把控。要提高专利技术的增量与存量，为标准化规则的制定做好基础准备，让我国制造业企业以"质"和"量"的底气参与国际规则制定，彰显中国实力，增强话语权。另外，要扩展专利技术的搜索视野，提高市场预判准确度与敏感度，快速把握专利购买机遇，低成本置备更高质量的成熟专利。

第二，构建技术创新共同体，增强产业链供应链关键节点控制力。关键节点不可控是威胁产业链供应链安全的巨大风险因素，构建技术创新共同体是化解风险的重要举措。在机构建设上，可以设立国家科技创新赋能中心，发挥举国体制优势，对重点产业链供应链缺项进行专项攻关。对于已有技术，要建立灵活赋能端口，点对点联合有需求的制造业企业转化落地。在机制设计上，要重视完善创新撮合制度，发挥政府的纽带作用，撮合全社会技术供需方形成有效联结。在实际操作上，要鼓励组建项目创新联合体，以项目为标的，建立壁垒破除机制、风险承担机制、成果分享机制等，打通堵点、痛点。

第三，实施海内外捆绑战略，强化产业链供应链要素控制力。当前的产业链供应链竞争并不是某一项或几项技术的竞争，而是链条上关键环节的合力竞争或生态竞争，必须打开国际视角，利用资本、数据、技术等生产要素，加速海内外高质量产业链供应链布局。要提升自身技术与产品的交换价值，增强不可替代性，利用创新带来的集聚外部性，分享技术外溢红利，加强与海外合作，共谋发展。

（资料来源：《经济日报》）

7. 二十大报告关键词

增进民生福祉

【报告原文】

江山就是人民，人民就是江山。中国共产党领导人民打江山、守江山，守的是人民的心。治国有常，利民为本。为民造福是立党为公、执政为民的本质要求。必须坚持在发展中保障和改善民生，鼓励共同奋斗创造美好生活，不断实现人民对美好生活的向往。

【解读】

报告多次提及"人民""民生"，这要求我们要始终把最广大人民群众的根本利益放在心上，坚定不移增进民生福祉，把高质量发展同满足人民美好生活需要紧密结合起来，不断提升人民群众生活品质。

为民造福是我们党坚持立党为公、执政为民的本质要求，必须把实现好、维护好、发展好最广大人民根本利益作为一切工作的出发点和落脚点。

　　新时代的十年，我们党始终坚持以人民为中心的发展思想，在以经济建设为中心的同时，不断提升公共服务水平，着力推进基本公共服务均等化，取得了一系列显著成就。

（选自《人民日报》，有改动）

第 10 章
智慧供应链金融

开篇案例：粤港澳大湾区供应链金融平台

粤港澳大湾区主要包括香港特别行政区、澳门特别行政区及广东省多市，总面积约为5.6万平方千米，是我国开放程度最高、经济活力最强的区域之一，在我国发展大局中具有重要的战略地位。粤港澳大湾区的建设，是新时代推动形成全面开放格局的新尝试，是促进我国经济发展活力提高的重要举措。

我国供应链金融由深圳发展银行（如今的平安银行）在20世纪80年代后发起，经过多年的发展与实践，已经取得长足进步，同时因为粤港澳大湾区的政策支持，使得供应链金融产品在该地区的企业中得到全面推广。

粤港澳大湾区供应链金融平台于2019年年初开始建设，并于2019年9月正式上线试运行。平台是以区块链为互信基础搭建的供应链金融平台，为企业和金融机构进行融资撮合，搭建企业和金融机构之间的桥梁，解决信息不对称、融资效率低的问题，促进企业、金融行业的健康发展。

粤港澳大湾区作为目前我国经济活力最高的地区之一，在供应链金融模式建设中已经积累了丰富的经验，与其他地区相比，该地区的供应链金融模式发展速度较快，但是作为一种新型金融模式，同样也不可避免地存在一些问题。

1．综合管理能力不足

经过多年的实践发展可以看出，在现代市场经济条件下，企业之间的竞争逐渐削弱，逐渐转向供应链之间的竞争，虽然供应链的基本概念已经被粤港澳大湾区的许多企业所应用，同时获得了良好的应用效果，但是依然有部分企业尚未参与到供应链中，良好的供应链金融管理是供应链金融实现的基本前提，所以企业要做好供应链管理工作。

2．非商业银行金融机构参与较少

从目前粤港澳大湾区的发展情况来看，70%以上的业务都以商业银行为主导。作为供应链金融的驱动力，金融机构的组成是决定服务质量的关键因素。受国家政策的影响，虽然商业银行对于中小企业的融资支持不断提升，同时降低了中小企业融资的要求，但是融资准入门槛依然远远高于其他金融服务提供机构。所以，以商业银行为主导的供应链金融模式在解决中小企业融资困难、融资成本较高的问题中仍难以达到理想效果，没有发生根本性的转变。

3．交易确权存在问题

交易确权是供应链中企业资金流动效率较差的主要因素。受多种因素的影响，目前粤港澳大湾区的部分企业依然存在"三角债务"问题，且债务规模较为庞大，一些债务确权难以及时完成，导致核心企业对其他企业的交易确权积极性较差，从而影响供应链金融商业信用体系的构建。

10.1 供应链金融

> **焦点讨论**
>
> 供应链金融整合了商流、物流、信息流与资金流等数据信息，金融机构通过分析供应链上的历史交易数据，以此来分析商业逻辑，制定风险控制模型，为供应链客户核定合理的授信额度。虽然供应链金融是基于核心企业的信用，但是为了核实贸易背景的真实性，金融机构仍会投入大量的人力、物力，多维度验证上述信息的真伪，如图 10-1 所示。如果能够实现供应链历史数据全程可视、不可篡改，将大幅降低金融机构的尽调成本，提高供应链金融业务的整体效率。
>
>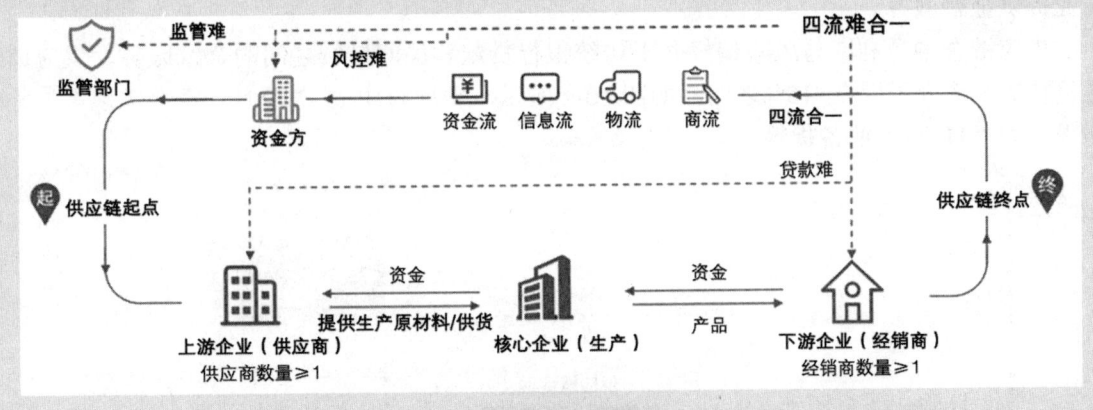
>
> 图 10-1 供应链贸易背景真实性审核流程
>
> 讨论：分析供应链贸易背景真实性审核难度大的原因。

1．基本概念

供应链金融是银行将核心企业和上下游企业联系在一起提供灵活运用的金融产品和服务的一种融资模式，是核心企业与银行之间达成的一种面向供应链所有成员企业的系统性融资安排。根据国际商会（The International Chamber of Commerce，ICC）的定义，供应链金融利用融资和风险缓释的措施和技术，对供应链流程和交易中营运资本的管理和流动性投资资金的使用进行优化。

以上定义与传统的保理业务及货押业务（动产及货权质押授信）非常接近。但有明显区别,即保理和货押只是简单的贸易融资产品,而供应链金融是核心企业与银行之间达成的一种面向供应链所有成员企业的系统性融资安排。

2. 供应链金融的特点

与传统金融产品相比,供应链金融具有鲜明的特点。

(1) 自偿性贸易融资

自偿性贸易融资根据核心企业的真实贸易背景和上下游客户资信实力,以单笔或额度授信方式,提供银行短期金融产品和封闭贷款,以借款人销售收入或贸易所产生的确定的未来现金流作为直接还款来源。

(2) 操作的封闭性

金融机构对从发放融资到收回融资的全程进行控制,既包括对资金流的控制,也包括对货权的控制,通过 ERP 系统的对接还可以实现对关键信息流的控制。典型的产品如动产质押授信业务,银行将企业所拥有的货权进行质押,授信资金专项用于采购原材料,企业以分次追加保证金的方式分批赎出货物,随之进行销售。

(3) 授信机制由"N"到"1"

在传统金融模式下,金融机构授信主体包括供应链上的每家企业,即对 N 个企业进行授信。在供应链金融模式下,金融机构可以只对核心企业授信,由核心企业基于供应链上下游企业的购销情况、履约情况等进行授信额度分配,金融机构在已分配额度内为供应链上下游企业提供金融服务。

供应链金融是利率与风险偏好介于传统银行贷款和民间借贷之间的金融服务。供应链金融机构的利率介于8%~15%之间,如图10-2所示,平均周期2~3个月,资金需求多为临时需求,如"11.11"前备货等。

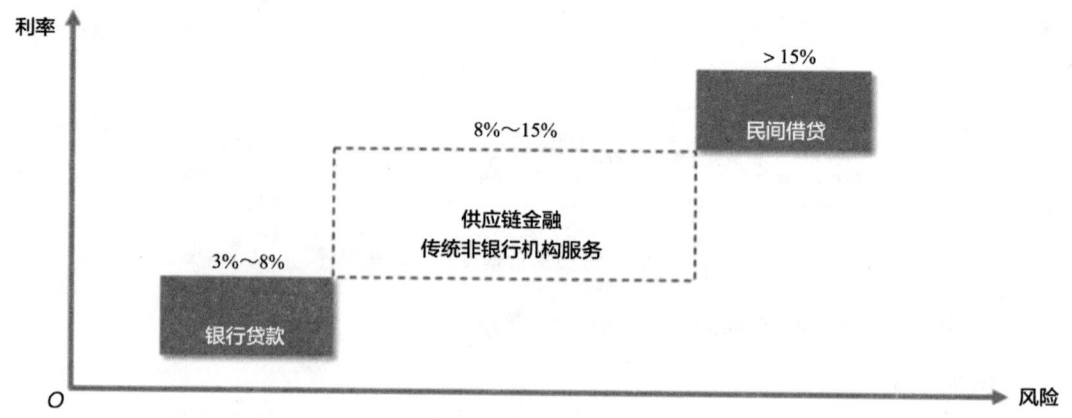

图 10-2　供应链金融的利率

由于供应链金融是基于"业务往来"的融资,所以行业化特征明显。供应链金融应用比较广泛的 6 个领域是:物流领域、大宗商品领域、快消零售领域、汽车领域、电子电器领域、化工及能源领域。

3. 供应链金融的组织模式

（1）物流企业主导模式

物流企业主导模式是指物流企业凭借与供应链各参与主体的物流合作关系，利用自身掌握的客户、信息等优势，通过结算服务达到为核心企业延长账期、向上下游中小企业提供融资服务的一种金融模式。赊销方式在商品交易环节容易导致中小企业资金不足，甚至资金链断裂，但通过这种模式可以为上游供应商提供"应收账款"短期融资服务，在一定程度上解决短期内资金流动性差的问题。

物流企业主导的供应链金融模式操作流程，如图 10-3 所示。

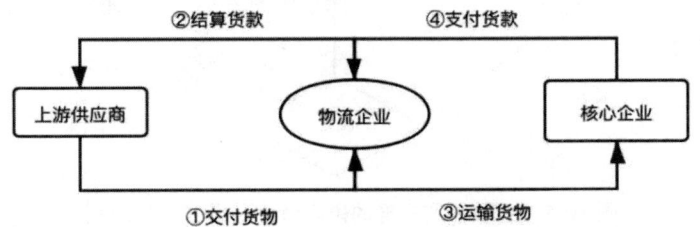

图 10-3 物流企业主导的供应链金融模式操作流程

（2）核心企业主导模式

核心企业是指在供应链产业生态中具有较大规模、良好信誉、完善制度、健全财务体系、广泛融资渠道的，对上下游中小企业具有一定支配管理作用的优质企业。核心企业需要具备全盘考虑、稳定上下游中小企业发展、与上下游中小企业建立和谐发展关系，且被依赖生存的能力。在此情形下，上下游中小企业能否得到长远发展也会直接影响核心企业产品的供应与销售，甚至影响核心企业产品战略的成败。在这种模式下，核心企业与上下游中小企业之间共同发展却又互相制衡和依赖，核心企业根据自身优势，发起建立供应链发展基金，为上下游中小企业的发展提供资金支持。核心企业主导的供应链金融模式运转操作流程，如图 10-4 所示。

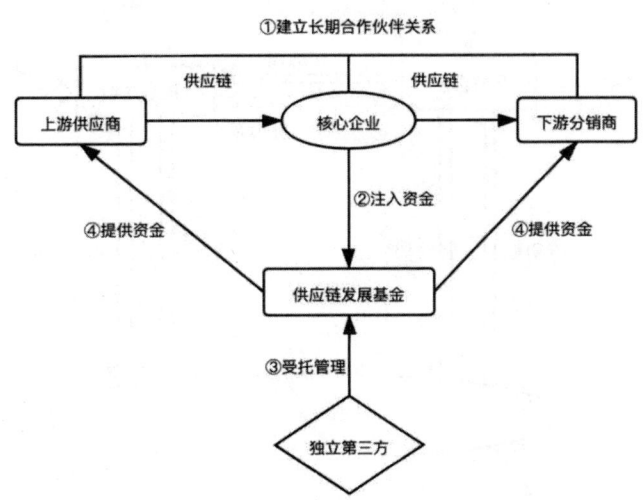

图 10-4 核心企业主导的供应链金融模式运转操作流程

（3）金融机构主导模式

由于缺乏规范的管理和实体资产，所以出现了中小企业直接从商业银行融资难的问题。金融机构主导模式应运而生，银行将整条供应链上的参与企业进行有机整合，银行不再对供应链上的单个企业进行分散授信，而是综合考虑整条供应链的运作机制、发展前景、信用状况为中小企业提供贷款。

金融机构主导的供应链金融模式操作流程，如图 10-5 所示。

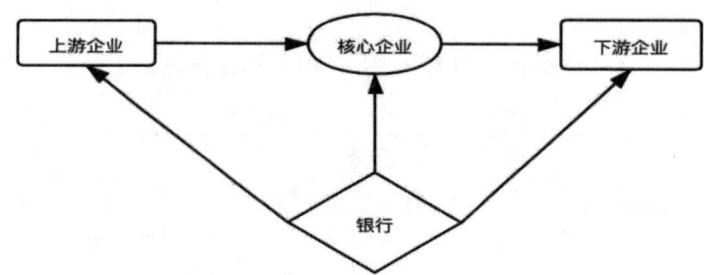

图 10-5　金融机构主导的供应链金融模式操作流程

4．供应链金融的业务模式

（1）应收账款融资模式

应收账款融资模式是指融资企业为了获取运营资金，将应收账款作为标的物进行质押，从而获得贷款的融资业务。在供应链金融中，资金需求企业与核心企业签订合同后，因核心企业销售回款存在一定的周期，通常约定先货后款的结算方式，因此，资金需求企业账上存在应收账款。为了能有足够的资金继续投入生产经营，资金需求企业以该笔应收账款向金融机构进行权利质押以获得贷款。核心企业提供相关说明或者担保，承诺将销售回款支付给金融机构，以作为资金需求企业偿还贷款的方式，金融机构进行审核后决定是否发放贷款。应收账款融资模式操作流程，如图 10-6 所示。

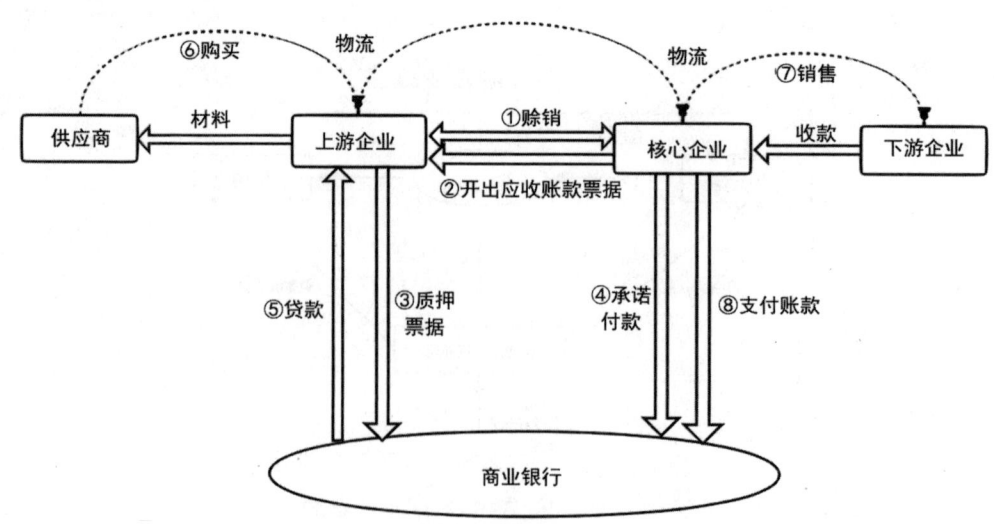

图 10-6　应收账款融资模式操作流程

(2) 保兑仓融资模式

保兑仓融资模式即预付账款融资模式，是指以商业银行承兑汇票作为结算工具，由商业银行对存货进行控制、第三方物流企业接受商业银行委托保管货物，对超出商业银行承兑汇票的部分由卖方回购仓单作为担保的一种特定票据业务。保兑仓融资模式针对的是下游企业（买方）的购买环节，核心企业（卖方）以"仓单"为质押物并承诺回购，从而对下游企业的融资活动进行担保。保兑仓融资模式运转操作流程，如图10-7所示。

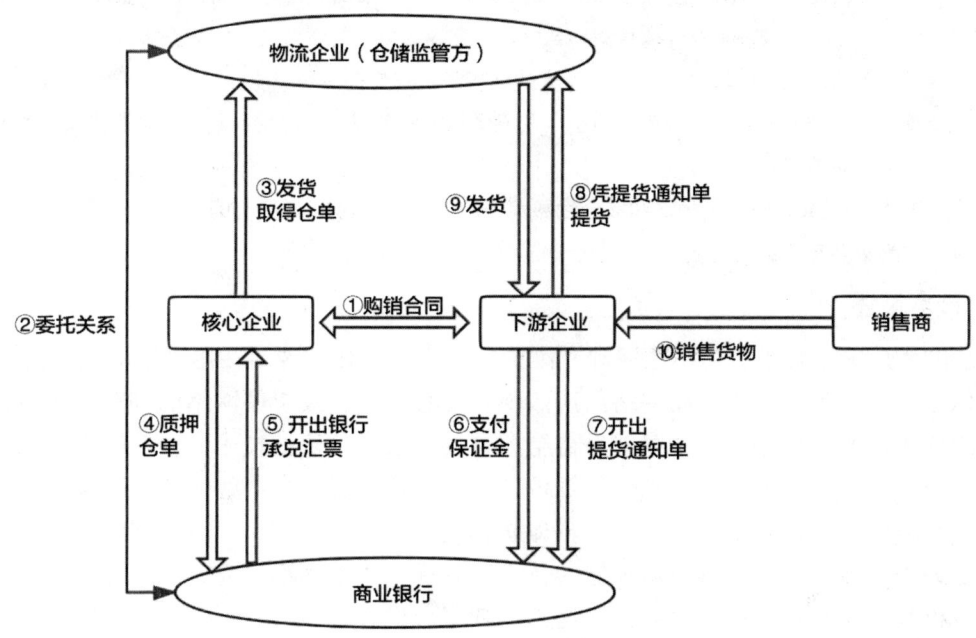

图10-7　保兑仓融资模式运转操作流程

(3) 融通仓融资模式

融通仓融资模式即存货类融资模式、动产质押融资模式，是指融资企业以存货作为标的物并质押给金融机构以申请信贷支持，并且以信贷资金支持的销售收益作为首先偿还信贷资金的一种融资模式。融通仓融资模式运转操作流程，如图10-8所示。

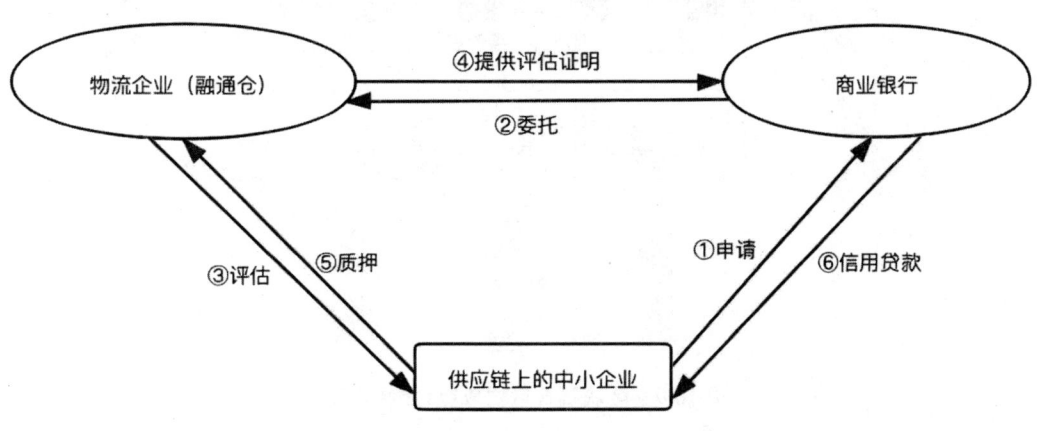

图10-8　融通仓融资模式运转操作流程

10.2 基于区块链技术的智慧供应链金融

> **焦点讨论**
>
> 《中华人民共和国国民经济和社会发展第十四个五年规划和 2035 年远景目标纲要》中指出,培育壮大人工智能、大数据、区块链、云计算、网络安全等新兴数字产业,提升通信设备、核心电子元器件、关键软件等产业水平。构建基于 5G 的应用场景和产业生态,在智能交通、智慧物流、智慧能源、智慧医疗等重点领域开展试点示范。鼓励企业开放搜索、电商、社交等数据,发展第三方大数据服务产业。促进共享经济、平台经济健康发展。区块链作为数字经济重点产业,需要"推动智能合约、共识算法、加密算法、分布式系统等区块链技术创新,以联盟链为重点发展区块链服务平台和金融科技、供应链管理、政务服务等领域应用方案,完善监管机制"。
>
> 讨论:《中华人民共和国国民经济和社会发展第十四个五年规划和 2035 年远景目标纲要》中,为什么要将区块链作为数字经济重点产业?

1. 技术概述

传统的供应链金融平台是由企业独立维护,采用中心化 C/S 或 B/S 架构,供应链金融数据中心化存储,一旦中心化存储网络出现故障,信息、数据及存储网络的利益相关者都会受到一定的损失,所以数据的安全存储显得至关重要。采用区块链技术的供应链金融平台,具有权限的链上节点均按照一定规则参与维护各自的账本数据。数据的分布式存储可以避免因单一节点数据丢失或被攻击而造成的平台瘫痪和经济损失。若某个节点出现宕机状况,数据不会轻易丢失。此外,区块链数据存储的特点能确保账本数据不可篡改和可追溯,结合完整的时间戳机制也能确保数据的连续性,这为后续平台进行大数据分析、人工智能等拓展应用提供了有力的数据支持,如图 10-9 所示。

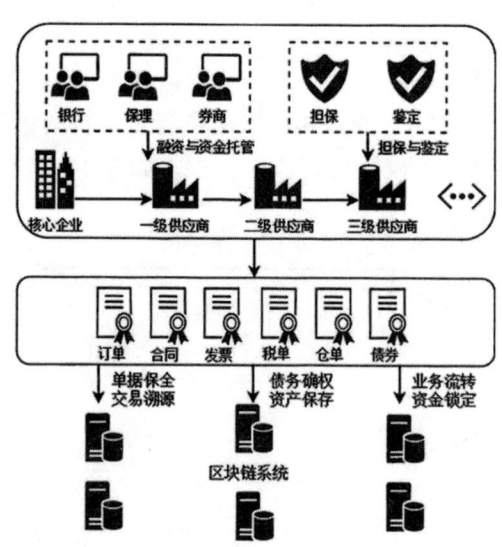

图 10-9 区块链智慧供应链金融框架图

整个智慧供应链金融系统不仅包括核心企业及其供应商,还包括经销商、银行、保理公司、券商、担保机构和鉴定机构等金融、背书、鉴定机构。区块链技术的加入能够促使智慧供应链金融各方建立"技术信任"体系，并将这种信任模式传递到供应链末端中小微企业中，从而解决中小微企业融资难、融资贵的问题。智慧供应链金融所形成的订单、合同、发票、税票、仓单及债券都能通过区块链账本进行共享存储，有权限的企业机构能够查阅并办理相关数据及业务。

2．业务场景

基于区块链技术的智慧供应链金融解决方案多以高可控性、高安全性的联盟链为主，联合供应链上下游核心企业及供应商，此外还涵盖了金融机构、银行、券商等金融资产企业。将各个主体的业务数据和贸易数据上链并存储，以区块链技术作为信任传递的基础深度赋能智慧供应链金融中的各个中小微企业，具体业务包括合同签约、债权确权、企业融资、债权转让、资金清收、ABS（Asset Backed Securitization，资产支持证券）融资等。

（1）合同签约

区块链技术的一大优势是与电子签名技术紧密结合，如 Hyperledger Fabric（开源的、企业级的、带权限的分布式账本平台）会提供专门的 CA（Certificate Authority，证书授权中心）认证接口，并支持与第三方 CA 机构进行对接，这样的功能为签订合同提供了基本保证。供应链中的上下游企业通过节点认证后参与到联盟链中进行共识和业务交易，在签订合同的过程中，上下游企业通过节点应用程序上传合同原件（如采购合同），经双方认定无误后进行电子签名认证，合同即可生效，同时将合同进行广播，在得到全网共识后写到区块链上，不仅提高了传统合同的签订效率，还可以利用区块链技术进行合同存证，如图 10-10 所示。

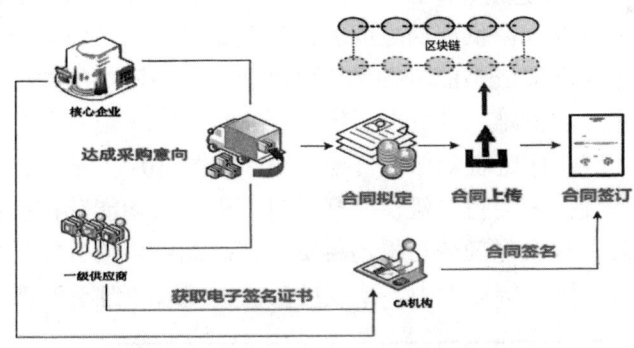

图 10-10　基于区块链的智慧供应链金融合同签订流程

以一级供应商为例，当核心企业与一级供应商达成采购意向后，双方会协调并拟定一份采购合同，并将合同上传至区块链账本中进行全网广播，确保合同上链且不可篡改后，区块链中的核心企业及供应商要对账本中的合同进行签署操作，此时需要借助第三方 CA 机构为区块链系统中各节点颁发的数字证书合同签名，签名后的合同保存在区块链账本中供其他节点查看。

（2）债权确权

合同签订双方在确定应收和应付账款后将生成债权应收应付合约，并将合约写入区块链。在智慧供应链金融联盟链中引入第三方金融机构及保理机构节点，在债权合约共识生效后为其进行债务担保及资产托管等业务，并将相关数据写入区块链。基于区块链技术的债权确权解决了传统财务改造过程烦琐的弊端，同时利用区块链的存证及业务溯源的优势解决了债权纠纷、债权变动等问题，如图 10-11 所示。

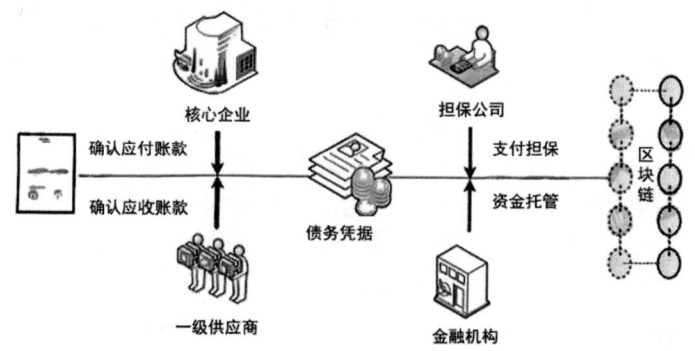

图 10-11 基于区块链的债权确权流程

核心企业与一级供应商签订采购合同后，通过后续供应商的融资贷款和债务凭据拆分处理，会生成债务凭据并进行债权确权。在核心企业和一级供应商分别确认了应付账款和应收账款后，会形成债务凭据单。在基于区块链的智慧供应链金融网络中纳入担保公司及金融机构等企业，目的是为智慧供应链金融业务中产生的单据做背书、鉴定和担保。在确权业务中，金融机构将提供资金托管服务，而担保公司将提供债务担保，并将所有信息写入区块链账本。

（3）企业融资

基于区块链技术的解决方案能够解决供应链上中小微企业的融资信任问题。区块链可以将核心企业与一级供应商及上游供应商之间的供应关系、合约及债务关系全部公开，从而建立基于技术的信任体系，联盟链中的金融机构可以通过区块链中的数据进行合理可控的信贷业务，以解决中小微企业融资难、融资贵、信任度低的问题。

区块链能够解决智慧供应链金融信任传递问题，如图 10-12 所示，通过拆分一级供应商与核心企业签订的债务凭据，使得二级供应商及以下供应商均能获得在供应链中应收账款的债务凭据，从而向金融机构及保理公司提出融资申请。此外，债务凭据的拆分及融资过程中涉及的业务流程均记录在区块链账本中，形成可信任、可追溯但不可篡改的记账模式。

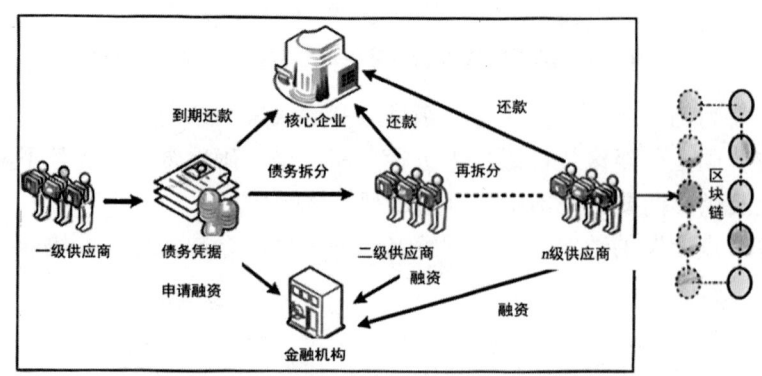

图 10-12 基于区块链的智慧供应链金融融资流程

（4）债权转让

借助区块链技术，供应链上下游企业债权透明化流动。企业间债权的拆分可以通过区块链技术记录并保证不可篡改，债权可以在有效额度内进行有效拆分并记录。一旦出现债权纠纷，就可以借助区块链溯源功能实现全生命周期的债权追溯及责任划分，如图10-13所示。

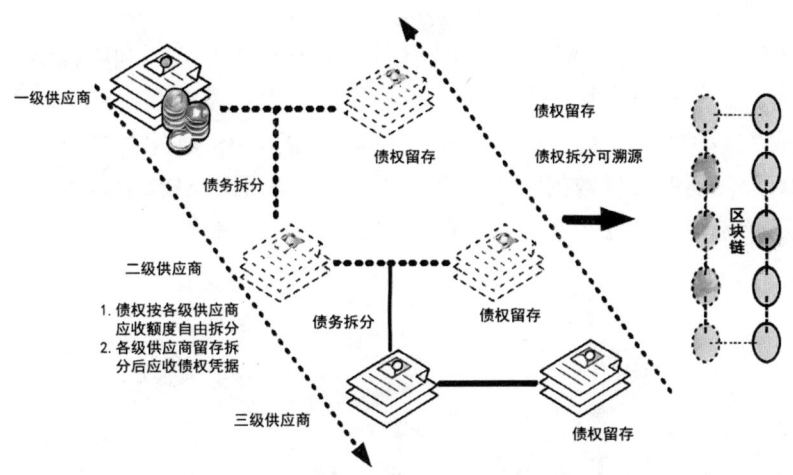

图10-13　基于区块链的债权拆分流程

以三级供应商为例，若要获取拆分后的债权凭据需要经过一级供应商拆分、二级供应商拆分两个环节，拆分过程中各级供应商将留存属于自己的债权存证。各级供应商按照采购合同自身应收账款及下一级供应商应收账款进行拆分，拆分过程及凭据全部记录在区块链账本中，实现了债权拆分的溯源。

（5）资金清收

借助区块链智能合约技术，企业双方可以指定彼此都接受的清收条件，一旦满足条件并触发智能合约，就自动进行资产清收。联盟链对接银行系统，合约被触发后可直接向有效凭据持有人兑付，从而提高债务清收效率，避免出现企业间的坏账、烂账等问题，如图10-14所示。

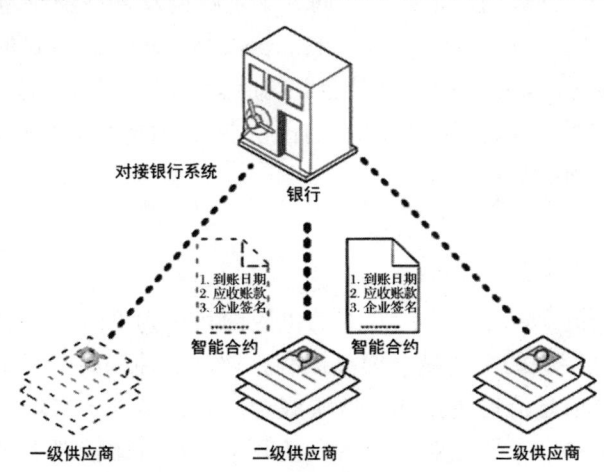

图10-14　基于区块链的资金清收流程

各级供应商按照各自所持的债权凭证收取应收账款,这一环节通过区块链的智能合约技术能够实现安全、实时的资金清收。区块链系统中银行节点连接到银行内部支付系统,能够实现实时资金支付,智能合约中设计了到账日期、应收款额、核心企业签名等基础约束条件,一旦触发智能合约,银行系统就自动支付各级供应商应收账款。

(6) ABS 融资

ABS 融资模式是以项目所属的资产为支撑的证券化融资方式。利用区块链技术可以将大型项目的相关材料进行存证,同时将保理公司、券商包含在整个联盟链生态圈里,通过链上的业务互通形成"核心企业—保理公司—券商供应商"的 ABS 融资生态,提高协同业务效率。利用区块链技术,在确保项目数据和资产真实透明的情况下,ABS 融资模式还可以延伸至证券评级测算、资产流转及监控等业务,如图 10-15 所示。

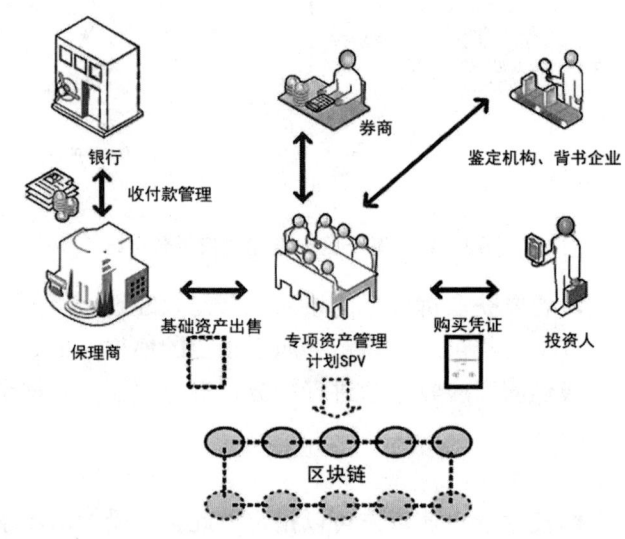

图 10-15 基于区块链的 ABS 融资流程

以智慧供应链金融中保理商、银行、券商、鉴定机构及背书企业为基础形成了保理 ABS 融资业务,保理商扮演发行者,SPV(Special Purpose Vehicle,特殊目的载体)负责筹划管理发行计划,同时受到券商、鉴定机构和背书企业的监管,银行则负责管理保理商收付款。ABS 融资过程中所产生的购买合同、管理单据、委托凭证、应收应付款凭证均写入区块链账本中,实现了透明化、公开化的监督和管理。

3．实施重点

(1) 突破末端"信息孤岛"

在一条完整的供应链上,作为上游企业的供应商和作为下游企业的经销商都存在一级到 N 级的多个主体,越低层级的企业越会偏离核心企业,这种偏离产生的距离会导致信息不互通,层级跨越度越大,信息流通越闭塞。低层级企业尤其是处于末端的企业与核心企业及商业银行之间存在信息壁垒,上游企业与下游企业间也存在着比较严重的信息流通障碍,因此产生了"信息孤岛"问题,在供应链的末端极为突出,如图 10-16 所示。

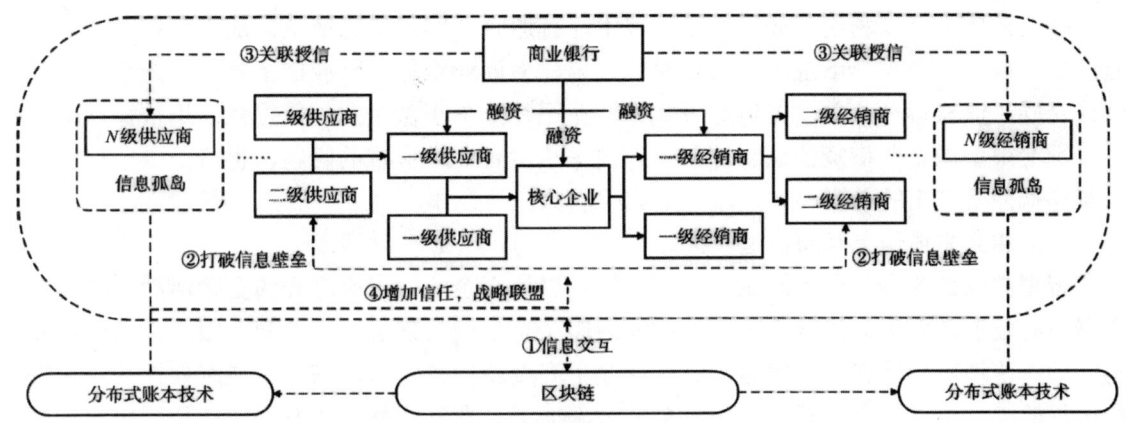

图 10-16 区块链技术突破智慧供应链金融"信息孤岛"路径

首先,区块链技术通过分布式账本技术收集各个层级、各个主体传递的信息,并进行信息的分布式记录和存储,实现信息的交互;其次,信息的交互使得供应链各个主体共享供应链的信息,解决了由原有的信息壁垒造成的"信息孤岛"问题,各个主体完全掌握供应链上各主体之间的关系,有助于各个主体之间建立相应的联系,特别是处于末端的 N 级企业突破信息障碍,与其他各层级企业建立联系,尤其是与商业银行建立的多方联系,包括与核心企业的连带关系;再次,分布式记账的有效信息共享为商业银行提供关于各个层级上下游中小微企业的可靠信息,依靠核心企业的信用背书,为低层级的 N 级末端企业进行关联授信;最后,企业间建立了可靠的联系,有助于企业间增加信任,达成共识,形成战略联盟,推动战略关系融资模式的发展。

(2)解决中小微企业的融资问题

区块链技术能够提供智慧供应链金融中商业银行对中下游企业的授信依据,通过加强授信能够解决供应链上中小微企业"融资难、融资贵"的问题,具体路径如图 10-17 所示。第一,区块链技术通过分布式账本技术进行信息的互通,建立各个层级企业与商业银行的联系;第二,通过债权拆分的方式进行债权份额的传递,核心企业与一级经销商的债权关系和债权份额按合同比例拆分并转移到二级经销商,二级经销商再次拆分并按照比例向下游传递,直到最低层级的 N 级经销商;第三,各层级企业利用拆分后的债权份额在商业银行获得相应的授信额度,各个层级的经销商按照相应份额利用授信额度进行融资活动。

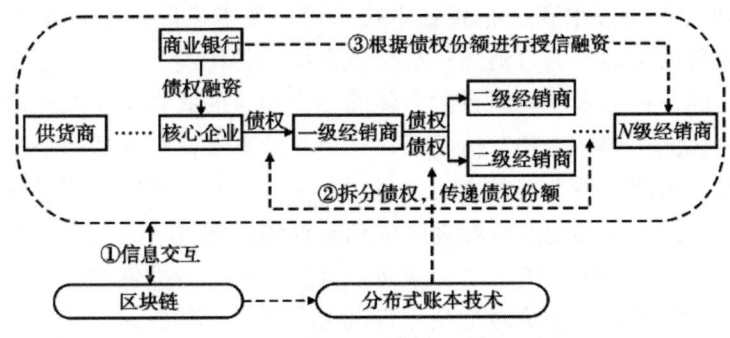

图 10-17 区块链技术拆分多层级债权

区块链技术可以利用其分布式账本技术，打通企业间的信息壁垒，加强企业间的信息流通，拆分核心企业与上下游企业的债权关系，建立商业银行与供应链上各企业的联系，通过确认合同、债权拆分、关联授信等方式为商业银行给中小微企业借贷提供信用依据，降低商业银行给中小微企业借贷的风险，同时解决中小微企业融资难的问题，也降低中小微企业提供实物抵押所产生的融资成本，加强企业间的信任与合作。

（3）建立主体信息互通渠道

智慧供应链金融是上下游企业及商业银行以核心企业为中心展开的金融活动。核心企业占据中心位置并对信息绝对控制，这样便阻碍了企业间的信息流通及商业银行和上下游企业间的信息传递，由此造成的信息不对称形成了高度的信息壁垒。信息传递时效性的相对滞后和信息的被动传输，导致智慧供应链金融效率低下。在互联网飞速发展的时代，信息互通和信息的主动传导变得尤为重要，如图10-18所示。

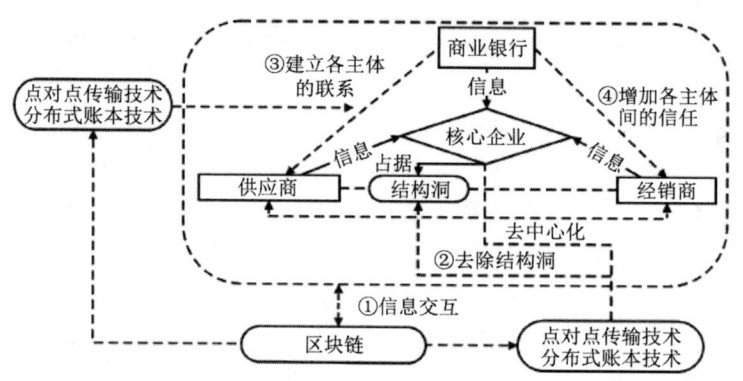

图10-18　区块链技术激活智慧供应链金融的信息主动传动机制

区块链技术能够利用其点对点传输技术和分布式账本技术，打破原有的信息单向传递局面，建立信息网络化互通的渠道。第一，通过分布式账本技术将供应链上各个主体之间的信息进行交互传递，各个主体由被动掌握信息转变为主动获取信息；第二，在进行信息交互之后，去除被核心企业占据的原本没有联系的上游企业供货商和下游企业经销商之间的结构洞；第三，各个主体通过区块链的点对点传输技术和分布式账本技术建立联系，各个主体之间突破原本树枝状的信息传输结构，形成网络化的信息互通；第四，因为区块链技术公开了信息记录，所以加强了企业间的联系，巩固了企业间的信任关系，打开了供需预测的信息通道。

区块链的点对点传输技术和分布式账本技术可以改善供应链中企业间信息不对称的情况，降低信息不对称的负面影响，消除核心企业占据的结构洞，去除核心企业中心化地位，达到去中心化的目的，在原本没有联系的主体间建立相应的联系，在加速透明信息传递轨迹的同时加强多元主体的协调能力和互信关系，让信息的真实性更加透明公开，破除了原本被动的信息传递机制，激活了整个链条上的信息主动传导机制。同时，新联系的建立，打通了跨越核心企业的上下游企业和商业银行之间的信息通道，通过新的信息通道可以为上下游企业提供供需预测。例如，经销商的售卖记录可以为供货商补货提供预测数据来源；核心企业可以通过经销商对市场销售的评价对产品进行改进和迭代，从而为产品未来的发展方向提供依据等。区块链技术可以有效巩固战略关系融资模式的发展，激发主体间的主动互动关系，为智慧供应链金融发展的创新奠定了基础。

（4）抵御市场风险

智慧供应链金融中最不可或缺的主体是提供资金来源的商业银行或其他金融机构，商业银行参与金融活动期间主要关注的问题之一是风险管控，因此，供应链金融存在各种因风险带来的融资缓慢和融资断点问题。区块链技术由于分布式账本技术的应用，提高了智慧供应链金融活动中的信息传输效率和信息可靠程度，加强了商业银行对信用风险的管控。其实，区块链技术中的智能合约还能大大加强智慧供应链金融中对于市场风险的管控。

目前，发生的大多数智慧供应链金融融资活动都是依赖抵押物进行融资的，抵押物的性质可以是货物、票据、合同、信用证等，但是抵押物的价值会根据市场价格的变化而变化，因此商业银行对由于抵押物价值变化而产生的市场风险的管控显得尤为重要。

融资主体通过抵押的方式在商业银行获得融资，抵押物价值数据通过信息传递与区块链进行信息交互。在市场信息不断更新的情况下，商业银行会对抵押物的市场价值实时进行再评估，如果再评估结果是抵押物现价值等于或高于原抵押价值，则根据合约内容维持现状；如果再评估结果是抵押物现价值低于原抵押价值，则商业银行会发出警报，区块链利用智能合约技术，基于智能合约中抵押物现价值低于原价值的条件触发，自动根据合约内容执行出售抵押物保值或融资主体自动填补抵押物等相关操作，如图10-19所示。

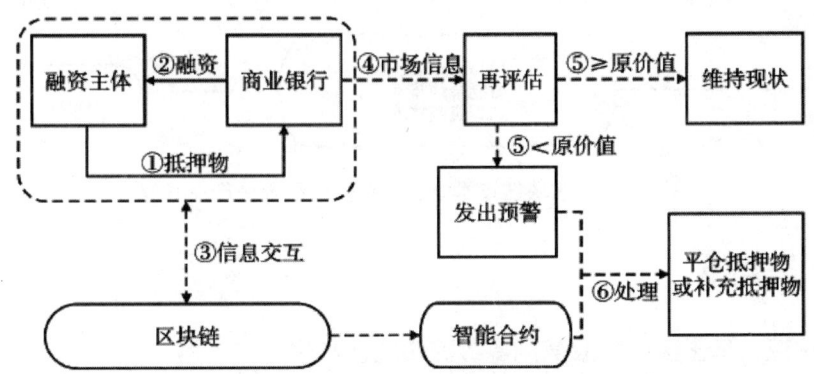

图10-19　区块链帮助商业银行抵御市场风险

智能合约技术还能通过提高金融运作效率来控制风险。比如在应付账款融资中，商品从核心企业通过物流送达经销商手中，经销商确认收货之后，通过智能合约触发收货后付款的条件，自动进行付款操作，对于商业银行而言，这样可以有效降低因市场变化而产生的市场风险。

（5）构建智慧供应链金融产业联盟

供应链主体和商业银行或金融机构达成融资关系可实现金融活动。金融活动的闭环，使得各供应链金融中的执行标准和监管标准不能统一，因链而异的标准不但限制了金融活动的效率，而且在很大程度上阻碍了供应链金融的发展。智慧供应链金融需要从供给侧进行结构性改革。区块链技术建立智慧供应链金融产业联盟，即由私有区块链向联盟区块链转变，如图10-20所示。从信息交互，打破原有单链闭环，到建立产业联盟多链互通，最后统一监管标准并降低风险。一是打破了原有供应链金融单链闭环的约束，形成网络化、信息化并拥有有效监管体系的产业联盟,扩大了市场规模,激发了金融市场的活力,有力推进了供应链金融的发展;二是建立了多链多主体的跨链联系,扩大了资源网络,为形成供应链创新、供应链金融创新提供了有力支撑;三是各个主体对链上数据进行分析,在对以往生产活动进行检验和修正的同时对未来供需进行预测,挖掘客户需求,合理分配产能和资金;四是统一的监管体系,完善了监管标准,在提高金融活动效率的同时加大了监管力度,让供应链金融更加规范化;五是降低了综合风险,随着跨链关系的形成,降低了因原有供应链内部关系被打破而产生的内部风险,同时随着产业联盟的形成提高了共同抵御外部风险的能力。

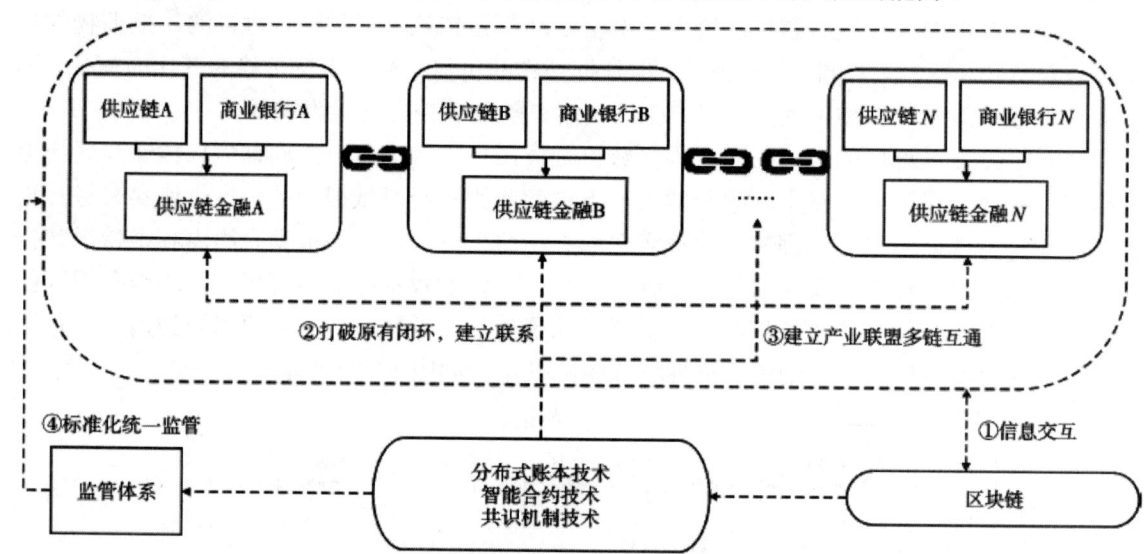

图 10-20　区块链技术建立智慧供应链金融产业联盟

10.3　行业实践

1. 山钢金控:基于核心企业信用多级流转的智慧供应链金融

(1) 实施背景

山钢金融控股(深圳)有限公司(简称山钢金控)是山钢集团的独资子公司,是山钢集团的投资、融资、产业协同和资产管理平台,成立于 2015 年 9 月,注册资本为 40 亿元,其年营业收入为 350 亿元,利润总额为 4.5 亿元。

2019 年 8 月,山钢金控舜信智慧供应链金融服务平台正式上线。公司以舜信平台为纽带,通过电子债权凭证的形式,加速核心企业优质信用在供应链条上的多级流转,为供应链条上的中小企业提供稳定、低价的融资支持,提高供应链条的资金配置效率,以金融"活水"激发产业活力,以产带融,以融促产,打造以钢铁主业为基础的智慧供应链金融生态圈。

(2) 实施方案

2020 年 4 月,公司为推动舜信平台合规化运营和规模化发展,以科技驱动商业模式创新,与中国宝武钢铁集团有限公司、鞍钢集团有限公司等行业头部企业共同建立标准统一、资产集中、资金融通、合规稳健、收益共享的产业金融区块链联盟平台。同年 12 月,舜信平台区块链升级改造顺利完成。在不影响其现有运营模式、各平台保持独立性的基础上，打破各自原有的数据边界，实现舜信平台与链内资产的互认互通，在联盟的范围内取得更大的信任共识，解决平台互联互通中的信息不对称及信任问题，在安全性和可靠性的基础上，进一步开放共享边界，提高数据资产的流动性，助力山钢金控在生态圈内建立高效的金融服务平台。

舜信平台本着实用、成熟、先进、灵活、可靠、安全的原则进行开发建设，进而追求系统性、高适应性和前瞻性，由基础支撑系统、平台层、数据层及应用层构成。基础支撑系统向各类信息服务提供必要的网络基础设施和基础软/硬件设施，提供可靠、有效的信息传输服务通道，是各类信息和服务的最终承载者。网络基础设施面向用户，通过 Internet 接入网络进行各类信息服务的访问，并为其提供信息服务；基础硬件设施则提供硬件支撑，包括各类计算机及存储设备，涉及不同应用环境下的硬件需求。平台层则是为平台的开发和运行提供支撑的各类基础组件，包括操作系统、数据库、中间件等系统软件，以及软件开发工具和环境等支撑软件。数据层以各类基础数据库为基础，通过有选择地抽取和数据格式的转换，实现对数据的统一化组织和管理，从而为信息服务提供高质量的数据支持。应用层以中国人民银行"贸金链"区块链底层技术为依托，使用成熟、先进的技术方案来实施。

舜信平台的业务流程如下：

① 舜信平台对核心企业的资质、信用等进行审核，邀请核心企业入驻，建立授信额度。
② 核心企业邀请供应商入驻，供应商可以邀请自己的上游供应商入驻。
③ 核心企业在平台授信额度范围内，基于应付账款，自主向供应商开具舜信。
④ 供应商可以将舜信全额或部分转让给自己的上游供应商，进而发起多级流转；也可以持有到期，持有到期不发生任何费用。
⑤ 供应商可以将舜信全额或部分转让给保理公司，上传相关贸易背景资料，以获得融资；也可以转让给其他资金方，以其他形式进行融资。
⑥ 舜信到期后，核心企业充值并发起还款操作，平台自动将还款资金清分至最终的舜信持有方。

（3）价值分析

① 丰富了核心企业的支付手段。

自舜信平台上线以来，它以"舜信"电子债权凭证为纽带，持续深耕产业链优势资源，不断发挥金融协同优势，使核心企业的优质信用在供应链条上充分流动起来，联动产业链客户，对接社会金融资源，提高了供应链条上的资金配置效率，激发了产业活力。

作为现汇、商承、银承之外的新支付手段，舜信可拆分、可流转、可融资的特性有着传统支付方式不可比拟的优势。截至 2021 年 11 月，共有 54 家核心企业入驻舜信平台，为 200 余家上游供应商开具 700 余张舜信，舜信开具总额达 50 亿元，累计交易金额突破 87 亿元。

除了已在山钢股份、山钢地产、莱钢建设、国铭铸管、济钢国际物流、莱钢永锋钢铁等山钢集团权属单位实现了常态化应用，"舜信"还在山东水发、鲁商置业等省属重点国有企业落地应用。

② 构建了协同共赢的产融生态。

舜信平台持续深耕产业链优势资源，不断发挥金融协同优势，陆续与北京银行、南京银行、民生银行、平安银行、中信银行等10余家金融机构，与京东数科、联易融等金融科技公司建立合作关系，充分发挥资本驱动和科技驱动给产业转型升级带来的强大动力，实现金融、科技、产业的有效融合，构建了开放、合作、共赢的金融生态服务体系。

舜信平台与宝武欧冶金服、鞍钢天府惠融、河钢供应链等行业头部企业发起建立产业金融区块链联盟，共同推进区块链技术在智慧供应链金融领域的深度创新应用，建立标准统一、资产集中、资金融通、合规稳健、收益共享的产业金融区块链联盟平台。

2．万向区块链：石化可信仓单托收融资金融服务平台

（1）实施背景

统计数据显示，我国现货市场成交复合年均增长率为38.1%，交易额逐年增长，油气相关的贸易投资产业高速发展，但也带来了不可忽视的问题，比如一货多卖、贸易企业融资难等问题；而智慧供应链金融市场发展迅速，2020年其规模达15万亿元，"可信仓单+智慧供应链金融"模式成为发展趋势，且银行不再是供应链金融提供的绝对主体，更多的市场主体开始参与产品与服务的提供。

（2）实施方案

基于"物联网+区块链"的石化可信仓单托收融资金融服务平台建立了完整的成熟油品仓单质押融资体系，实现了保税油、内贸油非标准仓单在自贸区范围内可融资质押，连接了资金方、资产方及供应链服务管理。

该系统拥有的3项核心功能如下：

① 以各个仓库为中心的去中心化生态体系。每个仓库可以通过物联网监控和区块链货权转移系统，将全部的货物和货权数据加密上链，仓库拥有自主数据主权。

② 数字化支付结算体系。可与货转系统对接，金融机构可以接收、冻结、释放货转系统中的货权，可以与金融机构自身的资金清算系统对接，做到托收支付功能与质押融资功能的实现，大大降低产业的信用摩擦成本和交易成本。

③ 实货交易系统。一是对质押融资过程中产生的违约货物的处置，可以进行电子线上拍卖。二是可以将货转系统的客户导流，使其进入此系统，经过审核后合格的交易商可以开展固定时间内的交易，以便未来形成行业商品价格指数，进而建立数字化的现货交易窗口和掉期交易所，这样有利于银行和产业资本形成更有效的定价体系和对冲机制。

通过嵌入物联网设备来获取仓储相关数据，并实时上链，保证仓储数据的真实性，确保线下实物信息的客观性、真实性，提升风控质量，提高融资效率，为金融机构提供可信仓单资产；与仓储系统对接，向仓库管理端及客户使用端实时展示相关仓储的信息，减少主观判断，确保线下线上数据的一致性，提升数据透明度与可信度，疏通资金进入实体经济的渠道，助力石化行业的可信融资。

以下是关于系统的一些设计细节。

针对仓库端：

① 实时仓储数据展示。利用仓库相关物联网设备，可获取库存数据并显示仓库总库容数量、对应每个储罐的数量和罐容、对应储罐里面的货物有多少，以及罐内的货物分别属于哪

些客户，可对仓储当前的实际情况一目了然。

② 货物数量分析。货物的数量可分为两种：一种是仓库可以看到的实际监控的数量，一种是客户看到的理论库存数量。可将各罐内的实际监控数量拆分并调整到其他罐内，但不影响客户端的理论库存仓单数量的完整性。实际监控数量可以小于理论库存数量，有一定的误差比例。

③ 实时费用计算。根据货物入库的时间及客户录入确认的付款信息结算仓库费，按照对应客户的费用标准进行仓储费、过户费的结算。未付费或者账户余额不足的客户的货物会被自动锁定且不可转出。

针对客户端：
① 可以通过 CA 认证证书登录系统。
② 可以录入或查询自己公司的基本信息、常用交易对手信息、常用短信接收人信息、常用提货车辆信息等。
③ 可以查询自己名下的入库明细、出库明细、货物库存情况，以及货转记录台账。
④ 可以录入货转信息，提交复核申请，复核批准货转申请。
⑤ 可以查询企业仓储费、货转费账户余额，可以查看支付记录、开票记录。

（3）价值分析

基于"物联网+区块链"的石化可信仓单托收融资金融服务平台，将托收系统、融资系统、实货交易系统三大系统融为一体，解决石化行业内货物和货权真实性的问题，以及交易支付先后顺序困扰、质押融资难、资产处置难等一系列问题。

思考与练习

1. **名词解释**
（1）供应链金融
（2）核心企业主导模式
（3）应收账款融资模式

2. **简答题**
（1）供应链金融有哪些特点？
（2）绘制并解析区块链智慧供应链金融框架图。
（3）区块链供应链金融有哪些业务场景？

3. **讨论题**
（1）分析供应链金融的组织模式和业务模式。
（2）分析基于区块链技术的智慧供应链金融的优势与难点。

4. **图解分析题**
根据图 10-20 分析区块链技术是如何建立智慧供应链金融产业联盟的。

5. 案例分析题

链上云仓智慧动产监管平台

牛羊肉行业的动产融资市场是一片有待开发的蓝海，市场产值超过1000亿元，供应链金融业务市场近3000亿元规模；中国牛羊肉行业的工业产值约6500亿元/年，供应链业务市场空间近20 000亿元/年。链上云仓智慧动产监管平台基于用户大数据，为农户、牧户、加工企业、核心企业、交易市场个体户等建立完整的征信档案，让养殖户及生产企业能够享受平台金融服务。平台提供信用凭证，同时整合银行与保险资源，将线上线下场景相结合，助力保险公司与金融机构，将农产品作为抵押物进行金融化。

链上云仓智慧动产监管平台，通过融合"区块链+AI物联网+5G+大数据"等技术手段，与动产融资、供应链管理业务紧密结合，在解决供应链、动产融资问题的基础上，探索全新的融资监管服务模式，提高监管行业的管理效率和安全管理水平，推动传统贷款与动产抵押的智慧化发展建设。

业务主要围绕贷前、贷中、贷后3个环节，对业务资料进行线上采集、分析、审批，实现贷前阶段对客户和进件全流程的业务管理。贷中期间结合5G+AI物联网、大数据技术，对活畜进行是否在栏或健康状态监控。通过监管公司现有的监控手段与科技手段的结合，将贷中的监控过程线上化，以方便银行获取农户的更多信息，便于评估农户的贷款额度及信用等级，农户也可以在此平台获取更多银行的信息，选择最优惠的贷款银行。对仓储物品、活体资产实现智能化监控，从而降低物品在仓储过程中的损耗风险，管理和控制抵押物的当前市值与融资风险。

平台系统架构主要通过各类集群服务，包含应用集群、配置中心、服务集群、注册中心、数据中心、调度中心等，实现将业务数据统一汇聚、数据采集、数据治理、数据分析、数据应用转化等，并输出为各系统赋能，为各组织流程提供稳定、统一、高效的数据服务及管理平台。

2021年，平台已经接入6家银行、1家保理公司，平台的注册规模已达到100多家机构，货值管理规模达26亿元。以已落地的通辽地区项目为例，该地区冻品监管类的贷款需求达三四千万元，活体监管类的贷款规模达10.5亿元。链上云仓智慧监管平台助力农户解决融资难、融资贵、融资慢的问题，提升资金方贷款业务的转化率，降低运营成本促进绿色金融发展。监管费用按目前某银行提出的以贷款额的0.8%～1.5%收取。举例说明，2022年牛存栏数新增20%，约为60万头，按照每头牛10 000元贷款额计算，预计为银行新增60亿元贷款额。

分析：

（1）链上云仓智慧动产监管平台有哪些业务范围？

（2）链上云仓智慧动产监管平台对智慧供应链金融有哪些作用？

6. 课程思政题

供应链票据

供应链票据包括"供应链"和"票据"两部分，集合了两部分的优点，其通过将票据嵌入供应链场景，从源头上推进应收账款票据化。依据上海票据交易所股份有限公司于2020年4月24日公布的《关于供应链票据平台试运行有关事项的通知》，供应链票据是指通过供应链票据平台签发的电子商业汇票。通过此定义可以明确，供应链票据首先必须是电子商票，其次必须是在供应链票据平台签发的，两者缺一不可。当供应链企业之间产生应收应付关系时，可以通过供应链票据平台直接签发供应链票据，供应链票据可以在企业间转让，通过贴现或标准化票据等方式融资。

作为票据"航母"的供应链票据平台，是依托于电子商业汇票系统，与各类供应链金融平台对接，为企业提供电子商业汇票的签发、承兑、质押、保证、贴现、存托、交易、背书、到期处理、信息服务等商业汇票全生命周期电子化服务，协助中小企业获得金融机构的融资，被称为"平台的平台"。

从供应链票据的定义可知，其本质是一种电子商业汇票，虽然市场上仍然有不少对供应链票据性质的质疑，如部分观点认为供应链票据并不是《中华人民共和国票据法》意义上的商业票据，也不适用《中华人民共和国票据法》的相关规定，而是一种应付账款的凭证化，本质上属于债权的转让或质押行为，应当适用《中华人民共和国民法典》关于债权的相关规定。其他理由还包括供应链票据的管理、签发、格式都不符合《中华人民共和国票据法》对票据的规定等。

目前，我国学界的主流观点认为票据作为完全的有价证券，必须维持其完整性、不可分性。《中华人民共和国票据法》相关规定亦全面肯定了票据金额的不可分性原则，如第三十三条第 2 款规定"将汇票金额的一部分转让的背书或者将汇票金额分别转让给二人以上的背书无效"。

供应链票据的创新形式并不影响其属于票据的定性，反而克服了传统票据的缺点，促进了其进一步的流通应用，主要依据如下：

首先，从法律角度讲，依据供应链票据的定义，其本质是电子商业汇票，具有票据的无因性、可支付性等根本属性。另外，供应链票据也是通过背书进行转让，完全符合票据的特征。《电子商业汇票业务管理办法》明确规定，电子商业汇票的法定格式有两个特征：一是依托电子商业汇票系统（Electronic Commercial Draft System，ECDS），二是以数据电文形式制作。而供应链票据是依托电子商业汇票系统，通过供应链票据平台签发的电子商业汇票，符合法律对电子商业汇票的特征定义。

其次，从政策角度讲，中国人民银行、上海票据交易所股份有限公司等官方机构明确推广应收账款票据化，认可供应链票据的票据属性，先后发文予以规范。在中国人民银行等八部委下发的《关于规范发展供应链金融 支持供应链产业链稳定循环和优化升级的概念》（银发〔2020〕226 号）文件中明确提出"支持金融机构与人民银行认可的供应链票据平台对接，支持核心企业签发供应链票据，提高商业汇票签发、流转和融资效率"，因此从国家相关职能部门指定的政策角度可以看出，供应链票据也属于商业汇票的一种，并受《中华人民共和国票据法》的约束。

最后，从行业角度讲，供应链票据作为一种电子商业汇票逐渐被市场认可。上海票据交易所股份有限公司的公告显示，2020 年 6 月 18 日，首批供应链票据贴现业务成功落地，9 家企业通过供应链票据贴现融资 10 笔，共 506.81 万元，中信银行、招商银行等多家股份制银行及民营银行已经落地了供应链票据贴现试点业务，而试点期主要参照的是《上海银行商票保贴业务管理办法》，由此也可看出行业内将供应链票据作为商业汇票的一种。

供应链票据的推广应用，将有利于进一步降低企业的融资成本，有效化解应收账款的存量。随着供应链票据平台功能的不断完善，供应链票据也将带动票据市场，更好地服务实体经济和国家战略。

7. 二十大报告关键词

"五个必由之路"

【报告原文】

全党必须牢记，坚持党的全面领导是坚持和发展中国特色社会主义的必由之路，中国特色社会主义是实现中华民族伟大复兴的必由之路，团结奋斗是中国人民创造历史伟业的必由之路，贯彻新发展理念是新时代我国发展壮大的必由之路，全面从严治党是党永葆生机活力、走好新的赶考之路的必由之路。

【解读】

"五个必由之路"系统回答了新时代谁来领导、走什么路、以什么样的精神状态、秉持什么发展理念、怎样锻造坚强政党等一系列重大问题。

"五个必由之路"是我们在长期实践中得出的规律性认识。关于第一个"必由之路"，中国共产党的领导是中国特色社会主义最本质的特征，是党和国家事业不断发展的"定海神针"。关于第二个"必由之路"，历史和现实都告诉我们，只有社会主义才能救中国，只有中国特色社会主义才能发展中国，只有坚持和发展中国特色社会主义才能实现中华民族伟大复兴。关于第三个"必由之路"，团结奋斗是党带领全国各族人民在新征程上攻坚克难、克敌制胜的重要法宝。关于第四个"必由之路"，新发展理念集中反映了我们党对经济社会发展规律认识的深化。只要完整、全面、准确贯彻新发展理念，就能实现高质量发展。关于第五个"必由之路"，全面从严治党开辟了百年大党自我革命新境界，确保党永葆生机活力。"必由之路"就是胜利之路，"中国号"巨轮一定能乘风破浪、行稳致远。

（选自《人民日报》）